全国人大常委会
法律解释制度的功能研究

马洪伦◎著

A Study on the Functions of the Legal Interpretation
System of the Standing Committee of
the National People's Congress

法律出版社
LAW PRESS·CHINA
北京

图书在版编目（CIP）数据

全国人大常委会法律解释制度的功能研究 / 马洪伦著 . -- 北京 : 法律出版社 , 2024. -- ISBN 978-7-5197-9677-8

Ⅰ. D921.115

中国国家版本馆 CIP 数据核字第 20247JA122 号

全国人大常委会法律解释制度的功能研究
QUANGUO RENDA CHANGWEIHUI FALÜ JIESHI ZHIDU DE GONGNENG YANJIU

马洪伦 著

责任编辑 朱海波 徐云龙
装帧设计 贾丹丹

出版发行 法律出版社
编辑统筹 法律应用出版分社
责任校对 王晓萍
责任印制 刘晓伟
经　　销 新华书店

开本 A5
印张 12.125　**字数** 242 千
版本 2024 年 11 月第 1 版
印次 2024 年 11 月第 1 次印刷
印刷 北京虎彩文化传播有限公司

地址：北京市丰台区莲花池西里 7 号（100073）
网址：www.lawpress.com.cn
投稿邮箱：info@lawpress.com.cn
举报盗版邮箱：jbwq@lawpress.com.cn

销售电话：010-83938349
客服电话：010-83938350
咨询电话：010-63939796

书号：ISBN 978-7-5197-9677-8　**定价**：59.00 元

凡购买本社图书，如有印装错误，我社负责退换。电话：010-83938349

序　立法解释制度的研究意义

该书是我的博士生马洪伦的第一本学术著作，他请我作序，我欣然应允。

《中华人民共和国宪法》（以下简称《宪法》）第六十七条第一项和第四项分别赋予全国人大常委会解释宪法和解释法律的职权，该条款成为我国立法解释制度的宪制规范基础。由于解释对象的性质、解释结论的功能等方面的差异，宪法解释和法律解释存在较大差异，故应当分别予以研究。在该书中，作者将立法解释的对象限定为法律而不包括宪法符合上述判断。当在此意义上谈论立法解释制度时，"研究意义"就是一个绕不开的问题，甚至是应当首先解决的问题。早在《中华人民共和国立法法》（以下简称《立法法》）制定之前，立法解释制度的正当性与必要性即遭受批判，[1]我也曾提出我国最高权力机关和最高审判机关不适宜行使宪法解释权，可采用欧洲模式，建立专门从事宪法解释的法院或机构。[2]《立法法》通过之后，尽管总量仍然有限，但立法解释实践的上升趋势较为明显。

〔1〕 参见袁吉亮：《论立法解释制度之非》，载《中国法学》1994 年第 4 期。

〔2〕 参见范进学：《宪法解释主体论》，载《中国法学》2004 年第 6 期。

长期以来，西方主流法律解释理论主导下的立法解释制度批判性研究占据学术主流，逐渐增多的立法解释实践中包含的中国经验未引起中国学者足够的重视。理论分歧在所难免，但立足于实践的立法解释制度功能研究也颇具明显的学术价值。

该书抛开制度正当性的理论纠缠，坚持“规范——实践——比较”的基本研究脉络，不仅审视了立法解释制度功能的变迁历程，而且探讨了我国合宪性审查时代立法解释制度的功能体系，这无疑有利于发挥立法解释推动中国法治实践的制度价值：第一，1981 年《全国人大常委会关于加强法律解释工作的决议》将“解释法律”的宪定权力划分为“立法解释”“审判解释”“检察解释”“行政解释”等。“审判解释”和“检察解释”并非完全融洽，特定情况下可能发生冲突，“立法解释”成为一锤定音的关键所在，立法解释制度也体现出裁决“两高”司法解释冲突以统一法律适用的功能。这一功能产生并服务于中国特殊的法律解释体制。第二，立法解释在形式上是“解释”，实质上乃是“立法”，与立法具有相同效力，其具有补充法律规定的功能亦与此有关。第三，尽管立法机关不一定最清楚立法原意，但阐释立法原意绝不是简单的语义重复，这具有重要的解释学意义。第四，如果说上述三种功能主要是解释性研究，那么合宪性解释功能则是建构性研究。该书首先重新审视并界定了合宪性解释的性质，试图建立起全国人大常委会在法律解释活动中应用合宪性解释的理论基础，进而分析了合宪性解释功能在合法（宪）性审查制度中的应用路径。2008 年以来，随着最高人民法院废止关于齐玉苓案的批复，合宪性解释逐渐成为学界关注的宪法实施新路径。若作为单纯的法律解释方法，其推动宪法实施之作用有限，它在审判实践中的运用也偏少，加之触及法院是否具有宪法解释权的理论问题，合宪性解释研究似乎告一段落，许多学者转向了审判实践中法院援引宪法问题的实务研究。在此背景下，该书从合宪性审查制度框架出发，探寻全国人大常委会应用合宪性解释的具体路径，这不仅推动了立法解释制度之实践，还是一种符合中国宪制架构的宪法实施新机制。

立法解释虽然是一项具有中国特色的制度，其性质也在“解释”与“立法”间飘忽不定，但在研究过程中，不可避免地涉及域外法律解释理论的普遍性共识。因此，对于立法解释制度研究而言，如何处理中国经验与域外共识的关系是一个难题。当然，该难题并非立法解释制度研究独有，整个宪法实施研究领域都受其影响。从违宪审查、宪法司法化、合宪性解释到合宪性审查，中国宪法实施研究中始终存在中国经验与比较研究的双重进路。2017 年以来，随着党的十九大报告提出合宪性审查概念以及全国人大常委会法工委备案审查工作之公开，合宪性审查成为学术热点，中国实践获得广泛关注，但有关域外的学术研究成果还未与合宪性审查时代的中国实践研究紧密结合。在此问题上，该书以中国当前的法治实践为起点和终点，援引西方理论时仅借鉴其合理性，不将其作为是非评判的关键性标准，并提出了一些创新性的观点，比如立法原意阐释功能只适用于涉港澳基本法解释领域等。尽管该研究方式或具体观点还存在一些需要解决的理论与实践问题，但对于繁荣立法解释制度的学术研究而言，无疑是一种有益的尝试。

我作为洪伦的博士生导师，见证了其学术生涯的起步、发展与快速成长的全过程。这本书既标志着他主持的国家社科基金项目的结束，也开启了他科研生涯事业中新的研究领域与方向。最后希望洪伦在科研道路上持之以恒，不断努力，产出更多、更优异的学术精品。

是为序。

范进学

2024年6月11日于上海徐家汇

目　　录

第一章 导　论

第一节 研究缘起

自 20 世纪 90 年代中后期以来，随着我国法律体系的不断健全，法律实施逐渐成为我国法治发展的重要工作。“天下之事，不难于立法，而难于法之必行。”[1]同法治实践相适应，法律解释研究遂成为学术热点，并一直持续至今。笔者自 2009 年攻读博士学位开始，以宪法原意主义方法为切入点持续关注宪法解释方法论相关问题。随着研究的不断深入，笔者越来越认识到法律解释方法论的学术研究必须建立在法律解释实践的基础之上，且以构建符合我国制度框架并能够推动法治实践的理论体系为目标。但是，考虑到宪法实施的实际状况，我国并没有原意主义方法论意义上的宪法解释实践。这导致宪法原意主义方法论研究只能建立在美、德、日等国家的宪法解释实践之中，笔者时常产生宪法解释方法论乃“屠龙之

[1] 2014 年 10 月 20 日，党的十八届四中全会在北京召开。习近平总书记在会上作《关于〈中共中央关于全面推进依法治国若干重大问题的决定〉的说明》时提出了上述论断。他还提出全面推进依法治国的重点应该是保证法律严格实施，做到“法立，有犯而必施；令出，唯行而不返”。

术”的错觉。但考虑到原意主义方法论也可以适用于制定法解释的理论前提以及我国法律解释实践资源丰富的事实前提，笔者开始探索宪法原意主义方法论与中国法律解释实践相结合的路径与方法。总体而论，为了排除解释者的主观性，宪法原意主义方法主张立宪原意作为宪法解释的目标。尽管关于立宪原意存在诸多不同理解，但是宪法原意主义者一般认为宪法的含义在制定之初即固定下来，解释者的任务是通过解读立宪史料等方法明确该原初含义，并将之作为宪法规范当前的意义。〔1〕通过分析我国规范层面的立法解释、行政解释、司法解释以及事实层面的法官个案解释的制度及其实践，发现立法解释和司法解释皆明确以立法原意作为解释目标，〔2〕考虑到司法解释制度的研究成果卷帙浩繁，笔者开始将研究对象转向立法解释制度。〔3〕

全面梳理立法解释制度的规范、实践以及学术成果后，笔者发现它存在正当性和实践价值双重难题，这是本书产生的直接动因。

〔1〕 关于美国宪法原意主义的基本立场及其内部纷争参见马洪伦:《论原旨主义内部的理论分支——以美国联邦最高法院 Heller 案为例》，载《当代法学》2011 年第 4 期，第 19-26 页。

〔2〕 根据《立法法》第一百一十九条，最高人民法院和最高人民检察院作出的属于审判、检察工作中具体应用法律的解释，应当主要针对具体的法律条文，并符合立法的目的、原则和原意。因此，司法解释应当以立法原意为目标。尽管宪法法律并未明确要求立法解释以立法原意为目标，但是全国人大常委会法工委在立法解释实践中，经常明确表示立法解释符合立法原意，比如 2014 年 4 月 21 日全国人大常委会法工委副主任朗胜在第十二届全国人大常委会第八次会议上所作《全国人民代表大会常务委员会关于〈中华人民共和国刑法〉、〈中华人民共和国刑事诉讼法〉有关规定的解释（草案）的说明》提出，关于《中华人民共和国刑法》第三十条的解释既符合立法的原意，适应惩治犯罪的需要，也有利于贯彻罪刑法定原则和维护法制统一。

〔3〕 在本结项材料中，我们所称之立法解释制度就是指全国人大常委会法律解释制度，二者在内涵和外延上具有一致性。它们的概念界定以及使用规则参见本书第二章第一节。

第一，正当性难题是指立法解释制度的实践价值逐渐增强的同时，其正当性基础却备受批判。自《立法法》具体化立法解释程序以来，为解决司法实践中遇到的问题——尤其是最高人民法院和最高人民检察院有关法律具体应用问题的原则性分歧（以下简称“两高分歧”）——全国人大常委会逐渐加强了法律解释工作，立法解释制度的实践价值日益增强。但是，在制度设计层面和具体实践领域，研究者对立法解释制度的评判和研究从未停止。第二，实践价值难题是指立法解释有时并不能完全解决既有问题且引发为数不少的新问题。基于此，有学者明确呼吁，“在没有修改现行法律的情况下，立法机关不要再做立法解释”。〔1〕双重难题有差异，也存共性。正当性难题自立法解释制度设立之初即存在，实践价值难题自2000年第一个刑法立法解释之后，方才凸显；前者多由法理学、宪法学研究者提出，后者多被刑法学研究者关注。虽有上述两个差异，二者追求的价值目标却趋同，即废止立法解释制度或者限制立法解释实践。

长期以来，对立法解释制度的评述和讨论，与西方法治理论的差异是一个重要的切入点。西方法治理论强调法的制定者、执行者与裁判者的分离，尤其是立法权与司法权必须分立，对法律条文含义的解释属于司法权限范畴，应当由法的裁判者而非法的制定者作出。但是，在我国宪法法律明确规定立法解释制度的前提下，学者

〔1〕 张明楷：《立法解释的疑问——以刑法立法解释为中心》，载《清华法学》2007年第1期，第36页。

关注的焦点应从立法解释制度解构性研究转向建构性研究。立法解释制度与西方法治理论的差异不是制度解构的理由，而是中国研究者理论创新的机会，理论自信方能制度自信。涵盖立法解释制度的中国特色社会主义法律制度研究具有坚实的政治基础。2021年10月13日至14日，中国共产党历史上首次中央人大工作会议在北京召开，习近平总书记发表重要讲话，他指出人民代表大会制度是符合我国国情和实际、体现社会主义国家性质、保证人民当家作主、保障实现中华民族伟大复兴的好制度，是我们党领导人民在人类政治制度史上的伟大创造，是在我国政治发展史乃至世界政治发展史上具有重大意义的全新政治制度。要坚持系统观念，统筹立改废释纂，全面完善法律、行政法规、监察法规、地方性法规体系。[1]党的十八届四中全会通过的《中共中央关于全面推进依法治国若干重大问题的决定》提出，加强法律解释工作，及时明确法律规定含义和适用法律依据。《全国人大常委会2023年度立法工作计划》提出，运用立改废释纂等立法形式，注重法律之间的衔接协调，探索体系化工作新方式。因此，在中共中央的顶层设计与全国人大常委会的具体谋划中，立法解释制度都承载着具体化与多元化的功能使命。此外，在全国人大常委会作为合宪（法）性审查权力机关的制度前提下，宪法解释和立法解释是合宪（法）性审查的核心手段，决定着被审查对象是否与宪法或者法律相冲突，同既往的备受争议相比，立

〔1〕 参见习近平：《在中央人大工作会议上的讲话》，载《求是》2022年第5期，第6页。

法解释制度在合宪性审查时代[1]大有作为。

综上所述，我们选择了立法解释制度的功能研究这个题目。当然，功能研究的具体进路还应归因于立法解释制度研究的文献史梳理。

第二节　全国人大常委会法律解释制度的国内学术史梳理

根据研究时间与内容，立法解释制度的国内学术史[2]大致可划分为初始、深入、转型三个阶段。就研究论题而言，初始阶段主要关注立法解释制度的基础理论问题；深入阶段则围绕立法解释制度的存废之辩开展；同前两个阶段的纯粹理论研究不同，随着全国人大常委会作出第一个法律解释，转型阶段则以立法解释实践为主要研究对象。

---

〔1〕　关于“对于宪法学者而言，‘新时代’或许是一个‘合宪性审查时代’”的论述参见张翔：《“合宪性审查时代”的宪法学：基础与前瞻》，载《环球法律评论》2019年第2期。

〔2〕　基于如下两个理由，我们梳理了立法解释制度的国内学术史，但是没有梳理其国外学术史。第一，全面分析世界各国宪法文本后，我们发现当前共有白俄罗斯、比利时、卢森堡、伊朗、越南、朝鲜、老挝、土库曼斯坦、哥伦比亚、乌拉圭、古巴、萨尔瓦多、洪都拉斯、秘鲁、玻利维亚、厄瓜多尔、卢旺达、马其顿、尼加拉瓜、安哥拉、几内亚比绍、圣多美和普林西比等20余个国家存在各种形式的立法解释制度。但是稍显遗憾的是，上述国家关于立法解释制度的学术研究资料的收集难度较大，课题组并未能有效梳理它们的学术研究史。第二，尽管当前域外主流法治发达国家并未采取真正意义的立法解释制度，但是立法机关仍然在法律解释活动中发挥着至关重要的作用。根据立法机关对法律解释结果的影响程度，我们可以将国外有关立法解释制度的学术研究划分为如下三个相互关联的问题：立法机关作为制定法解释主体、立法者意图作为制定法解释目标和立法史料作为制定法解释手段。本书第三章第三节在论述阐释立法原意功能的理论基础时，梳理了上述三个问题。因此，本部分不再综述国外学术史。

一、研究初始阶段：基础理论研究

自20世纪80年代以来，随着法治实践、法学教育以及学术研究的恢复与发展，研究者逐渐开始关注颇具中国特色的立法解释制度。立法解释制度的基础理论是这一阶段的主要论题，承认立法解释制度的正当性是前提，功能研究是重点。

第一，立法解释制度的解释性研究。研究者系统分析了立法解释的概念、〔1〕特征、〔2〕性质、〔3〕原则、〔4〕形式、〔5〕功能等基础理论问题。因为1981年6月10日第五届全国人大常委会第十九次会议通过的《全国人民代表大会常务委员会关于加强法律解释工作的决议》明确规定立法解释具有补充法律规定的功能，所以研究者关于立法解释制度功能的研究也主要与此有关。有研究者认为，立法解释具有完善法律、补充法律、修改法律、裁断违法行为等功能；〔6〕有

〔1〕 参见方世荣：《我国行政解释的几个新问题初探》，载《中南政法学院学报》1989年第1期，第49-50页。

〔2〕 参见孔小红：《法律解释的理论和实践》，载《北京大学学报（哲学社会科学版）》1988年第3期，第44-49页；余宏荣、翟玉华：《我国刑法司法解释研究综述》，载《法律学习与研究》1990年第5期，第92页；滕炜：《论刑法的立法解释》，载《法学研究》1992年第1期，第13-18页。

〔3〕 参见胡锦光：《谈谈加强立法解释》，载《政治与法律》1988年第1期，第32页。

〔4〕 参见欧阳涛、柯良栋：《论我国刑法立法解释》，载《法学研究》1989年第3期，第53-54页。

〔5〕 参见杨亚非：《立法解释形式辨析》，载《当代法学》1992年第1期，第19-22页。

〔6〕 参见蔡定剑、刘星红：《论立法解释》，载《中国法学》1993年第6期，第37-38页。

研究者认为，立法解释可通过扩大解释、限制解释等方法，使法律在一定程度上和范围内灵活适应客观变化之社会形势，从而解决法律与改革的冲突问题。〔1〕

第二，立法解释制度的建构性研究。在承认立法解释制度正当性的基础上，为了从体制机制层面解决立法解释制度的实施困境，学界开展了大量建构性研究。有研究者从立法解释制度与法律询问答复制度关系的角度开展了研究，认为法律询问答复制度虽然在一定程度上满足了法律解释的需求，可视为对立法解释工作滞后和备案监督机制未激活的一种体制内的回应，但存在与正式的法律解释制度重合以及法律效力不足的问题，在发挥既有法律询问答复效用的基础上，应废除法律询问答复制度，实现法律解释体系的一元化；〔2〕有研究者认为，全国人大常委会编写的“法律释义”是隐性的立法解释，虽具有实际效用，但面临着民主、效力和实践等层面的正当性难题，应予以改良。〔3〕

二、研究深入阶段：存废之辩

20 世纪 90 年代中后期，以《立法法》的制定为契机，在袁吉

〔1〕 参见家如、燎原：《试论法律与改革的矛盾和解决办法》，载《法学杂志》1985 年第 2 期，第 36 页。

〔2〕 参见褚宸舸：《论答复法律询问的效力——兼论全国人大常委会法工委的机构属性》，载《政治与法律》2014 年第 4 期，第 87-88 页；林彦：《法律询问答复制度的去留》，载《华东政法大学学报》2015 年第 1 期，第 54-63 页。

〔3〕 参见刘怡达：《隐性立法解释：“法律释义”的功能及其正当性难题》，载《政治与法律》2017 年第 8 期，第 65-76 页。

亮、陈斯喜等全国人大及其常委会工作人员的推动下，围绕立法解释制度的存废问题，形成了一次实务工作者与理论研究者之间的学术对话，功能问题是争议焦点。

立法解释制度的解构性研究大致始于 1994 年，全国人大常委会秘书处袁吉亮发文指出规范层面的立法解释制度是对理论上立法解释概念的误解，立法解释制度不仅违背了国家机关之间职能分工的一般原则，在逻辑上也属多余，〔1〕因为解释者无法做到既符合法律原意又避免同义语重复。〔2〕全国人大常委会法工委陈斯喜赞成袁吉亮的观点，并提出立法解释还存在无法解决是否具有溯及力、危害法律的客观性与可预测性、破坏法律的包容性与适应性等问题。〔3〕

为了论证立法解释制度的正当性，学界主要提出了三类观点。第一，功能论。这类研究者抛开形而上学的理论思辨，从立法解释制度产生的统一解释、保持立法权权威、保证法律正确执行〔4〕等实践价值方面间接论证其正当性。第二，正当性论证。这类研究者并不关注立法解释制度的实践价值，主要从立法语言的模糊性、成文法结构的空缺性、〔5〕立法解释与立法和司法解释等能形成真实区分

〔1〕 参见袁吉亮：《论立法解释制度之非》，载《中国法学》1994 年第 4 期，第 24-29 页。

〔2〕 参见袁吉亮：《再论立法解释制度之非》，载《中国法学》1995 年第 3 期，第 45-46 页。

〔3〕 参见陈斯喜：《论立法解释制度的是与非及其他》，载《中国法学》1998 年第 3 期，第 64-66 页。

〔4〕 参见陈金钊：《不宜废除立法解释》，载《检察日报》2003 年 2 月 21 日，第 3 版。

〔5〕 参见徐岱：《刑法的立法解释论》，载《吉林大学社会科学学报》2003 年第 6 期，第 60-67 页。

等[1]角度直接论证立法解释制度的正当性基础。第三，国情论。研究者基于我国法治实践之现状，暂时承认其合理性，待法治建设走上完全成熟的轨道后，则主张废除之。[2]正如陈斯喜所言，立法解释制度乃是权宜之计，是“以不合理之制度治不合理之现实也”![3]三类学说推动了立法解释制度正当性论证的体系化，同时也存在一些问题。其一，“功能论”观点具有片面性。立法解释的积极价值与消极影响同时存在，消极影响不能证明其非法性，积极价值亦无法证明其正当性。其二，“正当性论证”类观点多立基于某种普遍的或者中国化的理论，脱离立法解释实践，无法回应某些立法解释突破罪刑法定原则、解释的必要性、再解释的必要性等问题。其三，“国情论”回避当下问题，是一种无奈的妥协，但长远观之，弊大于利。包含法律解释权在内的全国人大常委会的职权体系是推动中国法治进步的制度性动力，不应成为某种程度的阻力。其四，就解决立法解释制度的双重难题而言，上述三类观点站在了两个极端。“正当性论证”专注于正当性难题，忽视了实践价值难题，“价值论”和“国情论”过于强调实践价值，忽视了正当性难题。

---

〔1〕 参见周振晓:《也论立法解释》，载《中国法学》1995年第1期，第30-33页；李国如:《立法解释必要论——兼论罪刑法定原则的贯彻执行》，载《法商研究》2000年第5期，第70-76页。

〔2〕 参见范愉:《法律解释的理论与实践》，载《金陵法律评论》2003年第2期，第21-34页。

〔3〕 陈斯喜:《论立法解释制度的是与非及其他》，载《中国法学》1998年第3期，第66页。

三、研究转型阶段：实践研究

以2000年全国人大常委会作出第一个刑法立法解释为界，有关立法解释的学术研究经历了从“理论争鸣与辩论”到“突出实践研究”场域的转变。2000年以后，研究者以逐渐增多的立法解释实践为研究对象，分析其背景与类型，[1]总结其内容与方法，[2]阐释个案含义的同时，或者协调其与法律和司法解释之间的关系，[3]或者进行批判性研究。[4]此外，研究者也开始从英国法官能否参考议会议事录、[5]德法历史上的立法解释制度及其学说、[6]日德立法机关的宪法解释功能[7]等角度关注域外立法机关在制定法

〔1〕 参见林维：《刑法立法解释类型研究》，载《环球法律评论》2005年第3期，第333-341页。

〔2〕 参见刘宪权、张宏虹：《涉信用卡犯罪刑法修正案及立法解释解析》，载《犯罪研究》2005年第3期，第2-8页；苏彩霞：《我国刑法立法解释立场的实证考察》，载《浙江大学学报（人文社会科学版）》2010年第2期，第174-186页。

〔3〕 参见高铭暄：《关于2002年三个最新的刑事立法解释》，载《西安政治学院学报》2003年第1期，第49-54页；任江、张小余：《子女姓名决定、变更权的实证分析与启示——实证主义路径下的我国首部民法立法解释评析》，载《河北法学》2015年第11期，第85-100页。

〔4〕 参见刘艳红：《刑法立法解释若干问题新析》，载《华东政法学院学报》2007年第1期，第30-41页。

〔5〕 参见张洁：《议会议事录在英国法律解释中的命运——对佩珀诉哈特案的历史分析》，华东政法大学2008年硕士学位论文。

〔6〕 参见魏胜强：《法律解释权的配置研究》，北京大学出版社2013年版，第23-56页；朱明哲：《法国民法学说演进中对立法者认识的变迁——以惹尼、莱维、里佩尔为例》，载《苏州大学学报（法学版）》2014年第3期，第42-54页。

〔7〕 参见陈鹏：《立法机关解释宪法的普遍性与中国语境》，载《交大法学》2017年第3期，第95-108页。

解释中的功能问题。

第三节　研究价值

本书运用规范分析、实证研究、比较研究等方法，从阐释立法原意、补充法律规定、统一法律适用、合宪性解释四个方面系统论述了立法解释制度的功能，具有如下理论价值与实践意义。

一、理论价值

第一，系统梳理立法解释制度的规范功能、实践功能与潜在功能，拓宽既有功能研究视角。根据前文关于立法解释制度研究的文献梳理，我们发现立法解释制度的功能是研究者关注的核心问题之一，立法解释制度的批判者往往关注立法解释实践价值的有限性问题，辩护者一般以之建构立法解释制度的正当性基础。但是，研究者关于立法解释制度功能的论述往往基于抽象的理论思辨，欠缺对其规范变迁的历史性考察以及规范功能的实践考察。本书侧重于立法解释制度功能的规范变迁和实践运行的对比研究，以立法解释制度功能的规范定位在实践中的异化为主要视角开展研究。比如，补充法律规定功能在规范层面经历了从隐含、明示到废止的变迁过程，但在立法解释实践中，其至今仍存。如果仅仅对有关立法解释制度功能的宪法法律规范作文义分析，而忽略其在实践中的运行状态，将无法观察到立法解释制度功能的规范定位与实践运行之间的冲突，也不能在此基础上反思规范定位的变迁原因以及立法解释实践中生发之欠缺规范基础的功能的正当性等问题。因此，本书拓宽了立法解释制度功能研究的理论视角。

第二，系统梳理域外有关立法机关在法律解释活动中的作用、诠释学的本体论转向、合宪性解释的性质等关联性理论，并寻求与立法解释制度功能研究的理论契合点，扩展了立法解释制度比较研究的领域。首先，尽管西方主流法治发达国家很少采用立法解释制度，但是分析其法律解释制度及其实践，西方立法机关在法律解释活动中以不同形式发挥着程度各异的作用，主要表现为立法史料作为法律解释的手段、立法原意作为法律解释目标、立法机关直接发挥法律解释功能等形式。这尽管不能证明我国立法解释制度的正当性，但至少表明不能以西方某种法律理论解构我国的立法解释制度，也表明我国立法解释制度阐释立法原意功能的合理性。其次，西方诠释学从方法论向本体论的转向表明诠释在本质上属于一种创造性活动，这构成了我国立法解释制度在事实上发挥补充法律规定功能的哲学基础。最后，西方的合宪性解释是违宪审查机关在违宪审查活动中作出的一种裁决形式，全国人大常委会可在合宪性审查实践中予以应用，通过法律的合宪性解释，既能够裁决有关规范性文件的合宪性问题，又可以解决部分法律的违宪可能性问题。既有研究成果大多以西方法律解释理论解构我国的立法解释制度，但至少在上述三个方面，域外有关理论在本书研究过程中发挥了比较法意义上的借鉴作用。因此，本书扩展了立法解释制度比较研究的领域。

二、实践意义

通过科学化配置立法解释制度的功能，本书有助于增强全国人大常委会在法律解释活动中的引领作用，推进立改废释纂并举，促进全国人大常委会系统化行使法律解释、合宪性审查、监督权等法定职责，提升宪法实施水平。第一，本书阐述了立法解释制度补充法律规定的正当性基础与实施机制，有助于全国人大常委会合理实施法律解释权和法律修改权。第二，全国人大常委会不仅可以实施独立型立法解释制度，还可以在合宪（法）性审查实践中附带实施辅助型立法解释制度。随着合宪性审查制度的有效激活与持续实践，辅助型立法解释将成为全国人大常委会行使法律解释权的主要方式，既能够增强全国人大常委会法律解释的主动性，也可提升合宪性审查的说理性。第三，合宪性审查的对象无法涵盖全国人大及其常委会制定的法律是我国立法机关审查模式的内在缺陷，立法解释制度的合宪性解释功能有助于解决上述问题。

第四节 研究方法与研究思路

一、研究方法

为了全面考察立法解释制度的功能，本书系统应用了功能分析、规范分析、实证研究、比较研究等方法。系统的规范分析保证了功能研究的客观性，实证研究是对立法解释制度功能规范定位的实践检验，本书尤其关注规范定位与实践功能的冲突问题。在原意主义方法、法律解释的创造性、合宪性解释等方面，域外有关理论与实践为本书提供了反思与借鉴。功能研究既是本书的研究对象，也是重要的研究方法，其影响是全方位的。但是，“从最初开始，社会学中的功能方法就陷入术语的混乱之中。常常，一个术语用来表示不同的概念，正如同一个概念用不同的术语来表示一样”。[1]因此，我们重点阐释功能分析方法并简要概述其他法学研究常用之方法，至于各种方法之具体影响与应用路径，将在研究思路部分进一步展开。

（一）功能分析方法

法律现象本质上是一种社会现象，社会学理论据此普遍适用到法学研究中，功能分析即是其中之一。[2]在当代社会学界，谈到功能分析，往往与结构功能主义联系在一起。塔尔科特·帕森斯（Talcott Parsons）在继承传统结构功能主义理论资源的基础上，正式提出了作为社会学分析方法的结构功能主义。作为帕森斯的学生，罗伯特·K. 默顿（Rovert King Merton）批判了功能分析中流行的社会功

---

〔1〕［美］罗伯特·K. 默顿：《社会理论和社会结构》，唐少杰、齐心等译，译林出版社 2015 年版，第 107 页。

〔2〕功能主义在实在法律理论中很常见，当我们问“为什么法律拥有这样的内容？”时，答案常常是“因为这种规则拥有如此这般的功能”。参见［美］劳伦斯·索伦：《法理词汇：法学院学生的工具箱》，王凌皞译，中国政法大学出版社 2010 年版，第 206 页。

能一体化、普遍功能主义、功能必要性等假设，提出了社会学功能分析的新范式。在总结了五种功能分析含义的基础上，默顿认为社会学一直使用的功能概念包含着“相互依存”“相互关系”或“相互依赖的变迁”等含义。这种用法部分源自数学上的函数关系，而更多地引申自生物科学关于功能是有助于维持有机体的生命过程的定义。〔1〕正如美国杜克大学社会学教授约翰·威尔逊（John Wilson）所言，“‘功能’概念是指属于总体活动一部分的某种活动对总体活动所作的贡献。一种活动之所以持续下来，是因为它对整体的生存是必要的”。〔2〕本书主要在结构功能主义理论范式内使用功能分析方法。

（二）规范分析方法

在规范层面，立法解释制度的功能定位经历了数次变迁。在各项具体功能的论述过程中，规范分析基本上都是本书研究的起点，除了对有关法律文本作语义分析、逻辑推论之外，我们还将从社会背景、立法史料等方面分析立法解释制度功能规范变迁的原因，梳理功能变迁的历史规律与发展方向。

（三）实证研究方法

系统考察全国人大常委会所作法律解释实践，我们发现规范层

〔1〕 参见［美］罗伯特·K. 默顿：《社会理论和社会结构》，唐少杰、齐心等译，译林出版社2015年版，第108-109页。

〔2〕 ［美］约翰·威尔逊：《功能分析介绍》，罗述勇译，载《国外社会科学》1986年第10期，第61页。

面的功能定位与实践层面的功能发挥并非完全一致，既存在规范定位的实践异化问题，也存在缺乏规范基础的实践功能问题。实证研究揭示了立法解释制度功能的规范定位与实践功能之间的冲突问题，也推动我们反思规范定位的可行性、实践功能的正当性等问题，为立法解释制度功能的系统化构建提供了新的视角。

（四）比较研究方法

从性质上分析，全国人大常委会的法律解释制度是一种立法机关解释制。在当今世界，主流法治发达国家往往采用司法机关解释制或法官解释制，部分立法机关解释制国家的研究文献获取难度较大。如果坚持性质相同之制度方能比较研究的观点，本书很难应用比较研究方法。但是，每一个社会的法律体系都面对相同的问题并通过相当不同的方式解决这些问题。因此，比较法论者认为唯一可比较的是那些满足同样功能的事物。〔1〕在功能相同即可比较的意义上，本书在如下几个方面应用了比较研究方法。第一，阐释立法原意是全国人大常委会作法律解释的主要目标，西方法律解释理论中的原意主义方法论与之相同。西方原意主义方法的理论与实践历史为我们分析立法解释制度的阐释立法原意功能提供了借鉴。第二，面对复杂多变的社会环境，法律往往表现出滞后性。为此，任何一个法律体系都需要解决法律规范的稳定性与适应性之间的冲突

〔1〕［意］米凯莱·格拉齐亚代伊：《功能主义传统》，载［法］皮埃尔·勒格朗、［英］罗德里克·芒迪主编：《比较法研究：传统与转型》，李晓辉译，齐海滨、吴静校，北京大学出版社2011年版，第92页。

问题，西方法律解释理论与实践中的“法官造法”即是对策之一，我国的全国人大常委会通过法律解释对法律作补充规定也是对策之一。西方的“法官造法”或法律解释的创造性理论为我们分析立法解释制度的补充法律规定功能提供了借鉴。第三，西方违宪审查制度理论与实践中的法律的合宪性解释是违宪审查机关在违宪审查程序中所作裁决形式之一，通过排除法律的违宪可能性，保全了法律的效力。就法律规范的合宪性控制而言，全国人大常委会在合宪（法）性审查程序中所作之法律解释也具备此功能。西方的合宪性解释理论与实践为我们分析立法解释制度的合宪性解释功能提供了借鉴。

二、研究思路

本书以立法解释制度的功能为研究主题，以结构功能主义研究范式为指导，全面考察立法解释制度对于全国人大常委会职权体系与法律解释体制系统化运行的功能。总体而论，我们将立法解释制度的功能划分为阐释立法原意、补充法律规定、统一法律适用、合宪性解释四个方面。在考察每项具体功能时，我们以立法解释制度功能的规范定位与实践运行的对比分析为主要切入点，围绕“规范—实践—比较—未来”这条主线索，系统分析了每项功能的规范基础、实践运行、完善机制等主要问题。最后，在人民代表大会制度架构内，提出了符合我国当前法治实践的立法解释制度的功能配置方案。本书的主体内容包括如下五个部分。

第一,立法解释制度概述。功能分析和原因考察存在一定程度的关联性,“对某一特定法律规则的功能主义解释里面包含了某种因果机制,正是这种因果机制导致该特定规则(或者规则变更)的发生”。[1]为此,我们首先以立法解释制度的建立与发展为核心,对该制度的概念、建立原因、实践等基本问题作了概述,为功能考察奠定了基础。

第二,立法解释制度的阐释立法原意功能。“立法机关最清楚立法原意”是建立立法解释制度的重要原因,阐释立法原意也是该制度的功能之一。但是默顿主张有限制地使用社会学的功能概念,要明确区别主观的意向和客观类型的观察结果。[2]为此,我们在《中华人民共和国香港特别行政区基本法》及《中华人民共和国澳门特别行政区基本法》(以下简称港澳基本法)解释和其他法律解释两个方面考察了阐释立法原意功能的具体实践,发现二者之间存在明显区别。在此基础上,我们从最高人民法院和香港特别行政区终审法院(以下简称香港终审法院)在法律解释活动中对待立法原意的不同态度的角度分析了上述区别的原因。此外,运用比较研究方法,我们围绕西方法律解释理论中的原意主义分析了立法原意概念的多元化,并考察了立法解释实践中的立法原意概念,认为立法原意概念的不确定性以及最高人民法院、香港终审法院法律解释方法之不同导致阐释立法原意功能应用范围的局限性。阐释立法原意

---

〔1〕[美]劳伦斯·索伦:《法理词汇:法学院学生的工具箱》,王凌皞译,中国政法大学出版社2010年版,第207页。

〔2〕参见[美]罗伯特·K.默顿:《社会理论和社会结构》,唐少杰、齐心等译,译林出版社2015年版,第114页。

功能可主要应用于港澳基本法解释领域，对于其他法律解释领域而言，补充法律规定和统一法律适用则是主要功能。

第三，立法解释制度的补充法律规定功能。在规范分析和实证研究的基础上，我们发现在规范层面，补充法律规定功能经历了从隐含、明示到废止的变迁历程，但在实践层面，其至今仍存。根据默顿的结构功能主义分析范式，[1]补充法律规定功能经历了从显功能到潜功能的发展过程。我们从隐性规范基础、全国人大常委会法律解释权的双重属性、哲学诠释学的本体论转向等角度论证了补充法律规定功能的必要性基础。在全国人大常委会的职权体系中，立法权、法律解释权、法律修改权是具有内在关联性的重要组成部分，尽管研究者做了大量努力，试图在三者之间划出清晰的界限，但模糊地带总是存在。当社会实践对于法律规范具有紧迫性的需求，且内容上具有重要性、程度上具有轻微性时，相较于法律修改制度，法律解释制度更具效率。在此情况下，立法解释制度具有补充法律规定的功能。即使在比较法视野下，该功能也具有普遍性，“正如同样的事项具有多重功能，同样的功能可由不同的事项以各种方式来实现”，[2]任何一个国家皆需要构建满足补充法律规定功能的理论或制度，比如在制定法普遍发展的当下，英美法系国家普遍存在的

〔1〕 默顿认为，根据主观目的与客观后果是否一致，功能可区分为显功能和潜功能。显功能是有助于系统调适、为系统参与方期望和认可的客观后果；潜功能是无助于系统调适、为系统参与方不期望也不认可的客观后果，也是一种无意图的、未认识到的后果。参见［美］罗伯特·K. 默顿：《社会理论和社会结构》，唐少杰、齐心等译，译林出版社 2015 年版，第 153-170 页。

〔2〕 ［美］罗伯特·K. 默顿：《社会理论和社会结构》，唐少杰、齐心等译，译林出版社 2015 年版，第 126 页。

"法官造法"就是这样的理论与制度。

第四,立法解释制度的统一法律适用功能。统一法律适用功能源于我国法律解释体制的多元化,全国人大常委会可通过法律解释裁决"两高分歧"。《全国人民代表大会常务委员会关于加强法律解释工作的决议》关于立法解释制度统一法律适用功能的规范设定符合当时的法治实践需要,但是该功能产生了消解司法解释的合法性审查制度、再解释之必要性等难题。这说明统一法律适用功能已不再符合当下中国法治实践之需要,但是"任何消除现存社会结构,而不能提供适当的替换结构来实现由所废除的组织原来实现的功能的尝试是注定要失败的"〔1〕。为此,可通过改革司法解释体制、司法解释的合法性审查制度等方式消解或者替代统一法律适用功能。随着合宪(法)性审查制度之激活与持续实践,"两高分歧"可通过合宪(法)性审查制度解决。事实上,立法解释实践已体现出司法解释的合法性审查的功能。

第五,立法解释制度的合宪性解释功能。同上述三种功能不同,合宪性解释功能既不存在明确的规范基础,也尚未体现在立法解释实践中,该项功能是我们系统考察全国人大常委会职权体系并借鉴域外合宪性解释经验的结果。在全国人大常委会的职权体系中,法律解释权与合宪(法)性审查权是具有实质关联性的两项职权,法律解释是合宪(法)性审查制度的核心手段,失去法律解释

〔1〕[美]罗伯特·K.默顿:《社会理论和社会结构》,唐少杰、齐心等译,译林出版社2015年版,第193页。

权，全国人大常委会将无法实践合宪（法）性审查制度。但是，基于立法解释审查体制的内在缺陷，全国人大及其常委会制定的法律不是合宪性审查的对象，法律合宪性的事后控制成为当前制度框架未提供明确解决路径的棘手问题。西方违宪审查实践中的合宪性解释是一种违宪审查机关保全法律效力的方式，全国人大常委会在合宪（法）性审查程序中对法律作合宪性解释可排除部分法律的违宪可能性，从而在一定程度上弥补我国合宪性审查制度的上述缺陷。但是系统分析我国学界关于合宪性解释的研究成果，我们发现研究者关于合宪性解释的性质存在较大分歧，且无法被作为权力机关和法律解释机关的全国人大常委会应用。为此，我们在解构或批判性继承合宪性解释性质的两种主流学说的基础上，提出了法律的合宪性再造说，为全国人大常委会应用合宪性解释建立了理论基础。在此前提下，我们分析了全国人大常委会在合宪（法）性审查程序中对法律作合宪性解释的可行路径，论证了立法解释制度的合宪性解释功能的正当性、必要性与可行性。

第五节 研究的创新与不足

一、创新之处

（一）研究视角与方法创新

第一，既有研究多关注全国人大常委会法律解释功能的规范定位，并据此主要开展批判性研究。本书在规范分析和实证研究的基础上，从立法解释制度功能规范定位的实践异化切入，围绕补充法律规定功能和统一法律适用功能，研究了实践异化的表现、原因、影响、隐含的改革方向等关联性问题。

第二，关于比较研究方法的使用方式，既有研究多以西方法律解释理论批判甚至解构我国的立法解释制度。本书在比较法研究视野下，坚持功能相同即可比较的基本思路，主要在法律解释活动中立法机关的功能、补充法律规定的方式、法律的合宪性解释等几个方面开展了建构性研究。

（二）学术观点创新

第一，关于立法解释制度功能的规范定位发生实践异化的观点。首先，补充法律规定功能在规范层面经历了从隐含、明示到废止的变迁历程，但在立法解释实践中至今仍存。其次，部分立法解释实践体现出缺乏规范基础的司法解释合法性审查功能，这在一定程度上消解了司法解释的合法性审查制度或者构成了该制度的一个实践障碍。最后，在规范层面，明确含义与适用法律依据是主要功能，统一法律适用是次要功能；在实践层面，后者是主要功能，前者是实现后者的方法。

第二，关于立法机关在法律解释活动中的功能的观点。既有研究存在以西方国家在规范层面较少规定立法机关法律解释制度为由批判甚至解构我国立法解释制度的观点，但是西方立法机关通过作为事实上的解释机关、立法原意作为解释目标、立法史料作为解释手段等多种方式影响法律解释活动，这表明上述观点并不能完全站住脚。

第三，关于阐释立法原意功能的观点。阐释立法原意是立法解释制度的重要功能并承担着正当化立法解释制度的理论使命，但由于立法原意概念的不确定性以及最高人民法院与香港终审法院在法律解释活动中对待立法原意的不同态度，上述理论使命无法实现，其适用范围也将主要局限于港澳基本法解释领域。

第四，关于补充法律规定功能的观点。为解决法律的稳定性与规范性之间的潜在冲突，几乎每个国家都构建了发挥补充法律规定功能的制度及其理论。西方国家采用“法官造法”的方式，我国采用全国人大常委会作法律解释的方式，方式不同但目标却趋于一致。立法解释制度的补充法律规定功能具有隐性的规范基础，也符合立法解释权双重属性的理论定位。本体论诠释学关于“理解不只是一种复制的行为，而始终是一种创造性的行为”的理论是上述不同方式的共同哲学基础。尽管补充法律规定功能在规范上经历了从隐含、明示到废止的变迁历程，但基于上述原因，其在实践中将持续存在。

第五，关于统一法律适用功能的观点。统一法律适用功能是我国法律解释主体多元化的必然要求，但存在消解司法解释的合法性审查制度或阻碍其实践、再解释之必要性等诸多弊端，随着合宪性审查制度之激活与持续实践，立法解释制度的统一法律适用功能可由合宪性审查制度予以替代。随着我国司法改革之推进，如能确立最高人民法院的一元司法解释体制，统一法律适用功能将随之消解。

第六，关于合宪性解释功能的观点。作为合宪性审查机关的全国人大常委会可在法规、司法解释的合宪（法）性审查程序中对作为审查依据的法律作合宪性解释，消除法律的违宪可能性，弥补我国合宪性审查对象无法涵盖法律的制度弊端。法律解释是合宪（法）性审查的核心手段，在上述意义上，立法解释制度发挥了法律的合宪性解释的功能。

第七，关于立法解释制度功能体系的观点。立法解释制度的功能既可独立发挥作用，也有机联系在一起，形成了一个有效的功能体系，满足了社会对法律规范的及时性需求。独立型立法解释制度主要发挥阐释立法原意功能和补充法律规定功能，辅助型立法解释制度主要发挥法规、司法解释的合法性审查功能与法律的合宪性解释功能。

二、不足之处

（一）关于结构功能主义的认识与应用问题

结构功能主义是本书重要的理论指导，但该理论体系纷繁复杂且派系丛生，我们主要选择吸收了默顿的结构功能主义理论，对它的认识尚且存在不足之处，挂一漏万的问题也在所难免。关于结构功能主义在本书中的应用主要存在如下四个问题：第一，同生物学中的功能主义解释可被进化因果理论证明不同，社会科学中不存在一种普遍认可的社会进化理论，这可能导致社会科学中的功能主义解释变得不可证伪,[1]本书也不能例外。第二,如果消极功能不能减损立法解释制度的正当性基础,那么积极功能也不能增强之。本书可能无法从根本上解决立法解释制度面临的正当性难题和实践价值难题。第三,本书主要从法律解释体制和全国人大常委会职权体系等两大结构出发,在全国人大常委会的法律解释制度增进整体结构有效运行的意义上,提出了阐释立法原意、补充法律规定、统一法律适用、合宪性解释四项功能。但是,这一研究进路相对比较微观,在更为宏观层面上,立法解释制度还可能存在其他功能。第四,就立法解释制度功能的作用机制而言,本书还存在进一步深入研究的空间。

(二)关于域外资料搜集与比较研究的应用问题

因域外采用立法机关解释制国家的研究资料获取难度较大,迫不得已,笔者以西方法治发达国家的理论与实践为主要对象,以立法机关在法律解释活动中的不同作用为标准,在立法机关作为解释主体、立法原意作为制定法解释目标、立法史料作为制定法解释手段等方面梳理了有关域外资料。尽管如此,无法全面获取域外直接采用立法机关解释制国家的研究资料是本书的主要不足之一。此外,就已经获取的域外资料的使用而言,我们对比较研究方法的应用还存在许多应当改进的地方。第一,就西方立法机关在法律解释活动中的作用而言,我们梳理出了至今依然存在的三种类型。但是

[1] 参见[美]劳伦斯·索伦:《法理词汇:法学院学生的工具箱》,王凌皞译,中国政法大学出版社2010年版,第206页。

对于某种类型的历史变迁以及变迁原因的考察尚显不足，这在一定意义上减损了比较研究的说明力。第二，西方国家普遍采用以政党制为基础的选举民主制，法律解释活动并非纯粹意义上的法律推理，政治和政党问题深嵌其中，这与我国的情况大相径庭。虽然我们注意到了该问题，但在比较研究的过程中却很难不受其影响，这限制了本书应用比较研究方法的范围和程度。

第二章　全国人大常委会法律解释制度概述

制度的功能研究往往与制度本身、建立的原因、制度的实践密切关联，为了给功能研究构建必要基础，我们首先从上述三个方面对立法解释制度作一概述。

第一节　全国人大常委会法律解释制度的概念辨析

为了概念使用上的明确性与一致性，在厘定全国人大常委会法律解释制度概念的基础上，笔者将重点阐释其与立法解释制度的关系。简言之，立法解释制度就是本书所称之全国人大常委会的法律解释制度，二者在概念上具有一致性。

一、全国人大常委会法律解释制度的概念

全国人大常委会法律解释制度，是指关于全国人大常委会如何解释法律的宪法以及法律规范的总和。为了更清晰地界定全国人

大常委会法律解释制度的概念，我们将重点从主体、对象等方面作进一步的考察。

（一）关于解释的主体

根据《中华人民共和国宪法》（以下简称《宪法》）第六十七条第（四）项，作为全国人大常设机关的全国人大常委会有权解释法律，那么全国人大是否具有解释法律的权力呢？根据《宪法》第六十七条第二十二项，全国人大常委会可行使全国人大授予的其他职权。在此意义上，全国人大常委会的职权皆源自全国人大的授权。那么，就法律解释权而言，全国人大是否对全国人大常委会进行了排他性授权？换言之，全国人大授权全国人大常委会行使法律解释权后，自身是否不再拥有该权力？根据《宪法》第六十二条第十二项，全国人大可改变或者撤销全国人大常委会不适当的决定。如果全国人大认为全国人大常委会所作之法律解释不适当，可据此改变或者撤销之，这离不开法律解释权。因此，根据《宪法》第六十二条与第六十七条的体系解释，作为国家立法机关的全国人大及其常委会都拥有法律解释权。尽管如此，全国人大的法律解释权是监督权等其他权力的辅助性手段，并不是一项独立的权力，全国人大也不可能经常性行使法律解释权。因此，将全国人大界定为法律解释的权力主体缺乏必要性基础。总之，本书所称之立法解释制度的权力主体仅限于全国人大常委会，不包括全国人大。

（二）关于解释的对象

关于解释的对象，主要讨论如下两个问题。第一，《宪法》是否属于全国人大常委会法律解释制度的对象？根据《宪法》第六十七条第（一）项和第（四）项之规定，宪法解释和法律解释是全国人大常委会的两项独立的职责。此外，二者在功能上具有明显区别。因此，《宪法》不属于本书所称之全国人大常委会法律解释制度的对象。第二，港澳基本法是否属于全国人大常委会法律解释制度的对象？就体制机制而言，全国人大常委会的港澳基本法解释权与一般法律解释权存在明显区别，其功能定位也并非完全相同。比如，因为最高人民法院和最高人民检察院（以下简称“两高”）都拥有司法解释权且可能产生冲突，全国人大常委会法律解释制度承担着解决上述冲突以统一法律适用的功能，港澳基本法解释制度并无此项功能。但是，无论是港澳基本法解释还是一般法律解释，在解释主体、方法、效力等方面存在共性并由此产生诸多相似功能，比如阐释立法原意功能、补充法律规定功能等。总之，在一般意义上，本书所称之全国人大常委会法律解释制度的对象是指包括港澳基本法在内的所有法律，但不包括《宪法》。

二、全国人大常委会法律解释制度与立法解释制度的关系

尽管许多研究者认为立法解释制度就是指全国人大常委会的法律解释制度，但是学界关于立法解释的概念并未达成一致意见。

在课题申报时，为了概念表达的准确性，我们选择了“全国人大常委会的法律解释制度”而非“立法解释制度”。为了厘清本书与立法解释制度研究的关系，我们将首先梳理立法解释概念的不同学说，然后再界定其与全国人大常委会法律解释的关系并阐述本书使用二者的基本规则。

（一）立法解释概念的学说梳理

立法解释是研究者抽象出来的学术概念，法律规范并未明确认可。系统分析相关学术文献，关于立法解释的概念，研究者主要提出了狭义说、广义说、融合说等主要学说，融合说是学界通说。

第一，狭义说及其变种。研究者主要根据《全国人民代表大会常务委员会关于加强法律解释工作的决议》，以解释机关为标准，将有权解释划分为立法解释、司法解释、行政解释以及省自治区直辖市人大常委会对自己制定的地方性法规所作之解释。立法解释是指全国人大常委会为明确法律、法令条文的界限或作补充规定进行的解释，司法解释是指“两高”关于具体应用法律、法令问题进行的解释，行政解释是指国务院及其主管部门对于不属于审判和检察工作中的其他法律、法令如何具体应用的问题进行的解释。〔1〕这种划

〔1〕 参见吴祖谋主编、李双元副主编:《法学概论》，法律出版社 1982 年版，第 52–53 页。该书是应高等师范院校政治教育专业法学概论课的教学需要编写的，教育部推荐为试用教材。截至 2021 年，作为普通高等教育法学规划教材，该书已更新至第 14 版，曾获得国家教委 1992 年第二届普通高等学校全国优秀教材奖。我们曾尝试找到立法解释概念的学术起源，但是稍显遗憾的是，经过大量文献的系统比对，我们并没能精确地完成这一工作。吴祖谋主编的《法学概论》是我们找到的明确提出立法解释概念的最早文献。

分方式受到学界认可，持续至今。〔1〕有研究者从解释对象方面扩张了狭义说，认为立法解释是指全国人大常委会对宪法和法律所作之解释。〔2〕

第二，广义说及其变种。有研究者同样以《全国人民代表大会常务委员会关于加强法律解释工作的决议》为根据，将全国人大常委会对《宪法》、法律进行的解释以及地方权力机关对地方性法规所作的解释皆划归为立法解释范畴，并提出“立法解释是指享有国家立法权的机关对法律、法规所进行的解释，这种解释，同它所解释的法律本身一样，具有法律效力，任何单位和个人都必须遵守和执行”〔3〕。有研究者从权力主体方面限缩了广义说，主张立法解释是指拥有国家立法权的机关对法律、法规所进行的解释，既包括最高国家权力机关对宪法和法律所进行的解释，也包括地方权力机关对地方性法规所作的解释，但不包括非权力机关对自己制定的法规的解释，比如国务院对行政法规所作之解释。〔4〕有研究者从解释主体方面扩张了广义说，主张立法解释机关包括制定规

---

〔1〕 有研究者认为根据解释机关之不同，有权解释通常又分为立法解释、司法解释和行政解释。但是，三者不是并行关系，而是以全国人大常委会为主体。参见沈宗灵主编：《法学基础理论》，北京大学出版社 1988 年版，第 403 页。

〔2〕 参见滕炜：《论刑法的立法解释》，载《法学研究》1992 年第 1 期，第 13 页；李龙主编：《法理学》，武汉大学出版社 1996 年版，第 371 页；孙笑侠、夏立安主编：《法理学导论》，高等教育出版社 2004 年版，第 268–269 页；舒国滢主编：《法理学导论》，北京大学出版社 2019 年版，第 238 页。

〔3〕 刘升平、周新铭、唐琮瑶编著：《法学概论》，甘肃人民出版社 1983 年版，第 177–178 页。

〔4〕 参见刘升平：《谈谈法律解释》，载《法学杂志》1981 年第 5 期，第 33 页。

范性文件的国家机关本身、制定规范性文件的国家权力机关的常设机关以及制定规范性文件的国家机关授权的下级机关或社会组织等。[1]

第三，作为通说的融合说。融合说认为立法解释的概念存在广义说和狭义说之分。在狭义上，立法解释专指国家立法机关对法律所作的解释；在广义上，则泛指所有依法有权制定法律、法规的国家机关或其授权机关对自己制定的法律、法规进行的解释。[2]尽管存在诸多分歧，但是研究者关于刑法立法解释的概念形成了相对共识，认为刑法立法解释是由全国人大常委会作出的对刑法条文含义所作的进一步阐释。[3]刑法学界关于刑法立法解释的相对共识或许可归因于全国人大常委会所作刑法立法解释较多且普遍引发学界广泛关注。

第四，其他学说。除了上述几种主流学说外，学界还提出了其他几种观点。首先，从静态和动态两个方面阐释立法解释的概念，认为静态方面的刑法立法解释是特定立法机构制定的对刑法进行解释的规范性文件，动态方面的刑法立法解释则是特定的立法机构阐释刑法条文含义的活动。[4]其次，从立法材料的角度阐释立法解释的概念，有研究者对立法解释的概念作了追根溯源式探究，认为立法解释的本意是指在理解法律的过程中，可以从立法机关或立

〔1〕 参见孙国华主编：《法学基础理论》，中国人民大学出版社 1987 年版，第 422 页。

〔2〕 参见张文显主编：《法理学》，高等教育出版社 2018 年版，第 294 页。

〔3〕 参见黄太云：《刑法修正案和刑法立法解释溯及力问题探析》，载《人民检察》2006 年第 19 期，第 37 页。

〔4〕 参见李希慧：《论刑法的立法解释》，载《法学家》1993 年 Z1 期，第 64 页。

法者在立法过程中的争论、说明、背景材料中取得那些能够佐证法律条文原意的立法材料，这类立法材料就是立法解释。[1]最后，有研究者主张立法解释存在立法机关在法律中注明规范文义和在施行法中加以解释等两种方式，前者诸如立法机关在法律文本中明确“国家工作人员”“首要分子”“告诉才处理”等概念之意义，后者诸如省、自治区、直辖市的人大常委会制定的选举法实施细则就是对全国人民代表大会常务委员会制定的选举法有关问题作出的解释。[2]

（二）全国人大常委会法律解释制度与立法解释制度的概念等同

综合分析上述关于立法解释概念的几类观点，除少数研究者从法律文本中立法者所作之解释、法律解释材料的角度理解立法解释之外，研究者普遍从制度层面界定立法解释且表现出两项共识与两项分歧。就共识而言，研究者普遍以《全国人民代表大会常务委员会关于加强法律解释工作的决议》作为立法解释概念的根据，并与司法解释、行政解释相区别；就分歧而言，主要表现在立法解释的权力主体与对象等两个方面。

接下来，我们将在上述共识的基础上，通过检视两项分歧，概

〔1〕 参见袁吉亮：《论立法解释制度之非》，载《中国法学》1994年第4期，第29页。

〔2〕 参见陈春龙、肖贤富编著：《法学通论》，吉林人民出版社1981年版，第28页。类似观点参见董文贵主编：《法学简明教程》，佳木斯师专印刷厂1982年版，第84页；王才松主编、刘志正副主编：《法学通论》，东北师范大学出版社1985年版，第80页；付子堂主编：《法理学初阶》，法律出版社2015年版，第255页。

括立法解释制度的概念，并与我们已经界定的全国人大常委会的法律解释制度相比较。第一，关于立法解释的权力主体。上述观点几乎全部认同全国人大常委会是立法解释的主要权力机关，所争论者，乃全国人大、国务院、地方权力机关是否属于立法解释的权力机关。研究者从立法解释就是立法机关对自己制定的法律法规所作的解释的角度出发，将国务院对行政法规的解释以及省级人大常委会对地方性法规、自治条例以及单行条例的解释都界定为立法解释。这种观点具有逻辑上的自洽性，但不符合我国法治运行的实际状况。省级人大常委会以及国务院皆有立法权且立法程序相对简便，遇有法规执行问题，可适时修改而无须作出解释。在实践层面，省级人大常委会以及国务院很少解释自己制定的法规，这恰恰说明了上述推论的合理性。至于全国人大是否有必要行使法律解释权，前文已论，不再赘述。第二，关于立法解释的对象。如果将立法解释作为与司法解释、行政解释相对应的概念，借以表达法律解释主体的多元化现象，那么全国人大常委会对宪法的解释不能称作立法解释，因为司法机关和行政机关皆无权解释宪法。

综上所述，如果以《全国人民代表大会常务委员会关于加强法律解释工作的决议》为根据，并且在我国法律解释体制框架内探讨，那么立法解释制度就是指全国人大常委会的法律解释制度，既不包括全国人大常委会对宪法的解释，也不包括国务院对行政法规的解释以及地方权力机关对地方性法规的解释。

（三）全国人大常委会法律解释制度与立法解释制度的使用规则

基于概念表达的准确性，我们在课题申报时使用了“全国人大常委会法律解释制度”而非“立法解释制度”。考虑到本书所界定之立法解释制度与全国人大常委会法律解释制度的概念等同性，经过课题组成员的广泛讨论，我们决定在结项材料中同时使用“全国人大常委会法律解释制度”和“立法解释制度”并坚持如下基本规则。第一，为了与课题申报书保持一致，我们在题目以及各级标题中使用“全国人大常委会法律解释制度”；第二，为了概念表达的简便性并规避重复表达等问题，我们在正文中首选“立法解释制度”，次选“全国人大常委会法律解释制度”；第三，当涉及全国人大常委会所作之法律解释时，我们一般称为立法解释。需要再次强调的是，本书所称之“立法解释制度”就是“全国人大常委会法律解释制度”，二者在内涵和外延上具有一致性。

第二节　全国人大常委会法律解释制度的建立、发展与完善

系统分析相关宪法以及法律规范，全国人大常委会的法律解释制度经历了建立、发展与完善的变迁历程。受到苏联制宪经验的直接影响，1954 年《宪法》建立了立法解释制度；发展阶段以功能限缩为核心，以减轻全国人大常委会的法律解释压力为目的；

完善阶段以程序建设为重点，以推动立法解释制度的规范化实施为目的。

一、全国人大常委会法律解释制度的建立及其原因考察

1954 年《宪法》第三十一条第三项授权全国人大常委会解释法律，这标志着立法解释制度的正式建立。考察其建立的原因，主要表现为如下三个方面。

（一）建立全国人大常委会法律解释制度的直接原因

苏联的制宪实践对我国 1954 年《宪法》的制定产生了重要影响。[1]宪法起草委员会委员、中共中央宪法起草小组成员陈伯达受毛泽东委托向宪法起草委员会第一次会议作《关于〈中华人民共和国宪法草案（初稿）〉起草工作的说明》时提出，“宪法草案不只采用了我国的经验，而且在起草时，参考了苏联的三个宪法（1918 年的，1924 年的，1936 年的）和各人民民主国家的宪法，结合了中国的经

〔1〕 有研究者认为苏联议行合一的政治体制也对我国法律解释制度的形成产生了重要影响，参见赵玉增：《从法律解释内涵析我国法律解释体制》，载陈金钊、谢晖主编：《法律方法》第 2 卷，山东人民出版社 2003 年版，第 58 页。但是，苏联早在列宁时代即开始在实践中逐渐改革议行合一，并最终在 1936 年宪法的政治体制安排中将其舍弃。我国宪法学界和理论界把议行合一认作社会主义国家政权组织的普遍原则是一种误读。社会主义国家政权组织的原则是民主集中制，而非议行合一。参见吴家麟：《“议行”不宜“合一”》，载《中国法学》1992 年第 5 期，第 26–32 页。

验和国际的经验”。[1]因此，研究者普遍认为，我国1954年《宪法》以1936年12月5日苏维埃社会主义共和国联盟非例行的第八次苏维埃代表大会批准的《苏维埃社会主义共和国联盟宪法》(以下简称1936年苏联宪法)为主要参考对象。[2]因此，1936年苏联宪法第四十九条第三项授权苏联最高苏维埃主席团解释苏联的现行法律是我国1954年《宪法》建立立法解释制度的直接原因。[3]

(二)建立全国人大常委会法律解释制度的政治基础

既然我国的立法解释制度源自1936年苏联宪法之规定，梳理1936年苏联宪法规定立法解释制度的原因就尤为重要。第一，帝俄司法不公的积极应对与西方司法独立的有意规避。十月革命之前的帝俄资产阶级法院贿赂公行，曲直不分，苛待并严罚穷人，而对有产阶级的罪犯则施以较轻的判决。十月革命之后，1917年11月，苏维埃政府废除了旧法律及旧法院，并建立新的工人—农民的法

---

〔1〕 韩大元编著：《1954年宪法与中国宪政》，武汉大学出版社2008年版，第168页。正如张友渔所言：“我国的宪法自然不能抄袭资产阶级宪法，我们可以基本上采用苏联和东欧人民民主国家宪法中的原则，但也不能完全抄袭，有些条文不能采用。因为我们有自己的特点，有自己的革命成果。因此，在我们学习和参考苏联宪法时，也绝不是教条主义地抄袭。”张友渔：《宪政论丛》(下册)，群众出版社1986年版，第20页。

〔2〕 参见韩大元编著：《1954年宪法与中国宪政》，武汉大学出版社2008年版，第104页。

〔3〕 关于1936年苏联宪法第四十九条之规定参见《世界各国宪法》编辑委员会编译：《世界各国宪法(欧洲卷)》，中国检察出版社2012年版，第244页。从具体内容上分析，我国1954年《宪法》第三十一条与1936年苏联宪法第四十九条都是对最高国家权力机关常设机关的授权性规范且相似度很高。

院，新法院保护劳动者的利益，并保障劳动者政权所树立的秩序。[1]此外，苏联是社会主义国家，需要警惕西方三权分立体制的侵袭。有研究者认为"与自由法学派类似的观点，目前在资本主义各国，广泛地被采用着。因此，法官高于法律，而法律的司法解释，变成了一种特别的司法立法"。[2]在此背景下，通过立法解释限缩法官的司法解释权成为一种适当的制度选择。换言之，"苏联最高苏维埃主席团解释全苏性法律，阐明这些法律的目的，和所规定的义务，以及正确适用这些法律的方法"[3]可以防止法官再次成为人民权利的侵害者。第二，"一切权力属于苏维埃"的必然要求，"苏维埃政权把劳动群众的先锋队推到了最重要的地位，使他们既是立法者，又是执行者和武装保卫者"。[4]既然如此，当法律解释权被当作一种独立的权力在国家机关之间配置时，最高国家权力机关的常设机关就成为当然的选择。

以上关于1936年苏联宪法规定立法解释制度的原因也相应地存在于20世纪50年代的中国。第一，尽管并非围绕法律解释，但是全国人大常委会法工委的许安标关于宪法解释权归属的解释充

〔1〕 参见[苏联]M.P.加列瓦:《苏联宪法教程》，梁达、石光等译，五十年代出版社1950年版，第189–190页。

〔2〕 [苏联]苏联科学院法权研究院编著:《马克思列宁主义关于国家与法权理论教程》，中国人民大学马列主义关于国家与法权理论教研室译，华东政法学院教务处1953年翻印，第521页。

〔3〕 [苏联]卡尔宾斯基:《苏联宪法通论》，沈颖、黄长霈、党凤德译，人民出版社1951年版，第137页。

〔4〕 《列宁全集》(第34卷)，中共中央马克思恩格斯列宁斯大林著作编译局编译，人民出版社2017年版，第47页。

分说明了政体之差别对于法律解释体制的影响。他认为,“在西方一些国家,宪法解释权由司法机关行使,成为三权鼎立的重要手段。在我国,宪法解释权由全国人大常委会行使,全国人大常委会作为全国人大的常设机关,行使部分国家权力,它行使宪法解释权,符合人民代表大会制度”。[1]第二,从“一切权力属于人民”原则出发,作为一项独立权力的法律解释权也应该配置给全国人大常委会。正如研究者所指出的,“社会主义国家的人民代表制的核心内容和根本准则是一切权力属于人民,而人民行使权力的机关是由人民代表组成的人民会议或议院。全国人民代表机关行使最高国家权力,在社会主义国家机关体系中处于最高地位,其职权范围相当广泛,不仅有权制定、解释、修改、废止和补充普通法律,而且还有制定和修改宪法以及监督宪法实施的权力”。[2]总之,人民代表大会制度是我国在20世纪50年代建立立法解释制度的根本政治基础。

(三)建立全国人大常委会法律解释制度的解释学基础

我国建立全国人大常委会法律解释制度的解释学基础主要表现在作为一项独立权力的法律解释权的配置原则以及法律解释与监督法律实施的关系两个方面。

第一,“法律解释权是一项独立权力”以及“有权制定法律,就有权解释该法律”的认识论基础。根据前文所述,当把法律解释权作为一项独立的权力,在国家机关之间配置时,作为最高国家权力

---

〔1〕 许安标、刘松山:《中华人民共和国宪法通释》,中国法制出版社2004年版,第196页。

〔2〕 龚廷泰:《列宁法律思想研究》,南京师范大学出版社2000年版,第168页。

机关的全国人大常委会无疑是适当的主体。但是，如果我们将法律解释理解为司法权的附属性权力，只能由法官在审理案件时行使，那么立法解释制度就失去了解释学基础。当我们把法律解释权界定为一项独立权力并予以配置时，“有权制定法律，就有权解释该法律”〔1〕这一命题就至为关键。如果探寻上述命题的产生原因，那么政治意识形态是主要因素之一。在奉行三权分立的国家，宪法以及法律解释权是司法机关制衡立法机关、行政机关的重要法律工具。为了避免我国出现三权分立倾向，有必要从解释体制与解释方法上限制司法解释。此外，如果法律解释权是立法权的延伸或者立法的一种特殊形式，那么法律解释权只能由作为立法机关的全国人大及其常委会行使。通过梳理立宪史料，我们发现在制定1954年《宪法》之时，确实存在将法律解释权理解为立法权的观点。〔2〕

第二，法律解释是监督宪法、法律实施的主要手段，既然全国人大常委会有监督宪法、法律实施的权力，那么就应当拥有解释法

〔1〕 关于这一命题的论述参见张志铭：《关于中国法律解释体制的思考》，载《中国社会科学》1997年第2期，第105页。此外，蔡定剑认为1982年《宪法》第六十七条第四项规定全国人大常委会解释法律是为了适用法律而对法律所作的立法性解释，从立法原意阐述法律条文的含义。参见蔡定剑：《宪法精解》，法律出版社2006年版，第334页。

〔2〕 从1954年3月25日开始，全国政协组织了宪法草案座谈会，提出了3900余条意见。有人提出“在第三十六条中增加规定‘解释宪法’，法律和宪法相抵触时法律就要解释，这就会牵涉到宪法解释问题，应该把解释宪法的权力放在全国人民代表大会”。田家英在宪法草案座谈会上的解答报告提出：“宪法与法律不同，宪法是根本法，不应当有关于内容方面的解释。关于宪法的解释问题，一是广义的，如对不懂的地方加以解释，这可由全国人民代表大会常委会委托一个机关来进行，是为了学习和教育。另一种是关于内容的解释，这对宪法来说是不应该的。一般法律是可以解释内容的，但此种解释本身就成为法律。宪法内容的解释，就是修改和补充问题，这已有了规定，所以不必另作规定。”转引自韩大元编著：《1954年宪法与中国宪政》，武汉大学出版社2008年版，第84–85、111页。

律的权力。监督宪法、法律实施的方式有很多种，但是撤销同宪法、法律相抵触的规范性文件是最为重要的方式之一。1936年苏联宪法和我国1954年《宪法》都授权最高国家权力机关的常设机关行使上述权力。〔1〕当全国人大常委会撤销同宪法、法律相抵触的决议或命令时，应首先解释与之相关的法律规范，并将其与有关决议或命令相比较，以判断二者之间是否存在相抵触关系。在此意义上，就宪法、法律的实施而言，法律解释权是主要手段，〔2〕失去法律解释权，全国人大常委会将无法实施宪法、法律监督制度。

二、全国人大常委会法律解释制度的发展与完善

1954年《宪法》建立了立法解释制度，但未明确规定全国人大

〔1〕 无论是1936年苏联宪法还是我国1954年《宪法》都没有明确授权最高国家权力机关的常设机关监督宪法、法律实施，但是1936苏联宪法第四十九条第六项授权苏联最高苏维埃主席团撤销苏联部长会议和各加盟共和国部长会议与法律相抵触的决议和命令，我国1954年《宪法》第三十一条第六项授权全国人大常委会撤销国务院的同宪法、法律和法令相抵触的决议和命令，第七项授权其改变或者撤销省、自治区、直辖市国家权力机关的不适当的决议。

〔2〕 需要指出的是，对于上述推论而言，1954年《宪法》存在如下悖论：监督宪法、法律实施的职责在全国人大但全国人大常委会拥有法律解释权。中国共产党中央委员会1954年3月23日提出的《1954年宪法草案（初稿）》第三十六条第三项曾授权全国人大常委会监督宪法和法律的实施，但是1954年6月14日中央人民政府委员会第30次会议通过的《1954年宪法草案》第三十一条删除了“监督宪法和法律的实施”，将其改为全国人大的职权。“因为宪法是根本法，监督宪法实施权归全国人民代表大会比较好。”参见张友渔：《宪政论丛》（下册），群众出版社1986年版，第47页。但是，监督宪法、法律实施是一项日常性工作，全国人大因会期较短而无力承担。因此，1982年《宪法》的制定机关充分认识到了上述悖论，通过第六十七条第一项授权全国人大常委会解释宪法，监督宪法的实施。尽管第六十七条并未明确授权全国人大常委会监督法律的实施，但是考虑到监督宪法实施以及合法性审查之授权，我们有理由推断全国人大常委会有监督法律实施之责。

常委会解释法律的权限、程序、效力、功能等具体问题。其发展与完善主要表现为如下两个方面。

第一，立法解释制度的功能限缩。1954年《宪法》授权全国人大常委会解释法律之后，随着第一届全国人大一次会议通过了《中华人民共和国国务院组织法》（以下简称《国务院组织法》）、《中华人民共和国人民法院组织法》（以下简称《人民法院组织法》）等一批法律，全国人大常委会陆续收到了许多法律解释的要求。[1]受限于时间成本、专业性等因素，全国人大常委会无力担负起所有法律解释职责。为了正确地处理这些问题，全国人大常委会第十七次会议于1955年6月23日通过了《全国人民代表大会常务委员会关于解释法律问题的决议》（以下简称《1955年决议》，现已失效），以法律解释的功能为标准，将1954年《宪法》授予的法律解释权划分为立法解释和司法解释。当法律、法令条文本身需要进一步明确界限或作补充规定的，由全国人大常委会分别进行解释或用法令加以规定；凡关于审判过程中如何具体应用法律、法令的问题，由最高人民法院审判委员会进行解释。这在一定程度上减轻了全国人大常委会的法律解释压力，也将立法解释的功能局限于明确法律、法令条文本身的界限。全国人大常委会第十九次会议于1981年6月10日通过了《全国人民代表大会常务委员会关于加强法律解释工作的决议》（以下简称《1981年决议》），扩大了司法解释的权力主体

---

〔1〕 1955年7月5日，全国人大常委会副委员长兼秘书长彭真在向第一届全国人大二次会议作《中华人民共和国全国人民代表大会常务委员会的工作报告》时指出，在第一届全国人大第一次会议闭幕以来的9个月中，全国人大常委会收到了不少要求解释法律、法令问题的来信。

范围，增设了行政解释，将立法解释的功能扩大至明确界限与补充法律规定，进一步缓解了全国人大常委会的法律解释压力。总之，《1955年决议》和《1981年决议》建构了以立法解释、司法解释、行政解释为多元主体的法律解释体制，明确区分了三者的职责，将立法解释制度的功能限缩于明确界限与补充法律规定，显著缓解了全国人大常委会的法律解释压力。但是，全国人大常委会的解释法律的程序、效力等基本问题仍缺乏明确规范依据。

第二，立法解释制度的程序完善。《1955年决议》和《1981年决议》减轻了全国人大常委会的法律解释压力，但由于立法解释与司法解释的界限不清等，全国人大常委会在2000年以前极少作出法律解释。为了推动全国人大常委会规范化、系统化实施法律解释制度，2000年《立法法》采用独立的一节，以程序建设为重点进一步完善了全国人大常委会的法律解释制度，[1]这在一定程度上推动

〔1〕 根据2000年《立法法》第四十三条至第四十六条，全国人大常委会作出法律解释共分为启动、审议、表决、公布等环节。第一，法律解释程序的启动。国务院、中央军事委员会、最高人民法院、最高人民检察院和全国人大各专门委员会以及省、自治区、直辖市的人大常委会可以向全国人大常委会提出法律解释的要求，全国人大常委会工作机构拟定法律解释草案，由委员长会议决定列入常务委员会会议议程。一个值得思考的问题是：谁有权决定启动法律解释程序？如果法律解释要求权产生启动法律解释程序的必然结果，那么享有法律解释要求权的机关就是启动机关；如果要求权主体提出要求后，全国人大常委会工作机构可决定是否拟定法律解释草案且委员长会议必然作出将该法律解释草案列入常委会会议议程的决定，那么全国人大常委会工作机构就是启动机关。考虑到全国人大常委会而非拥有法律解释要求权的机关是立法解释权力机关，我们认为第二种推论更具合理性。当然，委员长会议是监督主体而非具体的工作机关，完全可作出不将全国人大常委会工作机构拟定的法律解释草案列入常委会会议议程的决定。第二，法律解释草案的审议。法律解释草案经常委会会议审议，由法律委员会根据常委会组成人员的审议意见进行审议、修改，提出法律解释草案表决稿。第三，法律解释草案的表决与公布。法律解释草案表决稿由常委会全体组成人员的过半数通过，由常委会发布公告予以公布。

了立法解释实践。《立法法》于2000年3月15日通过之后，第九届全国人大常委会于2000年4月29日通过了《全国人民代表大会常务委员会关于〈中华人民共和国刑法〉第九十三条第二款的解释》（以下简称“其他依照法律从事公务的人员立法解释”），这是在涉港澳立法解释之外，全国人大常委会作出的第一个立法解释，也是第一个刑法立法解释。此外，2000年《立法法》还在如下两个方面完善了立法解释制度。一是功能的重新定位，规定法律需要进一步明确具体含义以及明确法律制定后出现的新情况的适用法律依据时，由全国人大常委会作出解释；二是授权全国人大常委会工作机构对有关具体问题的法律询问进行研究并予以答复，并报常务委员会备案，这进一步减轻了全国人大常委会的法律解释压力，但也减少了全国人大常委会作出法律解释的机会。

第三节　全国人大常委会所作法律解释的类型划分

截至2023年10月，全国人大常委会一共作出了44件立法解释。其中1955年至1995年18件，[1]1996年至1999年3件，2000年至2023年23件。1996年之前多以“决定”或“法令”的形式作出，比如第一届全国人大常委会于1956年5月8日通过的《关于被剥夺政治权利的人可否充当辩护人的决定》。第八届全国人大常

〔1〕 1996年之前全国人大常委会以决定或法令的名义作出的其他法律解释及其相关讨论参见乔晓阳主编：《中华人民共和国立法法讲话》，中国民主法制出版社2007年版，第192-194页。

委会于1996年5月15日通过《全国人民代表大会常务委员会关于〈中华人民共和国国籍法〉在香港特别行政区实施的几个问题的解释》之后，其所作法律解释统一称为“解释”。接下来，我们将以解释对象、解释问题、存在形式等为标准，对全国人大常委会已经作出的法律解释进行类型化分析，为后续研究作一铺垫。

一、基于解释对象的类型划分

根据全国人大常委会法律解释的对象涉及的法律领域，我们可将立法解释分为如下四大类。第一，国家机关组织法类别。1996年全国人大常委会以“解释”的形式作出第一个法律解释之前，立法解释基本上围绕国家机关组织法开展，比如1956年6月14日全国人民代表大会常务委员会通过的《中华人民共和国全国人民代表大会常务委员会的工作报告》提及的6项立法解释皆属于此类。[1]此外，此类立法解释主要集中于20世纪五六十年代，这和当时的法制实践密切相关。彼时，我国的法律体系尚未健全，国家机关组织法是新中国制定的第一批法律，由于立法技术、社会发展等原因，许多法律存在明确界限或者补充规定的需要，立法解释满足了这些需要。第二，刑事法律类别。如果说1996年之前的立法解释实践以国家机关组织法为主，那么1996年之后的立法解释实践则以刑事法律为主。1996年以来，全国人大常委会一共作出了26个立法解

〔1〕 具体内容参见本书第四章第二节的有关论述。

释，包括 13 个刑法立法解释和 3 个刑诉法立法解释。第三，涉港澳法律类别。截至目前，全国人大常委会已作出了 9 个涉港澳特别行政区的立法解释，包括 5 个《中华人民共和国香港特别行政区基本法》（以下简称《香港基本法》）立法解释、1 个《中华人民共和国澳门特别行政区基本法》（以下简称《澳门基本法》）立法解释、1 个《中华人民共和国香港特别行政区维护国家安全法》（以下简称《香港国安法》）立法解释和 2 个《国籍法》在港澳特别行政区实施问题的立法解释。由此可见，《香港基本法》立法解释是涉港澳立法解释的主要组成部分。究其原因，港澳基本法在内容方面的相似度导致《香港基本法》立法解释可在很大程度上应用于澳门是关键因素。换言之，在《香港基本法》立法解释与《澳门基本法》立法解释的关系方面，"全国人大对《香港基本法》的直接解释对澳门起到了间接作用，是《澳门基本法》相关条文的一种间接解释"[1]。第四，民事法律类别。2014 年 11 月 1 日通过的《全国人民代表大会常务委员会关于〈中华人民共和国民法通则〉第九十九条第一款、〈中华人民共和国婚姻法〉第二十二条的解释》（以下简称"姓氏选择权立法解释"），这是我国的第一个民法立法解释。不管是 1996 年之前的国家机关组织法、港澳基本法还是刑事法律，皆属于广义的公法领域，"姓氏选择权立法解释"将全国人大常委会的法律解释领域拓展至私法领域。但是，我们也要充分注意到"姓氏选择权立法解释"在

[1] 娄胜华：《论〈澳门基本法〉的非正式解释：两个案例的启示》，载《行政》第 133 期（2021 年），第 5 页。

本质上涉及公民宪法权利的法律界限问题。在此意义上，该立法解释仍可归属于公法领域。这不得不让我们反思全国人大常委会的法律解释为什么主要集中于公法领域？我们将在论述补充法律规定功能时思考这一问题。

二、基于解释问题的类型划分

根据《立法法》第四十八条，当法律的规定需要进一步明确具体含义或者明确法律制定后出现的新情况的适用法律依据时，全国人大常委会可作出法律解释。但是，立法解释实践所面临的法律问题更为复杂。据此，我们将立法解释分为如下三类。

第一，明确兜底性条款的含义类立法解释。基于立法者的有限理性以及法律规范性的考量，法律文本中存在大量的兜底性条款，刑事法律也不例外。在立法解释实践中，全国人大常委会经常通过明确内涵或者外延的方式进一步界定兜底性条款的含义，以消除司法实践中的适用分歧或障碍。比如“其他依照法律从事公务的人员立法解释”明确了《中华人民共和国刑法》（以下简称《刑法》）第九十三条第二款规定的“其他依照法律从事公务的人员”的外延。第二，明确不确定性法律概念的含义类立法解释。法律文本中存在大量的不确定性法律概念，有些只存在于法律中，有些也表现在日常生活中。即使法律文本使用了日常生活概念，也有可能具有区别于日常意义的特定含义。比如 2004 年 12 月 29 日第十届全国人大常委会通过的《全国人民代表大会常务委员会关于〈中华人民共和国刑法〉有关信用卡规定的解释》规定,《刑法》规定的“信用卡”是指由商业银行或者其他金融机构发行的具有消费支付、信用贷款、转账结算、存取现金等全部功能或者部分功能的电子支付卡,这和我们当前日常生活中所认识之信用卡的概念存在差别。一般而言,存取现金是储蓄卡而非信用卡的功能。第三,明确某种情况的适用法律依据类立法解释。尽管《立法法》授权全国人大常委会通过法律解释明确法律制定后出现的新情况的适用法律依据,但是在立法解释实践中,需要明确适用法律依据的可能是法律制定后出现的新情况,也可能是法律制定之前就存在的情况,比如“姓氏选择权立法解释”。在《中华人民共和国婚姻法》(以下简称《婚姻法》,已废止)第二十二条规定“公民可以随父姓,可以随母姓”之前,公民在父母姓氏之外选取第三姓氏的社会现象早已存在,此类情况的适用法律依据分歧也并非《婚姻法》出台之后才产生。因此,“姓氏选择权立法解释”并不是明确了一种法律制定后出现的新情况的适用法律依据,而是明确了一种法律制定之前也存在分歧的情况的适用法律依据。

三、基于存在形式的类型划分

到目前为止,全国人大常委会已经作出的绝大多数法律解释现行有效且以法律解释的形式继续存在,如前文所述《全国人民代表大会常务委员会关于被剥夺政治权利的人可否充当辩护人的决定》至今有效。当然,也有部分立法解释因为法制发展、社会变迁等已失效。又如，根据《全国人民代表大会常务委员会关于批准法制工作委员会关于对1978年底以前颁布的法律进行清理情况和意见报告的决定》，1955年11月8日第一届全国人大常委会通过的《关于在地方各级人民代表大会闭会期间省长、自治区主席、市长、州长、县长、区长、乡长、镇长和地方各级人民法院院长缺额补充问题的决定》已失效。

但是，如下两类立法解释的存在形式引人思考。第一，经过修改的立法解释。全国人大常委会作出的部分法律解释经过修改后继续以立法解释的形式存在，比如“其他依照法律从事公务的人员立法解释”以及2001年8月31日第九届全国人大常委会通过的《全国人民代表大会常务委员会关于〈中华人民共和国刑法〉第二百二十八条、第三百四十二条、第四百一十条的解释》都根据2009年8月27日《全国人民代表大会常务委员会关于修改部分法律的决定》进行过一次修正。在此意义上，全国人大常委会将法律解释与法律同等对待，这也是立法解释发挥补充法律规定功能原因之一，我们将在第四章详细阐述。第二，上升为法律的立法解释。在法律修改或者编纂法典时，全国人大或者全国人大常委会选择将部分立法解释上升为法律，比如全国人大常委会于2011年2月25日通过的《中华人民共和国刑法修正案（八）》完全吸收了全国人大常委会于2002年4月28日通过的《全国人民代表大会常务委员会关于〈中华人民共和国刑法〉第二百九十四条第一款的解释》（以下简称“黑社会性质的组织立法解释”），将其作为《刑法》第二百九十四条第五款。“姓氏选择权立法解释”是另外一个事例，第十三届全国人大于2020年5月28日通过的《中华人民共和国民法典》(以下简称《民法典》)将其吸收，编为第一千零一十五条。与第一个事例的完全吸收模式不同,《民法典》在吸收第一个民法立法解释时做了一些文字但非实质内容的改变。〔1〕这不得不让我们反思如下问题：为什么有些立法解释被上升为法律，而绝大多数立法解释仍然以立法解释的形式存在？根据2023年《立法法》第五十三条，即使立法解释不被法律吸收，也具有与法律同等的效力。因此，法典或者法律吸收立法解释并非出于提升其法律效力的考量。《民法典》吸收"姓氏选择权立法解释"应该出于法律体系化之需要，但是《中华人民共和国刑法修正案(八)》吸收"黑社会性质的组织立法解释"并非出于这一考量，因为其他刑法立法解释并未被《刑法》

〔1〕《全国人民代表大会常务委员会关于〈中华人民共和国民法通则〉第九十九条第一款、〈中华人民共和国婚姻法〉第二十二条的解释》:"公民依法享有姓名权。公民行使姓名权，还应当尊重社会公德，不得损害社会公共利益。公民原则上应当随父姓或者母姓。有下列情形之一的，可以在父姓和母姓之外选取姓氏:(一)选取其他直系长辈血亲的姓氏;(二)因由法定扶养人以外的人扶养而选取扶养人姓氏;(三)有不违反公序良俗的其他正当理由。少数民族公民的姓氏可以从本民族的文化传统和风俗习惯。"《中华人民共和国民法典》第一千零一十五条:"自然人应当随父姓或者母姓，但是有下列情形之一的，可以在父姓和母姓之外选取姓氏:(一)选取其他直系长辈血亲的姓氏;(二)因由法定扶养人以外的人扶养而选取扶养人姓氏;(三)有不违背公序良俗的其他正当理由。少数民族自然人的姓氏可以遵从本民族的文化传统和风俗习惯。"比较二者，我们发现存在两处比较明显的文字上的差异，一是《民法典》第一千零一十五条将姓氏选择权的权利主体从"公民"修改为"自然人"，二是《民法典》第一千零一十五条删除了立法解释中的"原则上"等内容。我们认为上述内容仅是文字上而非实质内容上的改变。第一，在外延上，自然人明显广于公民，还可以包括外国人、无国籍人等，但是对于姓氏而言，我国《民法典》之规定显然不适用于外国人和无国籍人，如果他们加入了中国国籍，那么也就属于公民的范畴了。第二，不管是立法解释还是《民法典》第一千零一十五条，在将公民的姓氏限缩于父姓和母姓之时，都赋予公民在一定范围内自由选择姓氏的权利。因此，立法解释规定的"原则上应当随父姓或者母姓"与《民法典》第一千零一十五条规定的"应当随父姓或者母姓"仅存在表述的差异，二者之法律效力一致。

吸收。那么，相比于其他立法解释，"黑社会性质的组织立法解释"是否具有特殊性？从内容上看，该立法解释是对于刑法文本中的某一不确定性法律概念的解释，其他立法解释也存在此类情形，比如"其他依照法律从事公务的人员立法解释"即是对"其他依照法律从事公务的人员"这一不确定性法律概念的进一步界定。因此，就法典或者法律吸收立法解释的标准而言，我们尚不能得出明确的答案。

第三章　全国人大常委会法律解释制度的阐释立法原意功能

立法解释制度的阐释立法原意功能是指相较于国务院、最高人民法院、最高人民检察院等其他法律解释主体，作为立法机关的全国人大常委会最清楚立法原意，是立法原意的最佳阐释者，蕴含在立法解释中的立法原意即法律文本之含义，产生法律拘束力。尽管实践各方普遍认同阐释立法原意功能，但其概念内涵、规范依据、正当性基础却存在诸多疑问。为此，在梳理阐释立法原意功能的渊源与界定立法原意概念的基础上，我们论证了以立法机关主观意图为主要目标的阐释立法原意功能的理论基础并明确了其实施界限。

第一节　阐释立法原意功能的渊源

虽然在立法解释、法律询问答复实践中，立法原意一直是全国人大常委会作法律解释或者全国人大常委会法工委答复法律询问的唯一目标，但是阐释立法原意功能缺乏明确的规范基础。实践层面对阐释立法原意功能的高度认可源自它承担的正当化立法解释制度的理论使命。

一、阐释立法原意功能的实践基础

1996 年至今，全国人大常委会一共作出了 9 个涉港澳立法解释，几乎在每一个解释草案的说明中，全国人大常委会法工委都突出强调了立法解释符合立法原意或者依据立法原意作出。与之不同，非涉港澳立法解释对立法原意的强调既非普遍也非唯一。除了立法解释实践之外，全国人大常委会的合法性审查实践以及全国人大常委会法工委的法律询问答复实践也普遍强调了立法原意的重要性。

（一）涉港澳立法解释中的立法原意

根据作用之不同，涉港澳立法解释中的立法原意可划分为如下三种类型。第一，强调立法解释符合立法原意。比如《全国人民代表大会常务委员会关于〈中华人民共和国澳门特别行政区基本法〉附件一第七条和附件二第三条的解释（草案）审议结果的报告》指出，常委会组成人员认为解释草案明确了修改行政长官和立法会产生办法的法定程序，符合《澳门基本法》的立法原意。第二，强调立法解释基于立法原意作出。《全国人民代表大会常务委员会关于〈中华人民共和国香港特别行政区基本法〉第五十三条第二款的解释（草案）的说明》指出，按照立法原意明确行政长官缺位后产生的新的行政长官的任期为原行政长官未完成的剩余任期。第三，强调香港终审法院的解释不符合立法原意。《全国人民代表大会常务委员会关于〈中华人民共和国香港特别行政区基本法〉第二十二条第四款和第二十四条第二款第（三）项的解释（草案）的说明》指出，全国人大常委会委员长会议审议了国务院《关于提请解释〈中华人民共和国香港特别行政区基本法〉第二十二条第四款和第二十四条第二款第（三）项的议案》，认为香港终审法院在判决前没有按照《香港基本法》第一百五十八条第三款的规定提请全国人大常委会进行解释，而终审法院的解释又不符合立法原意，由全国人大常委会就《香港基本法》有关条款进行解释，是必要且适当的。

（二）非涉港澳立法解释中的立法原意

同涉港澳立法解释普遍强调立法原意的重要性不同，全国人大法律委员会或者全国人大常委会法工委仅在4个非涉港澳立法解释的草案说明中提到了立法原意且同时强调了其他价值的重要性。第一，在《立法法》颁布之后，全国人大常委会一共作出了17个非涉港澳立法解释。全国人大法律委员会或者全国人大常委会法工委仅在《全国人民代表大会常务委员会关于〈中华人民共和国刑法〉有关文物的规定适用于具有科学价值的古脊椎动物化石、古人类化石的解释》（以下简称“古人类化石立法解释”）、《全国人民代表大会常务委员会关于〈中华人民共和国刑法〉有关信用卡规定的解释》、《全国人民代表大会常务委员会关于〈中华人民共和国刑法〉有关出口退税、抵扣税款的其他发票规定的解释》以及《全国人民代表大会常务委员会关于〈中华人民共和国刑法〉第三十条的解释》4个立法解释草案的说明中明确提到了相关立法解释符合立法原意。第二，即使在上述4个立法解释中，全国人大法律委员会或者全国人大常委会法工委在强调立法原意的同时也强调了其他价值。比如在"古人类化石立法解释"草案的说明中，全国人大法律委员会主任委员杨景宇提出，法律委员会认为该法律解释草案符合1997年修改《刑法》时的立法原意，也有利于统一执法。在上述其他三个立法解释草案的说明中，全国人大法律委员会或者全国人大常委会法工委还强调了惩治犯罪需要、贯彻罪刑法定原则、维护法制统一等价值。

（三）法律询问答复及合法性审查中的立法原意

除立法解释实践外，在法律询问答复和法规、司法解释的合法性审查实践中，有关主体也纷纷强调立法原意的重要性。第一，法律询问答复实践中的立法原意。地方人大常委会法工委在提出法律询问答复时，往往以寻求立法原意为目标，这说明其对于法律解释应当追求立法原意的价值认同。比如河北省人大常委会法工委在如何认定《刑法》第三百三十六条规定的"非法行医罪"含义的法律询问中认为刑法属于国家专属立法权，请全国人大常委会法工委就《刑法》第三百三十六条的原意予以答复。[1]第二，合法性审

〔1〕 上述法律询问的具体内容参见全国人大常委会法制工作委员会编：《法律询问答复汇编》（第3辑），中国民主法制出版社2003年版，第8–9页。

查实践中的立法原意。在审查《人民检察院民事诉讼监督规则(试行)》(现已废止)关于申请检察监督的规定时,全国人大常委会法工委认为该项规定改变了民事诉讼法的立法原意。[1]由此可见,立法原意是法规、司法解释合法性审查的主要标准,也是法律解释的主要目标。尽管全国人大常委会法工委或者地方人大常委会的法工委在法律询问答复以及法规、司法解释的合法性审查实践中对立法原意重要性的强调与立法解释制度的阐释立法原意功能并无直接关联性,但是正如下文所述,一是部分法律询问答复实质上侵入了立法解释的权限范围,二是立法解释是法规司法解释的合法性审查制度的核心手段。因此,法律询问答复以及合法性审查实践强调立法原意的价值与立法解释制度的阐释立法原意功能具有间接关联性,反映出各方实践主体对于法律解释应当追求立法原意的价值共识。

总之,分析立法解释、法律询问答复和合法性审查实践,包括全国人大法律委员会(宪法与法律委员会)、全国人大常委会法工委、地方人大常委会等在内的各方主体普遍认为阐释立法原意是立法解释制度的主要功能。但是,在上述普遍性认识中,存在细微的差异性,阐释立法原意是涉港澳立法解释的唯一功能,但却只是非涉港澳立法解释功能体系的一部分。尽管上述差异细微,但对于阐释立法原意功能的发展趋势却具有重要价值,我们将在后文

---

〔1〕 参见全国人大常委会法工委法规备案审查室编著:《规范性文件备案审查案例选编》,中国民主法制出版社2020年版,第36页。

予以考察。

二、阐释立法原意功能的规范依据

虽然阐释立法原意功能具有实践基础，但是基于对有关法律条文的体系解读，我们发现阐释立法原意功能既没有文义上的明示，也不能结合实践间接求证。简言之，立法解释制度的阐释立法原意功能不具备明确的规范基础。

（一）基于文义的直接考察

根据第二章第二节在规范层面对立法解释制度的建立与发展的系统化梳理，立法解释制度具有明确法律界限、补充法律规定、统一法律适用、明确法律规定的具体含义、明确法律制定后新情况的适用法律依据等功能，阐释立法原意功能缺乏直接的规范基础。

（二）结合实践的间接求证

基于如下两个方面，阐释立法原意功能也不具有间接的规范基础。

第一，《立法法》制定以后，阐释立法原意功能是否具有间接的规范基础取决于明确具体含义和明确新情况的适用法律依据功能与立法原意之间的关系，如果阐释立法原意是全国人大常委会进一步明确法律规范具体含义和明确新情况适用法律依据的主要方式，那么立法解释制度的主要功能可界定为阐释立法原意。但是，基于如下两个理由，上述推论不能成立。一方面，明确法律制定后新情况的适用法律依据一般与立法原意无直接关系，因为立法后新出现的情况往往超越立法者的主观认知与规范含义的覆盖范围，比如"姓氏选择权立法解释"。〔1〕《婚姻法》制定之后，随着社会发展以及人们关于姓氏观念的转变，部分父母愿意在父姓、母姓之外为子女选择姓氏，甚至根据偏好任意选择。任意选取第三姓氏超出了《婚姻法》立法者的价值认知，全国人大常委会通过"姓氏选择权立法解释"以补充第三姓氏选取范围的方式而非阐释立法原意的方式明确了第三姓氏适用法律依据的问题。另一方面，就进一步明确法律规定的具体含义而言，阐释立法原意也不是主要的方式。全国人大常委会往往根据法治实践之需要，在法律规范字面含义允许的范围内阐明规范之含义，以满足法治实践的规范需求。比如"其他依照法律从事公务的人员立法解释"没有明确"其他依照法律从事公务的人员"的具体含义，而是扩大了渎职罪主体的适用范围。尽管也引发了一些解释上的问题，但它在很大程度上弥补了刑法有关规定的缺陷。〔2〕

第二，根据《立法法》第一百零四条（2023年修正后改为第一百一十九条），"两高"作出的属于审判、检察工作中具体应用法

〔1〕"姓氏选择权立法解释"的起源、过程及其评析参见蔡小雪：《因公民起名引起立法解释之判案解析》，载《中国法律评论》2015年第4期，第160–163页。

〔2〕参见李希慧、贾济东、廖焱清：《渎职罪主体解释回顾及立法建言》，载《国家检察官学院学报》2003年第4期，第28页。

律的解释，应当主要针对具体的法律条文，并符合立法的目的、原则和原意。因此，阐释立法原意是司法解释的主要功能。司法解释和立法解释都是法律解释的一种形式，是否可据此推断立法解释也应当符合立法原意，从而使阐释立法原意功能获得间接的规范基础？对于法律的正确适用而言，司法解释发挥了重要作用，但是随着形势的变化和时间的推移，司法解释出现了与法律规定不尽一致、不同司法解释之间不够协调、形式和制定程序不够规范，甚至是“立法化倾向”等问题，[1]规范司法解释的上述乱象是《立法法》第一百零四条的立法目的。立法解释不存在司法解释的乱象，不能将《立法法》第一百零四条规定的符合立法原意的标准类推于立法解释。

三、阐释立法原意功能的理论使命

既然阐释立法原意功能没有明确的规范基础，那么全国人大常委会为什么在立法解释实践中明确坚持呢？阐释立法原意功能的实践地位源自其正当化立法解释制度的理论使命。《立法法》制定之前，部分归因于立法解释实践不足，研究者普遍不关注立法解释制度，少有研究者质疑立法解释制度的正当性，立法解释制度的功能研究也颇具开放性，阐释立法原意甚至不是立法解释制度的必要

〔1〕 参见全国人大常委会法制工作委员会国家法室编著：《中华人民共和国立法法释义》，法律出版社 2015 年版，第 329-330 页。

功能，比如蔡定剑教授认为立法解释有完善法律、补充法律、修改法律、裁断违法行为的功能。[1]但是，随着《立法法》的制定以及立法解释实践的开展，立法解释制度的正当性受到质疑，作为其正当性辩护理由的阐释立法原意功能逐渐受到重视。

（一）全国人大常委会法律解释制度的正当性危机

《立法法》制定前后，在研究者和法律实务工作者的共同参与下，学界发生了一场立法解释制度的正当性之辩。1994年8月，任职全国人大常委会秘书处的袁吉亮发文批判立法解释制度，[2]拉开了立法解释制度正当性辩论的帷幕。批判性观点可概括为如下三类。

第一，从应然角度根据法律解释的理论主张否定立法解释制度。首先，法律解释的逻辑起点应当在立法完成之后的法律应用环节，其不是一种独立的职权，而是执法者履行执法职责时所隐含的权力。把立法解释理解为立法机关通过立法程序来专门解释法律，并在立法机关的职权中专门规定一项立法解释权，却是失之以谬

〔1〕 参见蔡定剑、刘星红：《论立法解释》，载《中国法学》1993年第6期，第2-3页。

〔2〕 参见袁吉亮：《论立法解释制度之非》，载《中国法学》1994年第4期，第24-29页。这篇文章引发了较大反响，是20世纪90年代立法解释制度正当性之辩的核心文献之一。究其原因，除了所论内容切中要害之外，作者的身份也是关键所在。全国人大常委会是立法解释制度的权力主体，其工作人员却发文质疑立法解释制度的正当性，这从侧面说明立法解释制度在理论与实践上存在着重大难题。

了。[1]其次，法律解释权属于司法权能，是法官维护法的确定性、用以制约立法权和行政权的重要权能，它具有个案性、事后性与司法性。[2]最后，从刑法解释目标的角度批判立法解释，认为对刑法的解释不可能采取主观解释论，只能采取客观解释论。旁观者清，由读者解释作品比作者解释作品更具有说服力，同理，由适用者解释刑法比立法者解释刑法更有优越性。[3]第二，从必要性的角度批判立法解释制度。一方面，因为全国人大常委会很少行使法律解释权，所以立法解释体制不具有可行性。[4]但是，从近一段时间立法解释的实践来看，上述观点似乎站不住脚，因为全国人大常委会已经越来越重视立法解释实践，比如 2014 年 4 月 24 日全国人大常委会就《刑法》和《中华人民共和国刑事诉讼法》(以下简称《刑事诉讼法》)的有关条款一次性通过了 7 个立法解释。另一方面，立法粗陋与否同立法解释的必要性问题，立法粗陋被看作立法解释制度的存在理由之一。有研究者提出如果立法存在粗陋，那么应当提高立法质

〔1〕 参见陈斯喜:《论立法解释制度的是与非及其他》，载《中国法学》1998 年第 3 期，第 64 页；陈丽琴:《质疑立法解释——兼为法律解释正名》，载《法学论坛》2002 年第 3 期，第 24–26 页。

〔2〕 参见周永坤:《法治视角下的立法法——立法法若干不足之评析》，载《法学评论》2001 年第 2 期，第 115 页。

〔3〕 参见张明楷:《立法解释的疑问——以刑法立法解释为中心》，载《清华法学》2007 年第 1 期，第 34 页。

〔4〕 参见刘军平:《法治进程中的中国立法解释现状及其对策》，载《江西社会科学》2007 年第 1 期，第 197 页；金振豹:《论最高人民法院的抽象司法解释权》，载《比较法研究》2010 年第 2 期，第 63 页。

量，如果立法不存在粗陋，那么立法解释就不具有必要性。[1]第三，从可能性的角度批判立法解释制度。一方面，立法解释与立法无异，全国人大常委会的法律解释权是对立法权的延伸和重复使用。如有研究者认为制定立法解释看似与制定法律不同，但由于立法解释与法律本身具有相同的效力，导致立法解释与法律本身没有实质区别。然而，立法解释的程序比制定法律的程序简单得多。显然，用一种比制定法律更为简便的程序制作与法律具有相同效力的立法解释不利于实现良法之治。[2]另一方面，立法解释与司法解释无法形成真实区分，虽然立法解释是一种完善补充法律的重要手段，又是介于立法和法律实施之间促进法律实施的一种技术，[3]但很难与司法解释形成真实的区分。如有研究者认为所有刑法立法解释都源于实践中的问题，这些问题或者带有一定的群体性、典型性，或者来源于案件事实，属于相应主管机关或者司法机关管辖的范围，甚至根本上就是审判工作或者检察工作中的问题，有些甚至也完全无须进行所谓的明确性解释。[4]以上面提及的 7 个刑法立法解释为例，其第一句话基本上都是“全国人民代表大会常务委员会根据司法实践中遇到的情况，讨论了……问题，解释如下”。由此可见，立

〔1〕 参见于朝端：《建立以判例为主要形式的司法解释体制》，载《法学评论》2001 年第 3 期，第 138 页。

〔2〕 参见李国如：《立法解释必要论——兼论罪刑法定原则的贯彻执行》，载《法商研究》2000 年第 5 期，第 70 页。

〔3〕 参见蔡定剑、刘星红：《论立法解释》，载《中国法学》1993 年第 6 期，第 37 页。

〔4〕 参见林维：《论刑法立法解释权与立法权和司法权的纠葛》，载《当代法学》2006 年第 5 期，第 68 页。

法解释与司法解释之间确实在内容上存在相互重叠的部分。有研究者对2009年之前的刑法立法解释作了类型化分析之后认为，有一些立法解释渗入了司法解释的领域，有一些立法解释则是僭越法律创制的佐证。[1]有研究者甚至认为我国最高司法机关的司法解释权实际上是一种立法权，司法解释是一种准法律或者亚法律，它可以成为定罪量刑的法律依据，所以就刑法立法解释和司法解释而言，二者之间不存在真实的区分。[2]

（二）作为全国人大常委会法律解释制度正当性基础的阐释立法原意功能

针对批判性观点，许多研究者从不同的角度对立法解释制度的合法性和合理性进行了论证。但是，总体而论，大多数论证经不起推敲，[3]唯有颇具民主合法性基础的阐释立法原意功能获得了广泛共识，成为立法解释制度的正当性基础。“有权制定法律，就有权解释法律”这一命题虽然并非出自法律条文，却为人们确信不疑。因为人们普遍认为，法律解释要符合立法原意，而就立法原意而言，没有谁比立法者自身更清楚。[4]在中国法学界，上述观点具有广泛的认同度。20世纪90年代中期，李步云作为立法理论研究课题组负责人起草了《中华人民共和国立法法（专家建议稿）》，其间有人反

〔1〕 参见唐稷尧：《事实、价值与选择：关于我国刑法立法解释的思考》，载《中外法学》2009年第6期，第885页。

〔2〕 参见利子平：《论刑法司法解释的依据》，载《法学论坛》2009年第5期，第77页。

〔3〕 立法解释制度正当性辩护类观点及其评价参见本书第一章第二节的有关论述。

〔4〕 参见张志铭：《法律解释操作分析》，中国政法大学出版社1998年版，第233页。

对立法解释制度，认为法的解释只是司法机关的事情。课题组没有采纳这种观点，认为法的解释完全由司法机关承担只是西方一部分国家的观念和做法。谁有权制定法律、法规，谁就应当有权对自己制定的法作出解释，这是题中应有之义。〔1〕按照“有权制定法律，就有权解释法律”的内在逻辑，法律解释权不是附属于司法权的权力，也不是一项可配置于不同主体的独立权力，而是一项附属于立法权的权力，甚至是一种立法形式。〔2〕也正是在此意义上，《宪法》将法律解释权完全授予全国人大常委会，2000 年《立法法》仅规定了立法解释制度，没有规定司法解释，也没有将法律解释权授予其他主体。

总之，当阐释立法原意功能作为立法解释制度的正当性基础时，法律解释权是一项附属于立法权的权力，是立法机关的专属权力，阐释立法原意是其主要功能。但是，正如下文所述，基于理论障碍以及实践困境，阐释立法原意功能并不能充分完成正当化立法解释制度的理论使命。

第二节　立法原意的概念考察

尽管阐释立法原意功能具有广泛的实践基础并承担着正当化

〔1〕 参见李步云主编：《立法法研究》，湖南人民出版社 1998 年版，第 49 页。

〔2〕 比如全国人大常委会 2022 年度工作要点提出，把握立法规律，丰富立法形式，坚持急用先行，区分轻重缓急，统筹立改废释纂，增强立法的针对性、适用性、可操作性，着力解决实际问题。因此，在全国人大常委会看来，法律解释是一种立法形式。

立法解释制度的理论使命，但是立法原意在理论上是一个不确定性法律概念，全国人大常委会在法律解释实践中也没有明确界定立法原意的内涵或者外延。因此，对于阐释立法原意功能的系统性研究而言，立法原意的概念界定是基础性工作。在分析立法原意概念学说的基础上，我们主要以立法解释实践中全国人大常委会阐释立法原意的方法作为界定立法原意概念的依据。立法解释实践中的立法原意主要是指立法机关制定或者修改法律的主观意图，既表现为立法机关的原初意图，也表现为立法机关的现代意图；既表现为立法机关的具体意图，也表现为立法机关的一般意图。关于立法机关的意图，存在广义与狭义两种观点，〔1〕根据立法解释实践，全国人大常委会在广义层面使用立法意图概念。一般而言，引发解释分歧的法律规范往往存在字义上的多元性，此时作为立法机关主观意图的立法原意是重要的评价性因素。但是，这不能否定立法机关的主观意图与法律规范含义的高度一致性。

一、立法机关原意而非法律文本原意

立法原意是我国法律文本中的明确概念，并频繁出现于立法解

〔1〕 广义的立法意图包括关于立法对象的认识、关系的判断、规律的认识、存在的评价、将来的期望、所设计的目标、改变现状的种种意志、对风险的考虑，甚至关于立法对象的种种情感。狭义的立法意图即上述立法意图中，除立法目的和条文字面意思以外的，隐含在其他信息来源中的关于立法对象的意思表示，这是立法者的隐含意思表示。参见疏义红：《法律解释学实验教程——裁判解释原理与实验操作》，北京大学出版社 2008 年版，第 139 页。

释、司法解释、立法后评估等法治实践中。[1]但是，在西方法律解释理论与实践中，并没有一个与之完全对应的概念。西方研究者大多在法律解释的目标理论中讨论立法原意，主要提出了主观说和客观说两种理论。主观说认为法律解释的目标是探求历史上的立法者事实上的意思，即立法者的看法、企图和价值观；客观说认为法律解释的目标是探求一个内在于法律的意旨。[2]就立法原意的字面含义分析，既可以在法律解释目标的主观说框架内，将其理解为立法机关原意，也可以在法律解释目标的客观说框架内，将其理解为法律规范的意志。这两种观点也普遍存在于中国学界，有研究者主张立法机关原意说，认为法律解释的目标在于探求立法原意，即立法者在制定法律时的意图和目的；[3]有研究者坚持文本原意说，认为法意解释非为探求历史上的立法者于立法当时的主观意思，而是探求法律于今日所应有之合理意思，亦即客观意思，立法资料只能作为发现法律客观的规范意旨的参考手段。[4]对于法律解释的目标或者影响法律解释的因素而言，立法机关原意说和法律文本原意说各执一端，分别强调立法者和法律文本的重要性，具有重要的理论价值，也难免出现挂一漏万或者割裂立法者与法律文本内在关联性的风

〔1〕 比如《全国人民代表大会常务委员会法制工作委员会关于司法解释集中清理工作情况的报告》提出，最高人民法院和最高人民检察院将每个阶段的清理情况书面征求法制工作委员会的意见，法制工作委员会组织工作力量，根据立法原意，对每一件征求意见的司法解释和司法解释性质文件都作认真研究。

〔2〕 关于法律解释目标的主观说、客观说以及折中说的详细论述参见黄茂荣：《法学方法与现代民法》，法律出版社 2007 年版，第 324–332 页。

〔3〕 参见张志铭：《法律解释操作分析》，中国政法大学出版社 1998 年版，第 37 页。

〔4〕 参见梁慧星：《民法解释学》，中国政法大学出版社 1995 年版，第 219–220 页。

险。考虑到法律文本是立法者传递立法意图的媒介，在立法机关原意说和法律文本原意说之外，也出现了某种形式的融合说。比如有研究者认为立法意图是立法者通过法律希望达到的某种社会后果，它体现在各个相应的法律文件中，由法律用语、语法规律、逻辑结构以及法律正文、附录等内容体现出来。[1]

参考上述理论并结合立法解释实践，我们认为立法原意是指立法机关原意而非法律文本原意。大多数情况下，立法机关原意和法律文本原意高度统一，法律文本清楚地表达了立法者制定或者修改法律的意图以及所欲实现的社会效果。此时，立法机关原意就是法律文本的原意。但是，当法律文本的字面含义出现多种合理的解释可能性时，仅以法律文本或者法律体系为判断标准，无法确定何者系立法原意。此时，与立法机关原意相一致的解释结论应当被认定为立法原意。

第一，基于阐释立法原意功能正当化立法解释制度的推论。在作为立法解释制度正当性基础的“有权制定法律，就有权解释法律”以及“立法者最清楚立法原意”的理论预设下，立法原意是指立法机关原意而非法律文本的原意。首先，当立法原意指向文本的含义时，法律解释者应当主要使用文义解释、体系解释等方法予以确定。此时，各类法律解释主体使用的法律解释方法以及解释材料大致相同，相对于司法机关或者法官而言，立法机关在确认立法原意方面不仅没有任何优势，反而基于法律解释技艺理性之不足而完全

〔1〕 参见孙国华、郭华成:《法律解释新论》，载《政治与法律》1988年第5期，16-17页。

处于劣势，这也是解构立法解释制度的理由之一。因此，当立法原意主要指向法律文本的原意时，“立法者最清楚立法原意”的假设不成立，阐释立法原意功能无法作为立法解释制度的正当性理由。其次，当立法原意指向立法机关意图时，法律解释者可以使用历史解释、目的解释等方法予以确定。此时，相对于司法机关或者法官而言，立法机关在确认立法原意方面，占有相对优势。比如 2011 年 7 月 1 日公布的《全国人民代表大会常务委员会法制工作委员会关于立法后评估试点工作情况的报告》提出，立法机关可通过查阅和研究立法档案资料，多渠道收集相关资料，梳理有关制度的立法背景和立法宗旨，把握立法原意。虽然立法史料的公开范围逐渐扩大，〔1〕但是立法草案的提出、完善、审议等材料仍然只有立法机关掌握，立法机关可据此进一步确认立法原意。最后，上述两种情况皆假设法律文本中或者立法史料中存在一个确定的立法原意，法律解释者可以通过各种适当的解释方法予以确认。但是，立法原意并非固定不变，有时体现出与时俱进性，需要通过法律的目的、原则、精神等予以具体化。此时，相对于司法机关而言，立法机关具有相对优势，尤其对于刑法解释而言。如果“两高”在上述情况下作出司法解释，则可能遭受突破罪刑法定原则之诘责。

第二，基于立法原意适用前提的推论。立法解释具有多方面的起因，其中法律实施主体的认识不统一是最主要的一种。一般而

〔1〕 2015 年《立法法》仅要求通过全国人大常委会公报、中国人大网、报纸等途径公布法律文本，2023 年《立法法》将公开范围扩大至法律文本以及发布的公告、法律草案的说明、审议结果的报告等。

言，法律文本的不确定性或者法律解释结果的多元性是法律实施主体认识不统一的主要原因，也是立法解释制度阐释立法原意的解释学前提。此时，立法原意发挥了为某种法律文本含义背书的功能，即与立法原意相一致的法律文本含义成为最具权威性的法律解释结果。因此，根据全国人大常委会阐释立法原意的解释学前提，立法原意主要是指立法机关原意而非法律文本原意。正如卡尔·拉伦茨（Karl Larenz）所言，“假使依一般或法律特殊的语言用法获得的字义、依法律的意义脉络，或依法律基本的概念体系所得的解释结果，仍然包含不同的解释可能性（也经常如此），就会发生下述问题：何种解释最能配合立法者的规定意向或其规范想法”。〔1〕

第三，基于全国人大常委会阐释立法原意的方法之推论。一方面，对于立法机关原意与法律文本原意的区别而言，能否参考立法史料以确定立法原意是一个重要的“分水岭”。立法机关原意说往往强调法律起草过程中通过合法程序保留下来的、具有证明力的权威文本以及立法者在起草法律过程中发表的言论，〔2〕甚至包括国家领导人关于相关问题的重要论述。法律文本原意说则强调法律文本以及法律体系的重要性，一般否认立法史料对于确定立法原意的作用。全国人大常委会在法律解释实践中，尤其是在港澳基本法解释实践中，经常援引立法史料以确认立法原意，这表明立法原意主要是指立法机关原意而非法律文本原意。比如，根据全

〔1〕［德］卡尔·拉伦茨：《法学方法论》，陈爱娥译，商务印书馆2005年版，第207页。

〔2〕参见强世功：《文本、结构与立法原意——“人大释法”的法律技艺》，载《中国社会科学》2007年第5期，第155页。

国人大常委会法制工作委员会副主任张荣顺关于《全国人民代表大会常务委员会关于〈中华人民共和国香港特别行政区基本法〉第一百零四条的解释(草案)的说明》,在阐释《香港基本法》第一百零四条立法原意的过程中,全国人大常委会法工委主要参考了香港特别行政区筹备委员会(以下简称香港筹委会)制定的香港特别行政区第一任行政长官人选的产生办法、临时立法会的产生办法和第一届立法会的具体产生办法等立法史料,并援引了邓小平同志关于爱国者标准的重要论述,以此阐明以爱国者为主体的港人治理香港是港人治港的界限和标准。此外,某些立法解释正文也明确认可了立法史料在确定立法原意过程中的关键性作用。比如《全国人民代表大会常务委员会关于〈中华人民共和国香港特别行政区基本法〉第二十二条第四款和第二十四条第二款第(三)项的解释》(以下简称"居港权立法解释")明确提出,本解释所阐明的立法原意以及《香港基本法》第二十四条第二款其他各项的立法原意,已体现在1996年8月10日香港筹委会第四次全体会议通过的《关于实施〈中华人民共和国香港特别行政区基本法〉第二十四条第二款的意见》中。

另一方面,在全国人大常委会已经作出的9个涉港澳立法解释中,全国人大常委会在阐释有关条文立法原意的过程中,都引用了立法史料,但也存在仅运用文义解释、体系解释等方法确定立法原意的事例,比如《全国人民代表大会常务委员会关于〈中华人民共和国香港特别行政区基本法〉附件一第七条和附件二第三条的解释》(以下简称"香港立法会和行政长官选举办法立法解释”)关于“二〇〇七年以后包含二〇〇七年”以及“如需修改是指可以修改,也可以不进行修改”的解释。基于此,我们是否可以主张立法解释实践中的立法原意主要是法律文本的原意,而非立法机关原意?正如时任全国人大常委会法工委副主任乔晓阳在2004年4月8日香港各界人士座谈会上的演讲所论,“要忠实于立法原意,就必须将一部法律的有关各条规定联系起来看,有时甚至要与其他法律的有关规定联系起来看,从整体上把握法律规定的真实原意”。〔1〕他还以关于行政长官和立法会两个产生办法“如需修改”的立法解释为例,进一步阐明了上述观点。但是,我们认为上述问题的答案是否定的。通过运用文义解释、体系解释等方法,“如需修改”只有一种合理的解释可能性,即“可以修改,也可以不修改”,不管将其解释为“必须修改”还是“不能修改”,都不符合“如需修改”的字面含义。在“如需修改”的文义解释没有分歧的前提下,也无须再阐释立法机关原意。几乎所有的法律解释理论皆维护法律文本的清楚确定的字面含义,即使最严格的立法机关原意主义者也不会用外在于法律文本的立法机关意图推翻清楚确定的字面含义。当法律文本的字面含义清楚且确定时,一般认为该字面含义就是法律文本原意,也是立法机关原意,是二者的共同载体。总之,尽管立法解释实践中存在一些没有援引立法史料以确定立法原意的事例,但是不能改变立法解释实践中的立法原意主要是指立法机关原意的论断。也正因如此,有研究者认

〔1〕 乔晓阳:《乔晓阳论基本法》,中国民主法制出版社2022年版,第49页。

为在实践层面，我国所有的法律解释工作者都采用立法原意说，即解释的目的是寻找出立法者的原意，以便在法律适用过程中应用它。〔1〕

第四，基于港澳基本法立法解释程序的推论。依据《香港基本法》第一百五十八条第四款，全国人大常委会在对《香港基本法》进行解释前，征询其所属的香港特别行政区基本法委员会的意见。在香港基本法起草委员会的建议下，1990 年 4 月 4 日，全国人民代表大会批准了《香港特别行政区基本法起草委员会关于设立全国人民代表大会常务委员会香港特别行政区基本法委员会的建议》，设立了隶属于全国人大常委会的香港基本法委员会。香港基本法起草委员会认为在《香港基本法》生效以后，须有机构就基本法第十七、十八、一百五十八、一百五十九条等条款实施中的问题进行研究，并向全国人大常委会提出意见。〔2〕无论是文义主义者还是意图主义者，皆赞同法律文本在一定程度上体现了立法机关的意图。在港澳基本法制定过程中，尽管全国人大是港澳基本法的立法机关，但是作为港澳基本法起草机关的港澳基本法起草委员会基本上代表了立法机关的意志。通过法律草案之起草，港澳基本法起草委员会的意图传递至港澳基本法的法律文本中。港澳基本法起草委员会建议全国人大设置全国人大常委会港澳基本法委员会是在港澳基本

〔1〕 参见林峰：《论法律解释的“立法原意说”》，载中国人民大学民商事法律科学研究中心、最高人民法院《人民司法》编辑部主办：《判解研究》2001 年第 4 辑，人民法院出版社 2002 年版，第 57 页。

〔2〕 澳门基本法委员会的设置程序、基本职责等与香港基本法委员会基本相同，不再赘述。

法实施过程中持续贯彻立法机关意图的制度努力。因此，根据港澳基本法委员会的设置历史、履职情况以及港澳基本法立法解释的程序，港澳基本法立法解释实践中的立法原意是指立法机关原意而非法律文本原意。

二、立法机关的原初意图与现代意图

关于立法机关原意的定义，虽然学界并未达成完全共识，概念使用也存在较大差异，[1]但是基本认同立法机关原意是指立法机关制定或者修改法律时的主观意图或者目的。从政治哲学角度分析，法官在法律解释活动中践行立法机关的原初意图比较符合其角色定位，司法权也因此免受通过法律解释修正甚至篡改法律的责难。[2]除立法机关的原初意图外，也存在立法机关的现代意图说，比如有研究者认为“惟所谓立法者之意思，在法律制定日久，社会情况已有变迁时，并非指立法者当时之意思而言，而系指依当时立法者若处于今日所应有之意思”[3]。此时，立法原意是指立法

〔1〕 研究者主要使用“立法者原意”“立法者的意志”“法意解释”“历史解释”“沿革解释”等称谓，参见马得华：《论立法者原意》，载齐延平主编：《山东大学法律评论》第3辑，山东大学出版社2006年版，第86页。根据《新华字典》的解释，“者”一般用在形容词、动词、动词词组或主谓词组之后，组成“者”字结构，用以指代人、事、物，但是在现代民主政治体制架构中，制定法一般由议员组成之议会或者人大代表组成之人民代表大会制定，立法者是一个集体而非个体。相较于立法者原意，立法机关原意更能够体现立法主体的集体属性。

〔2〕 参见苏力：《解释的难题：对几种法律文本解释方法的追问》，载《中国社会科学》1997年第4期，第19页。

〔3〕 杨仁寿：《法学方法论》，中国政法大学出版社2013年版，第162页。

机关的现代意图。当然，若法律解释时的社会情境与法律制定时并无较大变化，立法机关的原初意图和现代意图则相差无几。综合分析全国人大常委会作出法律解释的方法，立法解释实践中既存在作为立法机关原初意图的立法原意，也存在作为立法机关现代意图的立法原意。

（一）作为立法机关原初意图的立法原意

在立法解释实践中，全国人大常委会主要采用两种方法明确立法机关的原初意图。一是在法律没有明确规定或者法律文义模糊的前提下，通过立法史料阐明立法机关的原初意图，该意图即属于立法原意，即可以成为法律文义的组成部分，产生法律拘束力；二是综合运用体系解释、历史解释方法明确立法机关的原初意图。此时，体现在历史解释方法中的立法史料佐证了体系解释确定之立法机关的原初意图。

第一，单独应用立法史料确定立法机关的原初意图。2005 年 3 月 12 日，国务院批准了董建华辞去香港特别行政区行政长官职务的请求，根据《香港基本法》以及香港特别行政区《行政长官选举条例》的有关规定，香港特别行政区应当于 7 月 10 日选举新的行政长官。关于补选产生的行政长官的任期，香港社会形成了两种不同观点，一种观点认为补选产生的新的行政长官的任期为原行政长官任期的余下部分，另一种观点认为应当是新的一届五年任期。两种观点针锋相对，香港社会无法达成共识。由于情况紧迫，寻求全国人大常委会释法是唯一稳妥且及时的做法。2005 年 4 月 6 日，香港特别行政区署理行政长官曾荫权向国务院提出《关于请求国务院提请全国人民代表大会常务委员会就〈中华人民共和国香港特别行政区基本法〉第五十三条第二款作出解释的报告》。2005 年 4 月 27 日，第十届全国人大常委会通过了《全国人民代表大会常务委员会关于〈中华人民共和国香港特别行政区基本法〉第五十三条第二款的解释》(以下简称"香港行政长官任期制立法解释")，阐明了相关法律条文的立法原意，认为香港特别行政区行政长官缺位后产生的行政长官的任期为原行政长官未完成的剩余任期。

通过分析全国人大常委会确定《香港基本法》第五十三条第二款立法原意的方法，我们认为全国人大常委会在该立法解释实践中所谓之立法原意是指立法机关的原初意图。一方面，《香港基本法》第五十三条第二款未规定行政长官缺位情况下产生的新的行政长官的任期计算问题，全国人大常委会以及任何法律解释者都无法通过文义主义解决有关解释问题。全国人大常委会法工委在关于"香港行政长官任期制立法解释"(草案)的说明中也明确认可了这一点。另一方面，在文义主义不能解决问题的前提下，全国人大常委会法工委考察了《香港基本法》的起草过程。香港基本法起草委员会中的政治体制专题小组曾经讨论过补选的行政长官的任期问题，相关讨论引发了《香港基本法》草案有关条文在表述上的变化。根据全国人大常委会香港特别行政区基本法委员会对"香港行政长官任期制立法解释"(草案)的意见，从《香港基本法》的起草过程看，1989 年 1 月香港基本法起草委员会通过的《香港基本法(草案)》统一考虑行政长官缺位后产生的新的行政长官的任期与行政长官的产生办法，即根据具体的产生办法确定是完整的5年任期还是剩余任期。同这一修改相适应，1990年2月提交全国人大常委会审议的《香港基本法（草案）》附件一《香港特别行政区行政长官的产生办法》将1989年1月《香港基本法》草案中关于“选举委员会于中央人民政府任命行政长官后解散”的规定修改为“选举委员会每届任期五年”。设立任期5年的选举委员会，其中的一个目的就是便于在行政长官因故缺位时由该选举委员会及时选出新的行政长官以填补剩余任期。

第二，以立法史料佐证运用体系解释方法确定之立法机关的原初意图。除了考察《香港基本法》的立法史料以确定立法原意之外，立法解释实践还存在以体系解释佐证立法原意的方法。在香港终审法院关于《香港基本法》第二十四条第三款的解释不符合立法原意，又未能按照《香港基本法》有关要求提请全国人大常委会解释的前提下，全国人大常委会于1999年6月26日作出了“居港权立法解释”，阐明了《香港基本法》第二十四条第二款第三项的立法原意。一方面，《香港基本法》第二十四条第二款第一项规定在香港特别行政区成立以前或以后在香港出生的中国公民是香港特别行政区永久性居民，第二项规定在香港特别行政区成立以前或以后在香港通常居住连续7年以上的中国公民是香港特别行政区的永久性居民，第三项规定第一、二项所列居民在香港以外所生的中国籍子女是香港特别行政区永久性居民。在香港特别行政区成立以前或者以后，在香港连续居住未满7年但在香港以外所生中国籍子女申请成为香港特别行政区永久性居民时，连续居住已满7年的中国公民在香港以外所生中国籍子女是否能够成为香港永久性居民是争议所在。根据《香港基本法》第二十四条第二款第三项的字面含义，既能够包含在香港以外所生中国籍子女出生时已在香港连续居住7年的中国公民，也能够包含在香港以外所生中国籍子女申请成为香港永久性居民时已在香港连续居住7年的中国公民。两种解释皆在《香港基本法》第二十四条第二款第三项文字的可能含义范围内，只靠文义解释不能解决上述争议。另一方面，全国人大常委会借助体系解释的方法，在《香港基本法》第二十四条第二款第三项的文义范围内，采纳了与立法机关原意相一致的可能性解释。在确定《香港基本法》第二十四条第二款第三项的立法原意时，全国人大常委会运用体系解释的方法，系统考察了《香港基本法》第二十二条第四款以及香港筹委会第4次全体会议于1996年8月10日通过的《关于实施〈中华人民共和国香港特别行政区基本法〉第二十四条第二款的意见》。长期以来，中央政府对内地人员赴港，特别是赴港定居，实行了严格的管理制度。内地居民无论以何种理由赴港，均须向内地有关机关提出申请。包括港人在内地所生子女在内的内地人士申请赴港定居，都有一定的数额限制。[1]为了引导内地人士有序赴港，减轻香港面临的人口与社会压力，《香港基本法》第二十二条第四款规定中国其他地区的人进入香港须办理批准手

〔1〕 参见吴建墦:《全国人大解释基本法依据在何处》，载《中国法律》1999年第3期，第5页。

续，其中进入香港定居的人数由中央人民政府主管部门征求香港特别行政区政府的意见后确定。因此，限制入港定居人数是《香港基本法》第二十二条第四款的立法原意，也应当作为解释其他条款的依据。此外，香港筹委会第4次全体会议制定的《关于实施〈中华人民共和国香港特别行政区基本法〉第二十四条第二款的意见》对《香港基本法》第二十四条第二款第三项作了限缩解释，认为《香港基本法》第二十四条第二款第一、二项所列居民在香港以外所生的中国籍子女是指无论本人是在香港特别行政区成立以前或以后出生，在其出生时，其父母双方或一方须是符合《香港基本法》第二十四条第二款第一项或第二项规定条件的人。全国人大常委会认为香港筹委会第4次全体会议制定的上述意见符合《香港基本法》第二十四条第二款的立法原意。

（二）作为立法机关现代意图的立法原意

在上述两种情形下，不管文义解释、体系解释的结果如何，总是能够发现明确支持立法机关意图的立法史料。也正因如此，我们称上述立法解释中的立法原意为立法机关的原初意图。但是，鉴于法律通过抽象规则调整具体社会关系的内生缺陷、立法者的有限理性以及立法史料的完整性、冲突性等问题，全国人大常委会并非总能找到清楚地支持其解释意图的立法史料。此时，立法原意是指立法机关的现代意图而非原初意图。比如《全国人民代表大会常务委员会关于〈中华人民共和国香港特别行政区维护国家安全法〉第十四条和第四十七条的解释》（以下简称“香港国安法立法解释”)。[1]

在香港特别行政区政府3次依法阻拦均被法院驳回的前提下，为了解决黎智英能否聘请英国大律师到港为其辩护的问题，2022年11月28日，香港特别行政区行政长官向国务院提交了《关于黎智英案所涉香港国安法有关情况的报告》，建议提请全国人大常委会对《香港国安法》有关条款作出解释，阐明没有本地全面职业资格的海外律师参与国安案件是否符合《香港国安法》的立法原意和目的。2022年12月30日，第十三届全国人民代表大会常务委员会通过了“香港国安法立法解释”，认为不具有香港特别行政区全面执

---

〔1〕 除了港澳基本法立法解释外，部分刑法立法解释实践中的立法原意也是指立法机关的现代意图而非原初意图，比如《全国人民代表大会常务委员会关于〈中华人民共和国刑法〉有关出口退税、抵扣税款的其他发票规定的解释》。2005年12月29日第十届全国人大常委会第十九次会议根据司法实践中遇到的情况，作出了上述立法解释，将1997年《刑法》第二百零五条规定的“出口退税、抵扣税款的其他发票”解释为除增值税专用发票以外的，具有出口退税、抵扣税款功能的收付款凭证或者完税凭证。根据立法史料，出口退税、抵扣税款的其他发票主要是指农产品收购发票、废旧物资回收发票、运输发票及征课消费税的产品出口所开具的发票等，参见全国人大常委会法制工作委员会刑法室朗胜主编：《〈中华人民共和国刑法〉释解》，群众出版社1997年版，第268页。但是，随着社会的发展，具有出口退税、抵扣税款功能的其他发票已远远超出了立法史料所表明之立法机关的原初意图，全国人大常委会根据立法目的、原则等作出符合当前法治实践要求之解释，体现出立法机关的现代意图，但并未超出立法原意之范围。此外，对于司法机关或者法官而言，受制于罪刑法定原则以及禁止类推适用的解释规则，无法判断包括海关代征增值税专用缴款书在内的具有出口退税、抵扣税款功能的收付款凭证或者完税凭证是否属于1997年《刑法》第二百零五条规定的“出口退税、抵扣税款的其他发票”，这也在一定程度上表明了立法解释制度之必要性。当然立法解释也有其适用范围上的局限性，比如上述立法解释虽然解决了“出口退税、抵扣税款的其他发票”的含义问题，但却没有解决“用于骗取出口退税、抵扣税款的其他发票”中的“用于骗取”的含义，“用于骗取”可解释为“可用于”，强调发票的功能，也可以解释为“欲用于”，强调虚开发票行为的目的。参见左坚卫、郭理蓉、袁彬：《虚开增值税专用发票罪的司法限制与立法完善研究》，载赵秉志主编：《刑事法治发展研究报告（2016-2017年卷）》，法律出版社2018年版，第258-259页。

业资格的海外律师是否可以担任危害国家安全犯罪案件的辩护人或者诉讼代理人属于《香港国安法》第四十七条规定的需要认定的问题，应当取得行政长官发出的证明书。如香港特别行政区法院没有向行政长官提出并取得行政长官就该等问题发出的证明书，香港特别行政区维护国家安全委员会应当根据《香港国安法》第十四条的规定履行法定职责，对该等情况和问题作出相关判断和决定。通过分析全国人大宪法和法律委员会确定《香港国安法》有关条文立法原意的方法，我们认为该立法解释实践中的立法原意是指立法机关的现代意图而非原初意图。第一，对于不具有香港特别行政区全面执业资格的海外律师是否可以担任危害国家安全犯罪案件的辩护人或者诉讼代理人的问题，《香港国安法》并未明确规定，立法机关在起草《香港国安法》时，也未曾明确讨论过该问题。因此，全国人大宪法和法律委员会没有通过考察《香港国安法》第十四条和第四十七条立法史料的方式，寻求立法机关的原初意图。第二，从全国人大宪法和法律委员会的说明以及最终的解释文本看，全国人大常委会没有阐明第十三届全国人大常委会第二十次会议关于《香港国安法》某个法律条文的立法原意，也没有阐明《香港国安法》第十四条和第四十七条的法律含义，而是在《香港国安法》的规范框架内，提供了一个解决问题的方案，可确保《香港国安法》全面准确实施，切实维护《宪法》和《香港国安法》确定的特别行政区宪制秩序。换言之，聘请在港无全面职业资格的海外律师参与国安案件是否涉及国家安全是一个需要法律适用者或者解释者作出价值判断的问题，不存在原初立法机关的立法意图。

阐明当下立法机关意图的立法解释和补充法律规定的立法解释之间的关系是一个值得讨论的问题。在共性方面，二者皆不具有明确的规范基础，无法仅凭文义解释方法获得法律文本的含义。比如在“香港国安法立法解释”中，无法通过某一个条文的文义解释或者关联性条文的体系解释解决没有本地全面职业资格的海外律师能否参与国安案件的问题。在《全国人民代表大会常务委员会关于〈中华人民共和国刑法〉第九章渎职罪主体适用问题的解释》(以下简称“渎职罪主体立法解释”)中，也无法通过某一个条文的文义解释或者关联性条文的体系解释解决受国家机关委托从事公务的人员、未列入国家机关编制但在国家机关中从事公务的人员等非国家机关工作人员是否属于渎职罪主体的问题。但是二者也具有明确的差别，“渎职罪主体立法解释”没有文义基础，也缺乏立法史料支撑，是立法机关根据法治实践的需要作出的价值选择。“香港国安法立法解释”也是立法机关根据法治实践需要作出的价值选择，但却具有规范基础，对于没有本地全面职业资格的海外律师能否参与国安案件是否属于涉及国家安全的问题，立法机关作出了肯定性的价值判断。总之，如果立法机关在法律解释中所作之价值判断具有规范基础，则属于阐释立法原意；如果不具有规范基础，则属于补充法律规定。

三、立法机关的具体意图与一般意图

拉伦茨认为立法者的意志只能是已显示之立法者的根本意向

以及在立法团体或其委员会的讨论中曾经被提出并且无异议的想法。法律起草者及审查法案之委员会的成员均非"立法者",虽然其意见对于解释仍有重大价值,但对于解释者而言,不是具有拘束力的准则,解释者可偏离此等想法。〔1〕大多数美国制定法解释专家也认为应该通过立法史料寻求立法机关的一般意图而非具体意图。〔2〕我国研究者也倾向于将立法机关意图界定为立法者的根本价值意向而非个别立法者的意思。〔3〕但是,分析立法解释实践,既存在作为立法机关具体意图的立法原意,也存在作为立法机关一般意图的立法原意。对于引发法律解释分歧的具体问题而言,如果立法机关为之提供了清楚明确的解决方案,那么该方案即是立法机关的具体意图;如果立法机关只是提供了一种根本价值意向,那么该价值意向即是立法机关的一般意图。

(一)作为立法机关具体意图的立法原意

立法机关的具体意图在确定立法原意的过程中发挥了两种不同的作用,一种是决定性作用,另一种是辅助性作用。

第一,发挥决定性作用的立法机关具体意图。当法律文本无法为引发争议的现实问题提供确切的解决方案但立法史料能够厘定清楚的立法机关具体意图时,全国人大常委会一般将该具体意图认

---

〔1〕 参见[德]卡尔·拉伦茨:《法学方法论》,商务印书馆2003年版,第208页。

〔2〕 See Peter C.Schanck, *An Essay on the Role of Legislative Histories in Statutory Interpretation*, 80 Law Library Journal 391, 396(1988).

〔3〕 参见田维:《论立法原意》,载赵秉志主编:《刑法论丛》2014年第3卷,法律出版社2014年版,第33页。

定为立法原意，比如前文提到的“香港行政长官任期制立法解释”。关于现任行政长官缺位后产生的新任行政长官的任期问题，《香港基本法》第五十三条第二款无法给定准确答案。通过分析香港基本法起草委员会通过的《香港基本法（草案）》及其完善过程，最终认定立法机关的具体意图是新选行政长官应完成原任行政长官的剩余任期。

第二，发挥辅助性作用的立法机关具体意图。“居港权立法解释”关于《香港基本法》第二十四条第二款第一、二项所列“居民在香港以外所生的中国籍子女”的解释体现了立法机关具体意图在立法解释实践中的辅助性影响力。在香港高等法院原讼法庭审理的谢某某诉香港特别行政区移民局局长案中，法官认为《香港基本法》第二十四条第二款第三项中的“香港居民在香港以外所生的中国籍子女”应当扩大解释为不仅包括那些香港人亲生的子女，还应包括他们所领养的子女。[1]根据香港《入境条例》附表一关于香港特别行政区永久性居民的界定，只有父亲或母亲与其在香港根据法院命令领养的子女之间的关系，方为父亲或母亲与领养子女的关系，而该法院命令是指香港法院根据《领养条例》（第290章）作出的命令。在吴某玲、吴某丹诉入境事务处处长案中，香港终审法院认可了上述解释。但是，参与过《香港基本法》起草的委员提出，立法之

〔1〕 参见林峰：《论法律解释的“立法原意说”》，载中国人民大学民商事法律科学研究中心、最高人民法院《人民司法》编辑部主办：《判解研究》2001年第4辑，人民法院出版社2002年版，第62页。

时根本没考虑到领养子女的问题。[1]换言之，香港基本法起草委员会认为《香港基本法》第二十四条规定之“所生”是指“亲生”，不能包括领养的子女。也正基于此，“居港权立法解释”没有采纳扩张解释《香港基本法》第二十四条第二款第三项的意见。

上述论断可能面临一个潜在的反驳意见：通过文义解释就能够认定“所生”是指亲生，无须考察立法史料。如果仅从法律文义的角度分析，这一观点比较合理。一方面，综合分析其他法律文本规定之“所生的子女”的含义，《香港基本法》第二十四条第二款规定之“所生的中国籍子女”既包括婚生子女，也包括非婚生子女，但不包括领养子女，比如《民法典》第一千零五十四条。[2]“从世界各国和地区的立法规定及司法实践看，许多国家都从保护子女利益出发，对于无效婚姻、可撤销婚姻当事人共同生活期间所生的子女，采取保护的原则，承认其子女的合法地位。”[3]因此，运用体系解释方法，《香港基本法》第二十四条第二款规定之“香港居民在香港以外所生的中国籍子女”的主要目的是实现婚生子女与非婚生子女的法律平等保护，与领养子女无关。另一方面，在中国传统文化以及日常语境中，父母与子女之间普遍存在“生”和“养”的关系。一般而

〔1〕 参见林峰：《论法律解释的“立法原意说”》，载中国人民大学民商事法律科学研究中心、最高人民法院《人民司法》编辑部主办：《判解研究》2001年第4辑，人民法院出版社2002年版，第63页。

〔2〕《中华人民共和国民法典》第一千零五十四条：无效的或者被撤销的婚姻自始没有法律约束力，当事人不具有夫妻的权利和义务。同居期间所得的财产，由当事人协议处理；协议不成的，由人民法院根据照顾无过错方的原则判决。对重婚导致的无效婚姻的财产处理，不得侵害合法婚姻当事人的财产权益。当事人所生的子女，适用本法关于父母子女的规定。

〔3〕 黄薇主编：《中华人民共和国民法典释义》（下），法律出版社2020年版，第1973页。

言，在子女未成年以前，父母与亲生子女以及领养子女之间都存在"养"的关系，但是父母与领养子女之间不存在"生"的关系。因此，即使在日常生活语境中，"所生的子女"也不能涵盖领养子女。但是，在立法机关主观意图与法律文本客观含义相一致的角度上，上述观点也存在可辩驳之处。综合分析全国人大常委会的法律解释方法，字面含义并不是不可突破的标准，如果字面含义与立法机关的主观意图相一致，字面含义可予以维护；如果字面含义与立法机关的主观意图相悖且不利于实现立法机关的根本价值意向，正如下文所述，全国人大常委会往往基于立法机关的一般意图扩大或者限缩法律文本的字面含义。

（二）作为立法机关一般意图的立法原意

一般而言，随着社会的发展，引发法律解释分歧的问题往往是立法机关没有预见的问题，立法史料很难提供立法机关的具体意图，这也是研究者普遍认为解释者应当追寻立法机关的一般意图而非具体意图的主要原因。同立法机关的具体意图相比，立法解释实践中的立法原意主要是指立法机关的一般意图，尤其是相对于每个立法解释的核心问题而言。根据立法机关的一般意图是否突破了法律文本的字面含义，立法解释实践中的立法原意可划分为如下两类。

第一，一般情况下，全国人大常委会根据立法机关一般意图作出的法律解释并不会突破法律文本的字面含义，比如"香港国家安全法立法解释"关于不具有香港全面职业资格的海外律师是否可以担任危害国家安全犯罪案件的辩护人或者诉讼代理人的问题属于《香港国安法》第四十七条所规定的需要认定的问题的判断。第二，立法解释实践中也存在立法机关的一般意图与法律文本的字面含义不一致的情况。在《全国人民代表大会常务委员会关于〈中华人民共和国刑法〉第三百四十一条、第三百一十二条的解释》（以下简称"非法收购珍贵、濒危野生动物及其制品罪立法解释"）中，全国人大常委会解释了《刑法》第三百四十一条第一款规定的非法收购国家重点保护的珍贵、濒危野生动物及其制品的含义，认为"非法收购"行为包括为食用或者其他目的而"非法购买"的行为。根据《新华字典》的解释，收购是指从各处购入，一般是指商业行为，个人以食用为目的的购买行为不属于商业行为，与之存在区别。但是在价值层面，《刑法》第三百四十一条以保护珍贵、濒危野生动物为目的，维持生物多样性，最终促进生态文明。当法律文本的字面含义与立法机关的根本价值意向相冲突时，全国人大常委会通过法律解释的方式扩大了法律文本的字面含义，看似突破了法律解释界限，实则具体化了立法机关的一般意图。

四、立法机关意图与法律文本含义的普遍性重合

综合分析立法解释实践，立法原意在大多数情况下是指立法机关的主观意图，既包括立法机关的原初意图与现代意图，也包括立法机关的具体意图和一般意图。此外，部分立法解释实践中的立法原意是指法律文本的原初含义而非立法机关的主观意图，比如 2011

年《全国人民代表大会常务委员会关于〈中华人民共和国澳门特别行政区基本法〉附件一第七条和附件二第三条的解释》(以下简称“澳门立法会和行政长官选举办法立法解释”)以及“香港立法会和行政长官选举办法立法解释”。但是,这并不代表立法实践中的立法原意概念具有多样性,只是表明法律文本的原初含义和立法机关的主观意图重合,二者具有高度的一致性。

“澳门立法会和行政长官选举办法立法解释”源自澳门各界对于《澳门基本法》附件一第七条[1]和附件二第三条[2]的不同理解和认识,“香港立法会和行政长官选举办法立法解释”的成因以及内容与之十分相似。因此,我们主要以前者为例展开讨论。《全国人民代表大会法律委员会关于“澳门立法会和行政长官选举办法立法解释”(草案)审议结果的报告》提出,解释草案符合《澳门基本法》的立法原意。通过分析关于“澳门立法会和行政长官选举办法立法解释”(草案)的说明中体现出的全国人大常委会法工委确认《澳门基本法》附件一第七条和附件二第三条立法原意的方法,“澳门立法会和行政长官选举办法立法解释”中的立法原意主要是指法律文本的原初含义。第一,全国人大常委会法工委通过文义解释、体系解释等方法确定了《澳门基本法》附件一第七条和附件二第三条的立法原意,没有参考外在于法律文本的立法史料。澳门基本法立法会和

---

〔1〕 二〇〇九年及以后行政长官的产生办法如需修改,须经立法会全体议员三分之二多数通过,行政长官同意,并报全国人民代表大会常务委员会批准。

〔2〕 二〇〇九年及以后澳门特别行政区立法会的产生办法如需修改,须经立法会全体议员三分之二多数通过,行政长官同意,并报全国人民代表大会常务委员会备案。

行政长官选举办法立法解释主要涉及如下三个问题，一是关于“如需修改”的含义问题；二是关于“如需修改”由谁确定和由谁提出修改法案的问题；三是关于如果不作修改是否适用现行规定的问题。第三个问题较为简单，运用文义解释、当然解释等规则，就能够得出唯一的结论。对于前两个问题，全国人大常委会法工委采用了文义解释以及根据立法原则解释的方法，在“如需修改”的文义范围内，通过保持政治稳定、循序渐进以及“一国两制”等立法原则，将“如需修改”解释为“可以进行修改，也可以不进行修改”，将全国人大常委会认定为“如需修改”的决定主体，将澳门特别行政区认定为提案主体。第二，当然，我们将该立法解释实践中的立法原意界定为法律文本的原初含义，并不排斥该原初含义中包含明确的立法机关意图。对比分析《澳门基本法》附件一第七条以及附件二第三条和《香港基本法》附件一第七条以及附件二第三条在时间表述方面的差异，[1]我们能清楚地发现上述法律文本含义和立法机关意图之间的互动关系。《澳门基本法》的表述比较明确，包含二〇〇九年在内；《香港基本法》的表述相对模糊，是否包含二〇〇七年在内尚有疑问。因为《澳门基本法》制定时间晚于《香港基本法》，当立法机关发现《香港基本法》附件一第七条以及附件二第三条规定的“二〇〇七年以后”存在解释分歧可能后，便有意通过更加明确的文字表述，传达出澳门特别行政区行政长官、立法会产生办法的

〔1〕《澳门基本法》附件一第七条以及附件二第三条规定“二〇〇九年及以后”，《香港基本法》附件一第七条以及附件二第三条规定“二〇〇七年以后”。

修改方案适用于二〇〇九年的立法机关意图，实现了立法机关意图与法律文本含义的高度一致性。当然，这也充分表明了《香港基本法》附件一第七条和附件二第三条规定的“二〇〇七年以后”包含二〇〇七年在内。因此，尽管二者在文字表述上略有不同，“香港立法会和行政长官选举办法立法解释”和“澳门立法会和行政长官选举办法立法解释”还是作出了一致的解释，即包含本数在内。

第三节　阐释立法原意功能的理论基础

根据前文所述，无论是从立法原意功能的正当化立法解释制度理论使命来看，还是从立法解释实践中立法原意的概念考察分析，立法原意主要是指立法机关的主观意图，既包括立法机关的原初意图与具体意图，也包括立法机关的现代意图与一般意图。尽管中西法律解释体制不同，但是在西方的法律解释理论与实践历史中，立法机关的意图也曾经是一个重要的影响因素，甚至作为法律解释的目标。随着立法机关意图的虚构性、想象重构理论的主观性、立法史料的有限性等主要批判性论断的出现，立法机关意图的重要性随之下降，研究者也纷纷据此修正原意主义理论。在借鉴西方有关立法机关意图的法律解释理论的前提下，结合中国语境，我们将从如下三个方面廓清阐释立法原意功能的理论基础。第一，作为一个概念，立法机关的意图具有客观性，可以作为全国人大常委会法律解释的目标。本部分主要解决立法者是谁、集体是否存在意图、个体意图与集体意图的关系等问题。第二，梳理西方司法解释体制下立法机关意图的解释学困境，结合中国立法解释制度语境，论证阐释立法原意功能的可行性。第三，从全过程人民民主理论等角度总结阐释立法原意功能的民主价值。

一、立法机关意图的客观性

立法机关意图的客观性论证是阐释立法原意功能的前提，如果作为集体的立法机关无法形成统一的主观性意图，那么作为全国人大常委会法律解释目标的立法原意也就不复存在。为了证成立法机关意图的客观性，至少要解决如下三个问题。第一，谁的意图具有决定性作用？法律起草者、法律批准者还是作为主权者的人民？第二，在现代民主政治体制框架内，立法机关是一个由众多议员或人大代表组成的集体，它是否可以像作为个体的主权者一样，通过法律文本表达自己的意志？第三，如果作为集体的立法机关具有意图，那么该集体意图和作为个体的议员或人大代表的意图存在何种关系？

（一）谁是立法者

当全国人大常委会以寻求立法者的主观意图为目标时，我们不禁要问谁是立法者？法律草案的起草者、作为个体的全国人大代表、作为集体的全国人大或者全国人大常委会还是作为主权者的人民？换言之，立法过程涉及不同的主体，不同的观点相互交织、妥协，法律往往需要采用可以包容不同意见甚至不同宗旨的模糊语言才得以通过。因此，人们无法确定谁的意图在最终意义上是相关的。[1]在总统制模式下，可能还需要考虑签署法案的总统的意图，“难道总统的意图不应该认为比任何一位参议员的意图更为重要吗”[2]？尽管体制不同，但是我国也可能发生类似问题，比如全国人大常委会委员长、副委员长的意志是否比全国人大常委会的委员或者全国人大代表的意图更加重要，更能够体现立法机关的意图呢？根据代议制等相关理论并参照立法解释实践，就作为全国人大常委会法律解释目标的“立法者意图”而言，立法者是指作为立法机关的全国人大及其常委会，既不是法律草案的起草者，也不是作为个体的全国人大代表或者全国人大常委会的委员，更不是作为主权者的人民。

第一，法律草案的起草者和人民不是立法机关，作为代议机关的全国人大以及全国人大常委会是立法机关。首先，在现代民主政治模式下，议员或者人大代表是人民的代表，代表人民行使治国理政的权利。如果在狭义上理解代议制，那么议员或者人大代表是人民意志的代表，不能在代议活动中表达自己的观点和见解。因此，人民而非议院或者全国人大是立法权主体。但是，世界各国普遍没有采纳上述观点，比如我国《宪法》第五十八条规定全国人大和全国人大常委会行使国家立法权。其次，虽然法律草案起草者提出了法律草案，但是唯有立法机关才能赋予其效力。因此，作为法律解

〔1〕 参见张志铭：《法律解释操作分析》，中国政法大学出版社 1999 年版，第 40 页。

〔2〕［美］罗纳德·德沃金：《法律帝国》，李常青译，中国大百科全书出版社 1996 年版，第 283–284 页。

释的影响因素，立法机关的意图而非法律起草者的意图更具权威性。最后，尽管相比于立法机关的意图而言，法律起草者的意图没有决定性的解释学效力，但是法律草案起草者的意图与立法机关的意图在绝大多数情况下表现出一致性，具体且明确的起草者意图是立法机关意图的有力证据。第二，全国人大常委会是全国人大的常设机关，二者的意图是统一的。无论是全国人大制定的基本法律，还是全国人大常委会制定的非基本法律，立法机关的意图都可以指全国人大常委会的意图。第三，立法机关的意图既可以指原初立法机关的意图，也可以指作为法律解释机关的当前全国人大常委会的意图。在原意主义方法论视野下，立法原意是指立法机关的原初意图或者原初立法机关的意图，法律一经制定，该意图即固定下来，解释者应借由立法史料予以发现。〔1〕但是，在中国当前制度框架内，作为法律解释目标的立法机关的意图，既可以指原初立法机关的意图，也可以指作为法律解释机关的当前全国人大常委会的意图。换言之，既可以指立法机关的原初意图，也可以指立法机关的现代意图。一方面，对于西方立法机关而言，由于政党制度的原因，本届议会与上一届议会存在重大区别，本届议会可能推翻上届议会的法律，制定完全不同的新法。但是，对于中国而言，中国共产党领导是中国特色社会主义最本质的特征，无论是作为法律的原初制定机关，还是作为法律的现代解释机关，全国人大及其常委会都要接受

〔1〕 See Ronald Dworkin, *The Forum of Principle*, 56 New York University Law Review 469, 498(1981).

中国共产党的领导，虽然人员构成发生了变化，但是法律的现代解释机关与法律的原初制定机关具有高度的延续性与统一性。此外，对于解释本届全国人大及其常委会制定的法律而言，法律的原初制定机关和法律的现代解释机关合二为一。另一方面，当前的全国人大常委会不仅是法律解释机关，还拥有修改法律的权力，即使不能通过法律解释体现自身意志，也可以通过修改法律将自身意志表达于法律文本。因此，对于中国而言，作为立法解释目标的立法机关的意图既可以指原初立法机关的意图，也可以指当前立法机关的意图。

（二）立法机关是否存在意图

集体意图难题是立法机关意图论面临的最大障碍，考虑到现代的法律往往是一个由许多个体组成的立法机关的产物，“在什么意义上我们可以说，这些立法者分享了共同的意图”〔1〕就成为一个现实的问题。对于同一个问题以及如何处理该问题的法律措施，立法者的观点不可能在绝对意义上完全一致，很多成员的观点可能会有所不同甚至相互冲突，但统一立法成果的出台很快就掩盖了这种冲突或矛盾，我们再进行探求已不可得。〔2〕换言之，作为个体的立法者意图如何转换为作为集体的立法机关的意图是一个现实难题。分

〔1〕 苏力：《解释的难题：对几种法律文本解释方法的追问》，载《中国社会科学》1997年第4期，第19页。

〔2〕 参见陈金钊等：《法律解释学——立场、原则与方法》，湖南人民出版社2009年版，第497页。

析国内外相关研究成果，国内研究者有关立法机关意图的批判性研究一般受到了美国相关研究的影响。以立法机关的意图为解释目标的意图主义在美国20世纪的法律实践中实现了复苏，并于20世纪70—80年代在宪法解释领域形成了一次广泛的论辩。集体意图难题也是美国研究者关注的重点问题。如果将立法意图（legislative intention）界定为议会两院每个成员对制定法语言的建构或者解释，那么这显然是一个纯粹虚构的概念，〔1〕因为议员的主观意图往往不同、甚至相互冲突，很难形成一致的判断。〔2〕美国联邦最高法院霍姆斯大法官认为立法机关的意图是一个剩余条款，只为收集存在于特定词汇和字典之外的任何其他辅助解释。〔3〕在此意义上，尽管原意主义者尝试以立法机关的意图限制法官法律解释的自由裁量权，但其结果可能与之相悖。总之，立法机关的意图是研究者不承认法律的不确定性和法官的创造性所作之拟制或虚构。〔4〕为了解决集体意图难题，研究者提出了如下两种主要方案。

第一，立法机关的意图就是满足法定数量的立法者的意图。这种理论认为意图是可以共享的，集体的意图是多个个体意图相互交流的结果。〔5〕虽然制宪者人数众多，其意图也相互冲突，但是以

〔1〕 See Harry Willmer Jones, *Statutory Doubts and Legislative Intention*, 40 Columbia Law Review 957, 968–974(1940).

〔2〕 See Max Radin, *Statutory Interpretation*, 43 Harvard Law Review 863, 870–871(1930).

〔3〕 See Felix Frankfurter, *Some Reflections on the Reading of Statutes*, 47 Columbia Law Review 527, 538(1947).

〔4〕 参见黄茂荣：《法律解释学基本问题（Ⅰ）》，载台北，《台大法学论丛》1976年第2期。

〔5〕 See Richard S.Kay, *Original Intention and Public Meaning in Constitutional Interpretation*, 103 Northwestern University Law Review 703, 707(2009).

“通过某一宪法修正案所需要的法定人数”为判断标准，可以在个体意图基础之上形成作为集体的制宪机关的意图。如果某一被提议的宪法修正案中的某一个可能的意义得到了三分之二议员的支持，那么这一意义就包含在了宪法修正案之中；反之，该意义就没有包含在该宪法修正案之中。就宪法第十四条修正案和投票权之间的关系而言，一些该修正案的批准者认为它赋予了国会规制选举权的权力。俄亥俄州的众议员约翰·宾汉姆（John Bingham）和密歇根州的参议员雅各布·霍华德（Jacob Howard）则表达了相反的观点，没有他们的支持，国会将无法通过该修正案。因此，在意图主义者的理论之下，第十四修正案不应被理解为赋予了国会规制投票权的权力。[1]此外，可能还存在一种相似但不同的个体意图转化为集体意图的方法。一般而言，立法者能够就某个制定法条文的含义及其适用范围达成统一认识，产出整体性立法机关意图。但是，也存在立法者无法达成统一认识的情形，此时考察立法者的重叠意图是一种可行的方法。重叠意图的核心区域属于制定法规则，没有足够重叠意图支持的边缘不在规则范围内，根据颁布制定法所需法定标准之不同，足够的重叠意图可能是相对多数，也可能是绝对多数。比如A组和B组占据了立法机关的相对多数，A组打算取缔X和Y，B组打算取缔X和Z。根据上述规则，A和B支持的制定法规则只能取缔X，而不能取缔Y和Z，X就是立法者的

---

〔1〕 See Earl Maltz, *Foreword: The Appeal of Originalism*, 4 Utah Law Review 773, 802 (1987).

重叠意图以及立法机关的意图，也是制定法规则的核心意义。[1]但是，这种理论的局限性非常明显，只能适用于立法史料非常明确且能够证明关键性议员意图的情况。在研究者颇具说服力的批判之后，[2]意图主义者已不再坚持该理论。第二，立法委员会等立法机关内部机构的意图与立法机关的意图。考虑到立法者人数众多，通过聚集符合法定标准的立法者意图而凝练立法机关意图的方法受限较多，有研究者开始关注立法委员会等立法机关的内部机构。这些内部机构往往具有较强的凝聚力，能够形成指导集体行为的共同意图。如果这些机构在立法过程中发挥了关键性作用，可将其意图或者几个内部机构的意图凝练为立法机关的意图。[3]但是，立法既不是部分立法者的工作，也不是部分内部机构的工作，而是立法机关作为一个整体的工作，对于立法意图的合理解释必须考量所有立法者。[4]

对于中国而言，作为立法者意图之和的立法机关意图也缺乏可操作性，因为中国有将近 3000 名全国人大代表，逐一考察他们的主观意图是一项不可能完成的工作。但是，立法机关内部机构意图论具有可行性且符合中国立法制度的实际。全国人大宪法和

---

〔1〕 See Larry Alexander, Emily Sherwin, *Demystifying Legal Reasoning*, Cambridge University Press, 2008, p.171-172.

〔2〕 See Paul Brest, *The Misconceived Quest for the Original Understanding*, 60 Boston University Law Review 204, 212-213 (1980).

〔3〕 See G MacCallum, *Legislative Intent and Other Essays on Law, Politics, and Morality*, University of Wisconsin Press, 1993, p.29-33.

〔4〕 See Richard Ekins, *The Nature of Legislative Intent*, Oxford University Press, 2012, p.219.

法律委员会以及全国人大常委会法工委是法律草案审议的工作机构，一般而言，其意图可以认定为立法机关的意图。第一，无论是制定新法，还是修订旧法，作为工作机构的全国人大宪法和法律委员会以及全国人大常委会法工委是立法者意见以及民意的主要汇聚者，承载着不断完善法律草案的任务。在此过程中，可以凝聚各方共识，从而形成一个集体意志，待全国人大或者全国人大常委会表决通过法律草案之后，该集体意志可转化为立法机关的意图。《立法法》第二次修改过程充分体现了宪法和法律委员会以及法工委在凝聚立法机关意图方面的作用。根据立法工作安排，全国人大常委会法工委于 2022 年年初启动了《立法法》修改工作，2022 年 10 月以及 12 月，全国人大常委会两次审议《立法法（修正草案）》并两次面向社会公开征求意见，在汇聚各方意见的基础上，全国人大宪法和法律委员会修改完善了《立法法（修正草案）》并提交第十四届全国人大第一次会议审议。2023 年 3 月 7 日，全国人大各代表团全体会议、小组会议审议了《立法法（修正草案）》，提出了一些修改意见。宪法和法律委员会连夜召开会议，在逐条研究全国人大代表意见的基础上，对《立法法（修正草案）》作出了 16 处修改，其中实质性修改 8 处。2023 年 3 月 8 日，全国人大代表又提出一些修改意见，宪法和法律委员会认真审议后，为《立法法（修正草案）》增加一条，授权省、自治区、直辖市和设区的市、自治州的人民代表大会常委会根据实际需要设立基层立法联系点。2023 年 3 月 13 日，第十四届全国人大第一次会议高票表决通过了《全国人民代表大会关于修改〈中华人民共和国立法法〉的决定》。通过分析全国人大宪法和法律委员会以及全国人大常委会法工委审议、完善《立法法（修正草案）》的具体过程，我们发现部分立法者的具体意图可据此途径转变为宪法和法律委员会以及法工委的意图，再通过全国人大高票通过《立法法（修正草案）》的立法程序，最终转化为立法机关的意图。如果仔细梳理立法史料，该立法机关的意图不难发现。第二，在中国法治实践中，全国人大常委会法工委作为阐释立法原意者的地位获得了各方认同，这也反映了其作为立法机关主观意图凝聚者的功能深入人心。比如，根据《最高人民法院民事审判庭关于单位担任监护人是否承担赔偿责任的电话答复》[（89）法民字第23号]，为了厘清“但单位担任监护人的除外”的立法原意，最高人民法院请示了全国人大常委会法工委民法室，后者认为立法原意是单位不承担赔偿责任。最高人民法院据此答复了江苏省高级人民法院。

总之，基于全国人大宪法和法律委员会以及全国人大常委会法工委在立法过程中发挥的凝练立法机关意图的功能，作为集体的全国人大及其常委会具有统一的意图，即立法机关能够产生集体性主观意图。

二、阐释立法原意功能的可行性

在承认立法机关拥有集体性意图的前提下，解释者能否准确发现立法机关的意图就成为意图主义者面临的下一个难题。我们首先梳理西方学者对立法机关意图论的批判性观点，再将其放到中国立法解释制度背景下予以考察，以厘清阐释立法原意功能的可行性。

（一）立法机关意图可行性的西方批判

综合分析有关立法机关意图可行性的批判性学术成果，西方研究者主要提出了想象性重构难题和立法史料难题。

1. 想象性重构难题

所谓想象性重构是指解释者基于立法者是以合理手段追求合理目的的理性主体的假设，想立法者之所想，以重构立法者意图的方式解释法律。[1]想象性重构难题源自西方法官作为法律解释者的体制以及权力分立与制衡的基本原则，其理论悖论表现为“立法机关的命令不清楚，而法官又不能向立法者询问清楚”[2]。

2. 立法史料难题

对于意图主义者而言，在确定立法机关意图的过程中，立法史料是最为重要的依据。立法史料难题是指立法资料可能存在不准确、不完整、相互冲突等问题，这导致立法史料佐证立法机关意图的价值降低。第一，立法史料不准确。《国会世界》（Congressional Globe）和麦迪逊笔记是确定美国制宪者意图的重要立法史料，有

〔1〕 参见张志铭：《法律解释操作分析》，中国政法大学出版社 1999 年版，第 38 页。

〔2〕 ［美］理查德·A. 波斯纳：《法理学问题》，苏力译，中国政法大学出版社 2002 年版，第 340 页。在美国加利福尼亚州，法官可以传唤立法者作为证人为某制定法的预期含义作证。波斯纳认为这种做法的危险在于某个立法者也许会试图提出一种新解释来改变该制定法，而这种解释可能在立法时已被否定或者与立法机关目前的偏好相对应。

研究者认为《国会世界》是不可靠的，它可能是经过编辑的，[1]甚至连麦迪逊本人都拒绝依靠制宪会议的辩论记录，因为他认为历史记录可能存在缺陷。[2]尽管部分立法史料的潜在不可信任性并不意味着历史调查是没有希望的，专业的历史学家可以辨别不同文件的真实性与有效性。[3]然而，法律解释者不是历史学家，并不能辨别立法史料的真伪。第二，立法史料不完整。对于意图主义者而言，立法史料的完整性至关重要，残缺的立法史料无法传达立法者的真实意图。有研究者认为麦迪逊笔记虽然不是伪造的，但远远不是对费城制宪会议全部辩论内容的完整记录。如果大声朗读，麦迪逊笔记中所记载的某一天的内容只能读几分钟，这表明他只记录了每天会议中的一小部分。以 6 月的开会期为例，麦迪逊平均记录了每个开会期的 2740 个字，而每天大概开会 5 小时，也就是平均每小时 548 字。如此看来麦迪逊只是记录了每小时 8000 字中的 600 字。即使每小时辩论的字数减少到 6000 字，麦迪逊所记录的内容也仅仅是全部会议内容的 10%。[4]第三，立法史料数量少且不能佐证明确的立法者意图。批准宪法辩论大会的记录能够提供的可以确定原初意图的证据很少，唯一清楚的是，制宪者就某一特定宪法条款的意

〔1〕 See Stephen R.Munzer & James W.Nickel, *Does the Constitution Mean What It Always Meant*, 77 Columbia Law Review 1029, 1032(1988).

〔2〕 See Daniel A.Farber, *The Originalism Debate: A Guide for the Perplexed*, 49 Ohio State Law Journal 1085, 1088-1091(1989).

〔3〕 See Daniel A.Farber, *The Originalism Debate: A Guide for the Perplexed*, 49 Ohio State Law Journal 1085, 1089(1989).

〔4〕 See James H.Hutson, *The Creation of the Constitution: The Integrity of the Documentary Record*, 65 Texas Law Review 1, 31-35(1986-1987).

义或者适用并未达成共识，于是他们将分歧掩盖在了那些模糊的宪法条款的抽象语言之中。〔1〕第四，立法史料可能存在相互冲突的问题。美国制宪者是否意图创设司法审查制度是立法史料可能相互冲突的一个典型事例。拉乌尔·伯格运用了大量的历史资料证明了制宪者意图创设有限的司法审查权，〔2〕但有研究者同样运用大量的历史资料证明了制宪者并未授权司法审查，法官依据他们自己的政策偏好而非对宪法文本和制宪者的意图的坚持来判决案件。〔3〕第五，立法史料的使用方法问题。在利用立法史料确定立法者意图的过程中，法律解释者可能有选择性使用立法史料，突出能够证明自己观点的立法史料，忽略与自己观点相冲突的立法史料。有研究者提出，在确定第十四修正案的制宪者的意图时，伯格所依据的历史资料过于单一，大多集中于制宪者所作的发言，而忽视了一些其他的历史资料，如果把它们综合考虑，结果可能大相径庭。〔4〕

（二）中国语境下的想象性重构和立法史料难题

对于全国人大常委会通过法律解释阐释立法原意而言，想象性

〔1〕 See William J.Brennan, *The Constitution of the United States*: *Contemporary Ratification*, 43 Guild Practitioner 1, 4 (1986).

〔2〕 See Raoul Berger, *Government by Judiciary*: *The Transformation of the Fourteenth Amendment*, Harvard University Press, 1977, p.369–401.

〔3〕 See Dean Alfange, *On Judicial Policymaking and Constitutional Change*: *Another Look at the "Original Intent" Theory of Constitutional Interpretation*, 5 Hastings Constitutional Law Quarterly 603 (1978).

〔4〕 See H.Jefferson Powell, *The Modern Misunderstanding of Original Intent*, 54 The University of Chicago Law Review 1513, 1516–1520 (1987).

重构难题与立法史料难题是否同样适用呢？

1. 中国语境下的想象性重构难题

对于中国立法解释制度而言，想象性重构难题迎刃而解。第一，作为法律解释机关，全国人大常委会本身也是立法机关，对于确定自己制定的法律的立法机关意图而言，不存在想象性重构的问题。对于确定全国人大制定的法律的立法机关意图而言，也基本不存在想象性问题，根据上文有关立法机关内部机构意图与立法机关意图关系的论述，作为全国人大的常设机关，全国人大常委会的意图可基本等同于全国人大的意图。此外，根据2023年《立法法》第十条第四款，全国人大可授权全国人大常委会制定相关法律。因此，在国家立法权的实施机制上，全国人大常委会的主导性地位将会逐渐增强，对于全国人大常委会通过法律解释阐释立法原意而言，这是一种制度性保障。第二，从20世纪70年代末意图主义在美国制定法解释领域的复兴经验分析，意图主义以批判者的姿态重登历史舞台，通过寻求立法者的意图以约束法官解释法律的自由裁量权是其主要目标。[1]想象性重构难题可能导致上述目标无法实现，这是非意图主义者或者意图主义者的批判对象提出想象性重构难题的主要原因。因此，想象性重构难题看似是一个解释方法论问题，实则是一个保守主义与自由主义的立场问题。但是，对于中国

〔1〕 20世纪50—60年代，奉行能动主义司法理念的沃伦法院通过宪法解释作出了一系列的具有深远社会影响力的宪法判决，掀起了一场宪法革命。究其宪法解释方法，充斥着当代社会价值、大法官个人司法理念等。这是以追求制宪者的意图为解释目标的意图主义在20世纪70年代复兴的法治实践背景，美国联邦最高法院运用的非原意主义法律解释方法是其批判的主要对象。

的法律解释理论与实践而言，意图主义不涉及政治问题，也无须承担上述批判使命，想象性重构难题的批判力相对较低。尽管可以作为限制法律解释方法适用范围的理由，但是任何一种法律解释方法皆存在难以克服的理论与实践问题，“不完美”不是否定其正当性的关键论据。

2. 中国语境下的立法史料难题

对于中国立法解释制度而言，立法史料相对完整、准确，尽管也存在不明确、公开性等问题，但部分情况下的不明确并不能否认大多数情况下的有效性。第一，立法史料相对完整、准确。作为立法机关，全国人大常委会一直非常重视立法资料的保存工作。根据2022年修正的《中华人民共和国全国人民代表大会常务委员会议事规则》第四十四条，在常务委员会会议上的发言，由常务委员会办事机构工作人员记录，经发言人核对签字后，编印会议简报和存档，这保证了立法史料的完整性与准确性。第二，立法史料的不明确问题。对于引发法律解释分歧的具体问题而言，法律文本因其模糊性、多义性无法提供准确答案，立法史料也可能因立法者之历史局限性不能阐明立法机关的意图，比如“姓氏选择权立法解释”。对于《婚姻法》第二十二条是否限制了公民的取姓自由而言，“可以随父姓，可以随母姓”的法律文本具有多义性，“可以”意味着认可取姓自由，如果修改为“应当”，则意味着限缩取姓自由。在此意义上，不能将《婚姻法》第二十二条认定为公民取姓自由权的限制性条款。如果将“可以随父姓，可以随母姓”理解为穷尽式列举，那么公民的取姓自由只剩父姓和母姓。在此意义上，《婚姻法》第二十二条是公民取姓自由权的限制性条款。当目光转向立法史料，因为明确性问题，其提供的帮助也十分有限。当2001年修改《婚姻法》时，"子随父姓"的取姓风俗仍然根深蒂固，但"法律面前人人平等"的价值理念却早已深入人心。通过"可以随父姓，可以随母姓"的法律规制，立法者试图实现家庭生活中男女平等的法律保护，并在一定程度上遏制无节制生育的弊端。[1]基于上述立法史料的分析，"子随父姓多、子随母姓少"是立法者面临的主要问题，"第三姓氏"是解释者面临的主要问题。就后者而言，立法史料无法提供明确的答案。如果立法者也面临"第三姓氏"的问题，会不会将"可以随父姓，可以随母姓"修改为"应当随父姓，或者随母姓"？从中国姓氏风俗的发展变化分析，这可能是立法者的真实意图。但是，由于缺乏明确的立法史料支撑，上述论断难免陷入想象性重构的理论旋涡。第三，立法史料的公开问题。根据2023年《立法法》第六十二条，立法机关主动公开的立法史料包括法律文本、法律草案的说明、审议结果报告等。此外，全国人大常委会法工委也适时组织编写法律释义，逐条阐释立法原意。但是，全国人大或者全国人大常委会的审议资料较少公开，[2]这是意图主义研究的一个重大缺憾。

---

〔1〕 参见胡康生主编：《中华人民共和国婚姻法释义》，法律出版社2001年版，第86–89页。

〔2〕 分析目前的法学研究成果，一些研究者组织编写了宪法或者港澳基本法等宪法性法律的审议过程性文献，但是普通法律的审议过程性文献相对较少。参见许崇德：《中华人民共和国宪法史》，福建人民出版社2005年版；李浩然主编：《香港基本法起草过程概览》，三联书店（香港）有限公司2012年版；韩大元：《1954年宪法制定过程》，法律出版社2022年版。

三、阐释立法原意功能的正当性

基于源自西方法治理论与实践中的“解释法律属于司法机关的专属职权”来评析中国的立法解释制度是一种常见的论调，但是通过梳理西方法律解释理论与实践中立法机关功能定位的历史变迁，我们发现即使在今天，西方国家的立法机关也通过各种方式在法律解释活动中发挥重要作用，这是全国人大常委会通过法律解释方式阐释立法原意的世界语境。此外，阐释立法原意功能还具有民主和社会基础，我国的全过程人民民主要求立法机关在法律解释活动中贯彻民主意志，这有助于促进法律效果与社会效果的统一，保障社会的稳定与发展。

（一）立法机关在西方法律解释中的功能定位

系统分析西方法律解释理论与实践中的立法机关的角色与功能，其大致经历了立法机关作为制定法解释主体、立法者意图作为制定法解释目标、立法史料作为制定法解释手段三个发展阶段。尽管存在功能上的弱化，但是立法者意图作为法律解释的影响因素始终存在于西方主要法治国家的理论与实践中。

第一，立法机关作为制定法解释主体。一是立法机关作为制定法解释的制度主体。在法国大革命之前，法官属于贵族阶级，是维护王权统治的司法力量。因此,法国大革命后的新生政权充斥着对于法官以及司法机关的不信任。1790 年 8 月 24 日,议会制定了一部限制司法解释的法律,规定如果法官认为应当解释法律,那么就应当遵从议会的意志。直到 1837 年,法官的法律解释权才获得立法机关的认可,法国历史上的立法解释制度也就此结束。[1]二是立法机关作为制定法解释的事实主体。首先,随着法律解释作为司法审判的重要甚至专属权力获得广泛认可,西方主流法治国家基本不再规定立法解释制度。但是,在一些特殊情境下,立法机关仍然充当着事实上的法律解释机关,比如澳大利亚国会所作之宪法解释。尽管澳大利亚最高法院拥有宪法解释权,但是在最高法院尊重国会的判断以及不应当由司法机关受理的涉及宪法条款的争议等情形下,国会拥有作出宪法解释的空间。[2]其次,当美国国会通过一项制定法或者宪法修正案推翻联邦最高法院的一项包含宪法解释的宪法判例时,美国国会事实上发挥了制定法解释职能。比如通过提出宪法第十四修正案以及制定 1866 年《民权法案》,美国国会推翻了联邦最高法院在斯科特案[3]中的宪法解释。在斯科特案中,美国联邦最高法院的多数意见认为非洲裔自由黑人的祖先以奴隶身份被带到美国,他们并不是美国宪法意义上的公民。当宪法获得通过时,他们在任何一个州都不被视为该州的

〔1〕 See Ernst Freund, *Interpretation of Statutes*, 65 University of Pennsylvania Law Review 207, 208–209 (1917).

〔2〕 See Gabrielle Appleby & Adam Webster, *Parliament's Role in Constitutional Interpretation*, 37 Melbourne University Law Review 255, 257 (2013).

〔3〕 Dres Scott v.Sandford, 60 U.S.393 (1857).

公民。因此，他们无权在美国法院提起该类诉讼。美国联邦最高法院“对公民权问题的解释完全忽视了革命时期北部各州将黑人变成州公民的事实，并严重曲解了联邦政府对领土管辖区来源与权限的问题”〔1〕。为了纠正联邦最高法院对宪法的不恰当解释，美国国会于 1866 年 6 月 13 日提出宪法第十四修正案，规定所有在合众国出生或归化合众国并受其管辖的人，都是合众国的和他们居住地的公民。为了进一步实现美国黑人公民权利和社会权利的法律平等保护，国会还制定了 1866 年《民权法案》，明确界定了美国公民身份并规定所有公民受到法律的平等保护。最后，美国联邦最高法院作为制定法解释的最终权力机关，并非完全根据自身意志解释制定法，有时会参考州立法机关制定的法律。比如，2015 年 6 月 26 日，美国联邦最高法院在欧伯格菲案中以 5∶4 的投票结果判定，结婚权是个人所有的一项基本权利，根据第十四修正案的正当程序和平等保护条款，同性伴侣不得被剥夺该权利。此外，各州必须承认在其他州登记的合法同性婚姻。〔2〕该案可载入世界法律史，甚至人类文明史。〔3〕自 21 世纪以来，同性婚姻合法化浪潮飞速猛进。截至 2015 年欧伯格菲案裁判之前，美国有 36 个州已通过州立法、全民公投或者联邦下级法院的判决等方式，确立了同性

〔1〕 王希：《原则与妥协：美国宪法的精神与实践》，北京大学出版社 2014 年版，第 228 页。

〔2〕 Obergefell v.Hodges, 576 U.S.644（2015）.

〔3〕 参见刘晗：《美国同性婚姻权裁决的三重语境：平权运动、美国宪法与西方文明》，载《中外法学》2018 年第 1 期，第 150 页。

婚姻权。[1]同性婚姻权在州层面的普遍确立是美国联邦最高法院裁决欧伯格菲案的关键性因素。[2]因此，就同性婚姻符合宪法规定的解释而言，州立法机关在一定意义上发挥了事实性解释主体的功能。

第二，立法者意图作为制定法解释目标。按照立法者的意图而非法官们认为的最好见解适用法律深深扎根于西方的法律实践，[3]但是“探究作者原意或立法者原意的解释方法直到 17 世纪才成为法律解释学的主流，并主宰了近 3 个世纪，直到 19 世纪晚期”[4]。以探求法律文本所具有的合理意思为目标的客观说击败了以探求立法者于立法当时的主观意图为目标的主观说，成为 20 世纪的通说。随着政治保守主义在 20 世纪 70 年代的崛起，以追求制宪者的意图为目标的宪法原意主义在美国复兴，并引发了一场持续至 20 世纪 90 年代的原意主义者与非原意主义者之间的辩论，制宪者的意图在宪法解释活动中承担何种角色是双方论辩的核心问题之一。在非原意主义者的批判下，宪法原意主义理论内部发生了分裂，形成了各种版本的新原意主义，其影响则持续至今。正如国际知名宪法学

---

〔1〕 参见李丹、郑艳辉：《美国同性婚姻合法化之后的难题》，载《世界文化》2019 年第 7 期，第 56 页。

〔2〕 尽管联邦最高法院没有在判决书中承认州广泛认可同性婚姻权是其判决的主要依据，但是其在论证同性伴侣可以养育孩子时指出，大多数州都允许同性伴侣收养孩子，无论是个人收养还是夫妻收养，这些州有力地证明了同性伴侣可以组成充满爱的家庭。

〔3〕 参见［美］罗纳德·德沃金：《法律帝国》，李常青译，中国大百科全书出版社 1996 年版，第 280 页。

〔4〕 范进学：《法律原意主义解释方法论》，法律出版社 2018 年版，第 7 页。

家劳伦斯·索拉姆所言，现在我们都是原意主义者了。[1]总之，尽管立法者意图仍然是制定法解释的考量因素，但它已不再是解释者的主要目标。

第三，立法史料作为制定法解释手段。尽管存在程度上的差异，大陆法系和英美法系的法官都可以参考立法史料。一是有限参考。关于立法史料的使用问题，英国经历了从广泛适用到禁止适用再到有限参考的发展历程，大多数英联邦国家也受此影响。英国法院利用立法史料解释制定法条款具有广泛的普通法历史，[2]甚至法律应当由制定它的人解释还是14世纪的流行观点。[3]由于下议院辩论未得到完全和正确报道，议会或者案件当事人都无法查阅该类历史资料，即使在《汉萨德英国议会议事录》[4]自1909年出版以来，人们仍然担心，要求政党审查大量的《汉萨德英国议会议事录》的准确性是一项过重负担，特别是对资源较少的政党而言。[5]因此，上议院在1769年确立了排除规则，英国

---

〔1〕 See Lawrence B.Solum, *We are All Originalists Now*, in Lawrence B.Solum&Robert W.Bennett, *Constitutional Originalism: A Debate*, Cornell University Press, 2011, p.1-77.

〔2〕 See T.J.N.Bates, *The Contemporary Use of Legislative History in the United Kingdom*, 54 Cambridge Law Journal 127, 127(1995).

〔3〕 See Theodore Frank Thomas Plucknett, *Statutes and Their Interpretation in the First Half of the Fourteenth Century*, Cambridge University Press, 1922, p.70.

〔4〕 根据《元照英美法词典》，《汉萨德英国议会议事录》是逐字逐句记录英国议会辩论的官方报告，因相当长历史时期内为汉萨德家族所编辑而得名。此外，《汉萨德英国议会议事录》还记录了对质询的书面的或者口头的答复以及议会成员分组投票的情况。

〔5〕 See Sylvia Costelloe, *The Need for Conditions Limiting the Use of Legislative History in Statutory Interpretation: Lessons from the British Courts*, 29 Notre Dame Journal of Law, Ethics&Public Policy 299, 313(2015).

法官不得参考议会议事录以确定制定法的含义。第二次世界大战以来，英国加强了目的解释，改变了过去特别强调字面解释和缺陷规则（mischief rule）的传统。如果采用目的解释，则假定法律的目的可以外在于法律文本，法院据此更愿意关注文本之外的立法资料，特别是立法前资料，比如政府白皮书、法律委员会或者皇家委员会的报告等。〔1〕最终，1992 年的佩伯案〔2〕废止了排除规则。布朗尼·威尔金森（Browne Wilkinson）法官在佩伯案中提出了引用议会议事录的三个限制条件。首先，立法含义模糊或者将导致荒谬结果；其次，参考材料包括一位或者多位大臣或法案提案者的发言，如果有必要的话，还应当包括其他对理解该发言及其效果所必需的议会材料；最后，发言或者资料必须表意清楚。〔3〕二是全面参考。尽管存在增加诉讼成本、降低诉讼效率、违背分权原则、缺乏民主合法性等诸多弊端，但是“在美国的法律实践中，法官经常忠实地参考国会议员和其他立法者在国会报告和政治辩论中所发表的关于通过一项法案目的何在的各种证明”。〔4〕甚至在当今的大陆法系国家，探求立法原意的解释方法仍属常见，如德国宪法法院在

〔1〕 See Scott C.Styles, *The Rule of Parliament: Statutory Interpretation after Pepper v. Hart*, 14 Oxford Journal of Legal Studies 151 (1994).

〔2〕 Pepper v Hart [1993] 1 All ER 42.

〔3〕 See Sylvia Costelloe, *The Need for Conditions Limiting the Use of Legislative History in Statutory Interpretation: Lessons from the British Courts*, 29 Notre Dame Journal of Law, Ethics&Public Policy 299, 301 (2015).

〔4〕 [美]罗纳德·德沃金:《法律帝国》，李常青译，中国大百科全书出版社 1996 年版，第 280 页。

解释中仍然以立法原意为标准。[1]

（二）阐释立法原意功能的民主价值

在西方意图主义理论中，人民主权与议会至上是论证作为法律解释者的法官应当受制于立法机关意图的主要论据。尽管民主制度以及政治体制存在本质区别，但是基于最高人民法院与全国人大常委会之间的制度关系，上述人民主权论也是全国人大常委会通过法律解释阐释立法原意的重要价值基础。此外，全过程人民民主理论为阐释立法原意功能提供了更全面的民主价值辩护。

第一，西方的人民主权、立法至上与立法机关的意图。作为一项制定法解释原则，立法至上（legislative supremacy）体现于立法机关与法院之间的关系中，关于这一关系，西方主要存在两种理论。一是英国的议会主权模式。议会主权的原理是指“大凡巴力门所通过法案的全体或一部，无论用以造一新法，或用以毁一旧法：法院俱不敢不遵行。又由此界说，巴力门主权的原则更可以约举如下：即是，无一人复无一团体，在英宪之下，能建立规则以与巴力门的法案相反抗；万一竟相反抗，这种规则必不能得到法院的承认与遵行”。[2]因此，尽管英国法院在参考立法史料方面存在诸多限制，但是从议会主权的原则分析，法院必须执行议会制定的法律，不能对其作司法审查。当然，随着英国加入《欧洲人权公约》以及英国最高法院的建立，英国也已经建立起弱型违宪审查制度，议会主权原

〔1〕 参见刘兆兴：《德国联邦宪法法院总论》，法律出版社 1998 年版，第 198-199 页。
〔2〕 ［英］戴雪：《英宪精义》，雷宾南译，中国法制出版社 2001 年版，第 116 页。

则受到了一定程度的影响。[1]二是美国的分权与制衡模式。美国是奉行三权分立与制衡模式的典型国家，国会是代议机关，负责制定法律，联邦最高法院则负责解释并适用法律。当法律涉嫌违宪时，联邦最高法院可对其作司法审查。但是，正如多数人的暴政仅仅是民主制度的例外一样，司法审查也不是联邦最高法院与国会关系的常态，多数情形下，联邦最高法院应当执行包含立法机关意图的法律。正如明尼苏达大学的丹尼尔·法伯教授所言，除非对法律进行司法审查，否则法院应当服从立法机关，执行立法机关通过立法表达之公共政策。[2]总之，无论是议会主权模式还是分权与制衡模式，包含着人民主权理念的立法至上原则是西方法律解释者以立法机关意图为目标的主要理论依据。

尽管西方国家代议机关与司法机关的关系与我国存在本质区别，但是就司法机关应当服从或者执行立法机关制定的法律而言，二者则具有一定的共性。因此，最高人民法院在司法解释实践中一直以立法机关的原意为解释目标。尽管全国人大常委会是全国人大的常设机关，是国家权力机关和代议机关，但是当其作出立法解释时，它是法律解释机关而非立法机关，尤其是解释全国人大制定的法律时。因此，作为法律解释机关，全国人大常委会以立法机关的原意为解释目标也同样是民主制度的必然要求。

---

〔1〕 关于英国弱型违宪审查制度的研究参见李蕊佚：《议会主权下的英国弱型违宪审查》，载《法学家》2013 年第 2 期，第 164–175 页。

〔2〕 See Daniel A.Farber, *Statutory Interpretation and Legislative Supremacy*, 78 The Georgetown Law Journal 281, 283 (1989).

第二，全过程人民民主的进一步辩护。尽管西方研究者依据人民主权与立法至上等原则开展的立法机关意图作为法律解释目标的正当性研究在逻辑上可以适用于我国，但西方的民主制度完全建立在选举之上，选举过后，选民即受到冷落。我国的民主制度与之根本不同，“全过程人民民主实现了过程民主和成果民主、程序民主和实质民主、直接民主和间接民主、人民民主和国家意志相统一，是全链条、全方位、全覆盖的民主，是最广泛、最真实、最管用的社会主义民主”〔1〕。我国的全过程人民民主不仅体现在立法过程中，也体现在法律解释中，当法律规定需要进一步明确含义或者需要明确立法后新情况的法律适用依据时，全国人大常委会通过法律解释的方式阐释立法原意。换言之，人民意志通过立法和立法解释两种途径转化为法律意志。当然，立法是主要途径，立法解释主要发挥补充性作用。

（三）阐释立法原意功能的社会价值

当法律文义模糊或者不确定时，如何确定法律的含义主要不是法律解释方法问题，而是价值问题。如果法律解释方法保持价值中立，那么法律解释方法之间将无法产生位阶关系，只有考量方法背后的价值，才能够确立起方法适用的顺序。但是，价值多元及其冲突导致问题更加复杂。文义主义强调法律文本的字面含义，体现了法律的稳定性价值；意图主义强调立法机关的主观意图，体现了民

〔1〕 习近平:《在中央人大工作会议上的讲话》，载《人民政坛》2022 年第 2 期，第 9 页。

主价值；非原意主义则强调解释者的主观能动性，体现了法律的社会价值。在西方法律解释理论与实践语境下，由于法律解释者与立法机关的分立及其制衡关系，上述价值之间的冲突尤为明显。非原意主义可能产生较好的社会效果，但是多数法官并非选举产生，民主基础之缺失导致法律解释结果的权威性不足；强调立法机关的意图，则社会效果可能较差。但是，在中国立法解释制度的语境下，由于法律解释者与立法机关的统一性，上述价值冲突问题不复存在。总之，当法律文本的字面含义存在多种解释可能性或者模糊性时，全国人大常委会参照立法原意为当前之法律实践难题提供具有民主合法性的权威方案，既实现了民主性价值，又体现了法律的社会价值，实现了法律效果与社会效果的统一。

接下来，我们通过一个立法解释实践进一步分析阐释立法原意功能的社会价值。2014 年 4 月 24 日，第十二届全国人大常委会通过了《全国人民代表大会常务委员会关于〈中华人民共和国刑法〉第三百四十一条、第三百一十二条的解释》，解决了《刑法》第三百四十一条第一款规定的非法收购国家重点保护的珍贵、濒危野生动物及其制品的含义和收购《刑法》第三百四十一条第二款规定的非法狩猎的野生动物的法律适用问题。根据全国人大常委会法工委关于上述立法解释制定过程的说明，我国野生动物资源保护方面出现了一些突出的问题，在一些地方食用珍贵、濒危野生动物等问题突出，形成了非法猎捕、杀害珍贵、濒危野生动物的“买方市场”，对于为食用或者其他目的而非法购买珍贵、濒危野生动物及其制品的适用法律依据问题，还存在模糊认识。司法解释中的模糊认识主要源自《刑法》第三百四十一条规定的非法收购国家重点保护的珍贵、濒危野生动物及其制品行为中的“收购”含义的模糊性。换言之，非法收购行为能够包含以食用为目的的购买行为吗？“非法收购、运输、出售国家重点保护的珍贵、濒危野生动物及其制品是指违反法律规定，对珍贵、濒危野生动物进行收购、运输、出售的行为。”[1]从规范文义角度分析，收购、运输、出售中间用顿号分割，代表一种连续性行为，即收购和运输的目的是出售，本质上不能包括以食用为目的的购买行为。此外，从语言的日常含义以及人们的使用习惯角度分析，收购和购买也是两类性质不同的行为。总之，司法实践中面临的问题主要是野生动物保护之必要性与刑法规范不足之间的矛盾。为了保护野生动物，有必要对以食用为目的的购买野生动物行为予以刑法规制，但是“收购”在字面文义上无法包含以食用为目的的购买行为。在此背景下，全国人大常委会通过阐明《刑法》第三百四十一条加强野生动物资源保护、推动生态文明建设的立法原意，扩张了收购的含义，使得以食用为目的的购买行为得以包含其中。从罪刑法定的角度分析，通过阐明抽象的立法原意扩张刑法文本字面含义的做法有待商榷。因此之故，《中华人民共和国刑法修正案（十一）》增加第三百四十一条第三款，将以食用为目的的非法猎捕、收购、运输、出售第一款以外的在野外环境自然生长繁殖的陆生野生动物的行为认定为犯罪行为。以立法解释的方式

〔1〕 全国人大常委会法制工作委员会刑法室编著：《〈中华人民共和国刑法〉释义及其实用指南》，中国民主法制出版社2016年版，第723页。

解决上述问题，有助于及时提供野生动物保护的必要性规范，以法律修改的方式确认上述立法解释，有助于维护罪刑法定原则。这充分体现了全国人大常委会综合运用立改废释纂等方式为司法实践提供法律保障的能力，也体现了立法解释的社会价值。

第四节　阐释立法原意功能的界限

根据前文所述，阐释立法原意功能具有实践基础和理论正当性，但是无论在规范上还是实践中，立法解释制度皆具有多元化的功能体系，阐释立法原意功能仅是其中之一。据此，阐释立法原意功能在范围、前提、方法上存在必要的实施界限。

一、阐释立法原意功能的实施范围

“两高”以及港澳终审法院对待立法机关主观意图的差异化态度决定了阐释立法原意功能的适用范围。[1]无论是规范性的司法解

〔1〕 这种论证思路可能面临解释机制不同的诘责，毕竟港澳基本法解释机制和其他法律的解释机制存在关键性差异。但是，基于如下两个理由，我们认为港澳和内地司法解释方法之不同导致阐释立法原意功能适用范围的区别性是成立的。第一，在全国人大常委会同时作为港澳基本法和其他法律解释权力主体的前提下，“两高”的司法解释以及港澳终审法院的法律解释在法律效力上皆服从于全国人大常委会的法律解释。第二，法律解释是一项系统性工程，需要综合应用不同法律解释方法或者法律解释因素，协同形成符合当前法治实践的适当法律解释结果。因此，就法律解释方法的整体性应用而言，港澳基本法解释机制与其他法律的解释机制的差异化可以忽略。

释，还是具体化的个案裁判，“两高”往往以立法机关原意为法律解释目标。当“两高”或者其他有权机关向全国人大常委会提出法律解释要求时，立法机关原意往往已不能解决法律解释分歧，也无法为引发法律解释分歧的司法实践提供符合当前法秩序的解决方案，全国人大常委会一般通过补充法律规定的方式，“弥补法律规定的轻微不足”〔1〕。但是，香港终审法院基于普通法传统，往往强调字面意思的解释方法，〔2〕立法机关的主观意图不是主要的法律解释影响因素。因此，港澳基本法立法解释主要以阐释立法原意为主，以纠正港澳终审法院推崇之平义规则的不足；非涉港澳立法解释主要以补充法律规定为主，为社会提供及时且具备民主性的规范指引。

（一）最高人民法院对立法原意的尊崇

从立法原意的定位、性质与目的分析，最高人民法院所理解之立法原意是指立法机关的原初意图，并在司法解释以及审判工作中严格贯彻。〔3〕

第一，在立法原意的定位上，最高人民法院将立法原意界定为司法解释工作的四项原则之一，这是贯彻《立法法》明确要求的必然举措。比如《最高人民法院办公厅关于印发〈最高人民法院 2020

〔1〕 乔晓阳主编：《中华人民共和国立法法讲话》，中国民主法制出版社 2007 年版，第 195 页。

〔2〕 参见强世功：《文本、结构与立法原意——“人大释法”的法律技艺》，载《中国社会科学》2007 年第 5 期，第 144 页。

〔3〕 基于“两高”所认识之立法原意的高度一致性，我们主要以最高人民法院为例展开论述。

年度司法解释立项计划〉的通知》指出，司法解释工作必须符合宪法、法律规定，遵循立法原意，正确解释法律。第二，在立法原意的性质上，最高人民法院将其理解为外在于法律条文具体含义的解释性因素，常与立法精神、立法目的、法律原则、法律修订原因、扩张解释等相并列。比如《最高人民法院关于认真学习贯彻〈中华人民共和国民法典〉的通知》（法〔2020〕158 号）提出，要严格按照立法精神、立法原意解读民法典，切实提高培训质效；最高人民法院关于认真学习贯彻《全国人民代表大会常务委员会关于修改〈中华人民共和国刑事诉讼法〉的决定》的通知（法〔2018〕294 号）提出，要学习新规定，研究新做法，领会新精神，学懂弄通该修改决定的立法原意、具体含义和适用条件；最高人民法院关于认真学习和贯彻《全国人民代表大会常务委员会关于修改〈中华人民共和国民事诉讼法〉的决定》的通知（法发〔2007〕39 号）提出，通过学习和培训，使各级人民法院了解法律修订的原因和目的，准确理解和掌握立法原意；《最高人民法院关于印发〈民事诉讼程序繁简分流改革试点问答口径（一）〉的通知》提出，法律没有明确规定，但通过目的解释、扩张解释符合立法原意的，可以拓展适用。第三，在应用立法原意的目的方面，最高人民法院往往将其理解为实现法律效果与社会效果有机统一的必要手段，以推动最具合理性的法律解释结果。比如《最高人民法院印发〈关于进一步加强和改进人民法院教育培训工作的意见〉的通知》（法发〔2009〕7 号）提出，进一步提升法院干警对法律规定、法律精神和立法原意的理解水平，使他们正确适用法律进行调判和执行，努力实现法律效果和社会效果的有机统一；时任最高人民法院院长周强在第十三届全国人大常委会第十四次会议上所作之《最高人民法院关于加强刑事审判工作情况的报告》指出，有的法官未能准确理解立法原意，没有很好实现法律效果和社会效果有机统一；《最高人民法院关于印发〈关于在审判执行工作中切实规范自由裁量权行使保障法律统一适用的指导意见〉的通知》（法发〔2012〕7号）提出，要正确运用法律解释方法，在行使自由裁量权时，要结合立法宗旨和立法原意、法律原则、国家政策、司法政策等因素，综合运用各种解释方法，对法律条文作出最能实现社会公平正义、最具现实合理性的解释。

总之，根据最高人民法院关于立法原意的定位、性质与目的的认识，立法原意是一种弥补文义解释不足的解释方法，当严格遵守法律文义无法实现法律效果与社会效果的有机统一时，立法原意是一种获得合理性法律解释结果的必要手段。因此，最高人民法院一直将立法原意理解为立法机关的原初意图而非法律文本的原初含义，正如前文提及之《最高人民法院民事审判庭关于单位担任监护人是否承担赔偿责任的电话答复》，为了厘清“但单位担任监护人的除外”的立法原意，最高人民法院直接请示了全国人大常委会法工委民法室。〔1〕

〔1〕 在行政法规的解释与适用过程中，最高人民法院也主要在立法机关意图的意义上使用立法原意概念。比如，《最高人民法院行政审判庭关于设区的市的区劳动和社会保障局是否具有劳动保障监察职权的答复》认为，《山东省劳动和社会保障监察条例》的规定与国务院《劳动保障监察条例》的规定冲突，区劳动保障部门依法不具有劳动监察职权。因为从立法原意上看，如果国务院打算赋予省和区劳动保障行政部门劳动监察权，在制定条例过程中会加以明确。否则，应理解为立法者不准备赋予其行政执法权。

（二）香港终审法院对平义规则的坚持

在入境事务处处长诉张某华案[1]和入境事务处处长诉庄某源案[2]中，香港终审法院阐述了它的基本法解释方法。[3]总体而言，尽管香港终审法院也在一定程度上考量立法目的并参考特定范围内的立法史料，但是坚持平义规则是其解释基本法的主要方法。

第一，平义规则是香港终审法院解释基本法的主要方法。香港终审法院认为在解释基本法时，必须引用在香港发展的普通法。根据普通法，法院在解释基本法时的任务是诠释法律文本所用的字句，以确定这些字句所表达的立法原意。法院一旦断定文本字句含义清晰，便需落实这些字句的清晰含义，法院不会基于任何外来资料而偏离这些字句的清晰含义，赋予其所不能包含的意思，这就是平义

---

〔1〕 终院民事上诉 1998 年第 14 号。

〔2〕 终院民事上诉 2000 年第 26 号。

〔3〕 基于如下两个原因，我们主要以香港终审法院为例，阐明其基本法解释方法有别于全国人大常委会，并将其界定为全国人大常委会所作港澳基本法立法解释应以阐释立法原意为目标的主要原因。第一，港澳基本法在内容上存在较高的相似度，除“澳门立法会和行政长官选举办法立法解释”之外，全国人大常委会所作之基本法立法解释皆起因于《香港基本法》。此外，全国人大常委会在作出上述澳门基本法立法解释之前，已于 2004 年就《香港基本法》的相似条款作出过立法解释，二者在内容上基本一致。第二，尽管澳门终审法院未受到普通法国家制定法解释理论的影响，但是澳门基本法司法适用解释规则也存在解释方法单一、两级法院解释方法不统一、缺乏对社会关系积极回应等问题，需要借助后果主义增强裁判的认可度，促使澳门民众更加积极地遵守澳门基本法。比如在丹麦工程师逗留案中，澳门中级法院和终审法院使用不同方法，对《澳门基本法》第五十条中的行政法规作出了差异化的解释结论，澳门中级法院使用了文义解释和体系解释方法，澳门终审法院使用了体系解释和比较解释等方法。但是，二者皆未参考立法史料以确定立法机关原意。参见何佳琦：《澳门基本法司法适用解释规则的改善——基于后果主义论证》，载《特区经济》2022 年第 2 期，第 13-16 页；朱世海：《澳门基本法司法适用的解释规则——以澳门“丹麦工程师逗留案”为例》，载《广东社会科学》2020 年第 6 期，第 102 页。

规则。为了确定法律文本的立法原意，香港终审法院一般采用如下两种方法。一是文义解释，通过用语传统、文字惯用法等方法确定法律文本的字面含义；二是通过参考《香港基本法》的序言、其他条款等内在资料以及《中英关于香港问题的联合声明》、《关于〈中华人民共和国香港特别行政区基本法（草案）〉及其有关文件的说明》、适用于香港并根据《香港基本法》第三十九条继续有效的《公民权利和政治权利国际公约》的有关条文等外在资料，考察客观的立法目的。机械地适用法律文本的字面含义可能导致荒谬结果，通过参考上述外在资料以明确客观的立法目的，可避免以生搬硬套的方式诠释法律文意。比如在陈某雅及另外 80 人诉入境事务处处长案〔1〕中，法院基于《香港基本法》第二十四条促进家人团聚的立法目的，提出无须考虑第二十四条第二款第三项规定的中国籍子女的出生时间。但是，需要指出的是，香港终审法院参考的外在资料必须是制定基本法之前或者同时期存在的资料。此外，参考外部资料的目标不是明确立法机关的主观意图而是确定体现在法律文义中的客观化的立法目的。

尽管在法律解释方法层面，香港终审法院不承认立法者原意的拘束力，也反对法律解释具有补充法律规定的功能。但是，在基本法解释实践中，也存在一些考量立法者主观意图的事例。不过，香港终审法院并未通过考察立法史料的方式确定立法者的意愿，而是通过想象性重构，认定某种解释结论以及由此导致的社会效果不属

〔1〕 终院民事上诉 1998 年第 13 号。

于立法者意愿，至少不是一个理性的立法者应当秉持的意愿。[1]需要指出的是，上述对立法机关主观意图的想象性重构不是一种独立的法律解释方法，增强文义解释结果的说服力是其主要目标。这种例外威胁不到平义规则作为香港基本法主要解释方法的地位。总之，香港终审法院采用文义解释和目的解释相结合的方法确立法律文本的字面含义，在该含义清楚时，予以完全适用。当然，基本法不可避免具有不详尽、含混不清等问题，法院往往通过参考特定范围内的外部资料以明确客观化的立法目的。质言之，香港终审法院关于基本法的解释方法受到英国传统法律解释理论的影响，与英国制定法解释传统中的字义规则、黄金规则和除弊规则比较类似。

第二，平义规则在普通法国家制定法解释实践中的例外。平义规则源自英国的制定法解释实践，直到 20 世纪 10 年代，美国联邦最高法院仍然拒绝在文本含义清楚的情况下，适用立法机关意图限缩文本含义及其适用范围，认为法律文本是确认立法机关意图的唯一证据。[2]但是，到了 20 世纪 80 年代，美国联邦最高法院在决定制定法的适用范围时，首先分析制定法文本，如果其含义清晰，然后再

---

〔1〕 比如高等法院首席法官在拒绝接纳上诉人一方就《香港基本法》第二十四条提出的诠释时表示，根据该项诠释，假如一名长者在香港连续居住 7 年后成为香港永久性居民，则他在中国内地的所有子女都会凭借第二十四条第二款第三项而自动成为永久性居民。按此道理，则其每名子女的每名子女都会有权根据同一条文申请取得永久性居民身份。这个“族谱”的人数会增长至难以想象的地步。本席认为，这不可能是《香港基本法》的立法原意。《香港基本法》草拟者的意愿显然不是基于某名譬如说年近八旬的人因多年前曾在香港连续居留 7 年而成为香港永久性居民，而使数以千计在中国内地出生的人有一天亦成为香港永久性居民。

〔2〕 See Michael R.Merz, *The Meaninglessness of the Plain Meaning Rule*, 4 University of Dayton Law Review 31, 34（1979）.

确定是否存在明确的与之相悖的立法机关意图，最后才认定清楚明确的立法语言具有决定性意义。[1]换言之，当平义规则产生荒谬结果时，美国联邦最高法院将在文本之外寻找国会意图的证据。[2]随着法院越来越重视立法机关意图，其适用范围也逐渐扩大。正如美国联邦第十一巡回上诉法院法官弗兰克·伊斯特布鲁克所言，关于宪法解释有许多争论，但是制定法解释却是死水一潭。联邦最高法院提出了一致意见，如果制定法的语言是明确的，那么无须解释；如果制定法语言不明确，那就转向立法历史；如果立法历史也不清楚，那就听从行政机构的意志；如果上述所有皆不清楚，那就实施制定法背后的价值或者作想象性重构，询问通过该制定法的立法机关，如果他们面对法院当前面对的问题会怎么做。法官把自己想象成立法者，然后给出答案。[3]

第三，我国香港特区终审法院与全国人大常委会在基本法解释上的区别及其影响。香港特区终审法院关于基本法的解释方法受到了英国等普通法国家的影响，考察普通法国家的制定法解释理论，平义规则存在诸多例外，法院也经常参考立法史料以明确立法机关的主观意图。但是，香港终审法院却在较为绝对的意义上适用平义规则，否定立法机关的主观意图在制定法解释中的功能与价值。香港终审法院与全国人大常委会在基本法解释方面的区别

〔1〕 United States v.Turkette, 452 U.S.576(1981).

〔2〕 Public Citizen v.U.S.Dept.of Justice, 491 U.S.440(1989).

〔3〕 See Frank H.Easterbrook, *The Role of Original Intent in Statutory Construction*, 11 Harvard Journal of Law&Public Policy 59(1988).

主要有如下两个方面。一方面，在基本法解释方法上皆以立法原意作为解释目标，但是全国人大常委会所理解之立法原意主要是指立法机关原意，香港终审法院所谓之立法原意主要是指法律文本原意。另一方面，就确认立法原意所使用的外在于基本法的材料的范围而言，二者也存在重大分歧。香港终审法院一般只参考在基本法制定之前或者同时期已经存在的权威性材料，对于基本法制定之后的有关机关作出的决定，则不予参考。但是，全国人大常委会所参考之外在材料范围更广，可以包含基本法制定之后的一些材料。比如，全国人大常委会认为香港筹委会在基本法制定后通过的《关于实施〈中华人民共和国香港特别行政区基本法〉第二十四条第二款的意见》体现了《香港基本法》第二十四条第二款的立法原意。香港终审法院和全国人大常委会在法律解释目标和方法上的差异是基本法解释冲突的原因之一，〔1〕也是全国人大常委会在港澳基本法立法解释中阐明立法机关原意的关键。这种冲突只有当香港法院和全国人大常委会采用相同的法律解释方法解释基本法时，才有可能完全消除。〔2〕

二、立法史料的可参考范围及其可靠性认定

无论是学术界还是实务界，作为阐明立法机关原意的主要方

〔1〕 参见黄江天：《香港基本法的法律解释研究》，三联书店（香港）有限公司 2004 年版，第 46–47 页；申思琦：《"一国两制"下〈香港基本法〉解释冲突起因及其解决》，载《"一国两制"研究》2012 年第 1 期，第 139 页。

〔2〕 参见林峰：《一次释法，两种反应——对全国人大常委会就〈香港基本法〉第五次释法的法理剖析》，载《"一国两制"研究》2017 年第 1 期，第 15 页。

法，参考立法史料具有广泛的共识，研究者争论的焦点是立法史料的可参考范围。接下来，我们将主要围绕全国人大常委会和香港终审法院关于香港基本法的解释实践，分析全国人大常委会作出立法解释时为阐释立法原意可参考的立法史料范围，并对其可靠性等级予以考察。

（一）立法史料的可参考范围

第一，法律制定之时存在的权威性立法史料。根据前文所述，香港终审法院仅在一定程度上参考《中英关于香港问题的联合声明》《关于〈中华人民共和国香港特别行政区基本法（草案）〉及其有关文件的说明》等香港基本法制定之前或者同时期存在的资料。这些立法史料也是全国人大常委会作法律解释时予以参考的对象，比如在《全国人民代表大会常务委员会关于〈中华人民共和国香港特别行政区基本法〉第十三条第一款和第十九条的解释》（以下简称“豁免规则立法解释”）中，为了证明决定国家豁免规则或政策是中央的权力，全国人大常委会参考《中英关于香港问题的联合声明》、国务委员兼外交部部长吴学谦向全国人大常委会所作的《关于中英关于香港问题协议文件的报告》等权威性立法史料，阐明了《香港基本法》有关条款的立法原意。上述立法史料不仅由权威性主体作出，而且受到各方主体的广泛认同，是全国人大常委会解释基本法时应当参考的立法史料。同理，对于其他法律的解释而言，有权机关关于制定或者修改法律的说明等也是确定立法原意的权威性立法史料。

第二，港澳特别行政区筹委会制定的规范性文件。如下三个问题是港澳特别行政区筹委会制定的规范性文件能否作为确定立法原意的参考对象的关键。首先，港澳特别行政区筹委会的性质。根据1990年4月4日第七届全国人大第三次会议通过的《全国人民代表大会关于香港特别行政区第一届政府和立法会产生办法的决定》(以下简称《决定》)，在1996年内，全国人民代表大会设立香港筹委会，负责筹备成立香港特别行政区的有关事宜，根据本决定规定第一届政府和立法会的具体产生办法。因此，香港筹委会是全国人大根据1982年《宪法》第七十条的授权，按照香港回归需要设立的专门委员会，在全国人大和全国人大常委会领导下，研究、审议和拟定有关议案。其次，香港筹委会制定的规范性文件的性质。根据1982年《宪法》第七十条以及上述《决定》的授权，香港筹委会陆续通过了《关于实施〈中华人民共和国香港特别行政区基本法〉第二十四条第二款的意见》(以下简称《意见》)、《关于基本法第二十三条立法问题的决定》、《关于香港特别行政区有关人员就职宣誓事宜的决定》、《关于对〈中华人民共和国香港特别行政区基本法〉附件三所列全国性法律作出增减的建议》等议案或规范性文件。香港终审法院认为《意见》是《香港基本法》制定以后产生的规范性文件，不属于可参考的外部资料。但是，全国人大常委会在《关于〈中华人民共和国香港特别行政区基本法〉第二十二条第四款和第二十四条第二款第(三)项的解释》中，却将《意见》作为《香港基本法》有关条款立法原意的参考性资料。香港筹委会认为《香港基本法》第二十四条第二款对哪些人可以成为特别行政区永久性居民作了原则性规定，但在实施过程中还有一些需要进一步明确的具体问题。香港筹委会针对香港的具体情况，从稳定社会和人心的大局出发，本着有利于平稳过渡的原则，提出了《意见》，以供香港特别行政区制定有关实施细则时参考。如果仅止如此，考虑到筹委会作为全国人大的专门委员会，《意见》只能认定为内部规范性文件，对于香港而言，只产生参考性而非决定性作用。但是，1997 年 3 月 14 日第八届全国人民代表大会第五次会议审议批准了筹委会主任委员钱其琛所作《全国人民代表大会香港特别行政区筹备委员会工作报告》，上述筹委会的议案、规范性文件等皆包括在该工作报告中。因此，经过全国人大常委会的批准之后，《意见》具有了法律的性质，应当对包括香港终审法院在内的有关部门产生法律拘束力。最后，根据上文所述，《意见》在《香港基本法》第二十四条第二款原则性规定的基础上，依据香港实际细化了有关规定，实质上发挥了补充法律规定的功能。那么这是否削弱其作为阐释立法原意的可靠依据的地位？我们认为答案是否定的。一方面，全国人大常委会认为《意见》的细化性规定是香港筹委会根据《香港基本法》第二十四条第二款的立法原意作出的；另一方面，即使《意见》发展完善了《香港基本法》第二十四条第二款的立法原意，全国人大常委会对《意见》的批准行为也认定了其合法性地位。总之，凡是包含在《全国人民代表大会香港特别行政区筹备委员会工作报告》中的香港筹委会的议案、规范性文件等都属于确定《香港基本法》立法原意时可供参考的立法资料。

第三，立法的过程性资料。立法的过程性资料是指在立法过程中形成的立法者发言、委员会报告、法律草案等不具有实质性法律效力的资料。由于对法律文义的过分强调，香港终审法院在基本法解释实践中，没有参考过上述资料。全国人大常委会在基本法解释实践中，参考过委员会报告和法律草案，[1]但未引用过立法者的发言。为了阐释立法原意，全国人大常委会可参考立法的过程性资料，尤其是解释港澳基本法之时。参考包括立法者发言或辩论在内的过程性资料是西方主要法治国家的通行做法。自 20 世纪 90 年代以来，美国联邦最高法院认为在解释不明确的法定语言时，立法历史是可以参考且有益的。法官们可能会审查国会的辩论、委员会报告、听取证词和总统信息，以确定国会对特定法定语言的真正含义。[2]尽管受重视程度有所降低并持续被批判，[3]但上述做法持续至今。此外，港澳基本法是港澳地区的宪法性法律，其内容类似于宪法规范，体现出较强的原则性、抽象性。因此，基本法规范文义的解释可能性更加多元，参考立法史料以确定立法原意的现实必要性更强。

第四，同立法相关的中国共产党的政治主张。根据《宪法》第

---

〔1〕 在《全国人民代表大会常务委员会关于〈中华人民共和国香港特别行政区基本法〉第五十三条第二款的解释》中，为了阐明《香港基本法》第五十三条的立法原意，全国人大常委会参考了香港基本法起草委员会政治体制专题小组关于“行政长官缺位情况下产生的新的行政长官，其任期是重新计算的五年任期，还是原行政长官的剩余任期”的讨论，也参考了 1989 年 1 月香港基本法起草委员会通过的《香港基本法（草案）》。

〔2〕 See Stephen Breyer, *On the Uses of Legislative History in Interpreting Statutes*, 65 Southern California Law Review 845（1992）.

〔3〕 比如美国联邦最高法院在 1981 年审理的每一个制定法案件中几乎都参考了立法历史，但是后来出现下降趋势，1989 年审理的 65 个案件中的 10 个参考了立法历史，1990 年审理的 55 个案件中的 19 个参考了立法历史。

一条第二款，中国共产党领导是中国特色社会主义最本质的特征，坚持党对立法工作的全面领导是其应有之义。立法要坚持党的领导，法律解释也要坚持党的领导。同立法有关的中国共产党的政治主张是全国人大常委会作出立法解释时应当参考的立法史料。同立法有关的中国共产党的政治主张主要通过以下三种方式予以体现。其一，表现在中共中央的规范性文件中。比如2019年6月，《中共中央 国务院关于深化教育教学改革全面提高义务教育质量的意见》明确提出加快家庭教育立法，强化监护主体责任。在此前提下，全国人大常委会推动家庭教育立法从立法论证以及起草阶段进入实质性审议阶段。2021年10月23日，第十三届全国人大常委会第三十一次会议审议通过了《中华人民共和国家庭教育促进法》。其二，表现在国家领导人的讲话中。比如在《全国人民代表大会常务委员会关于〈中华人民共和国香港特别行政区基本法〉第一百零四条的解释》中，为了阐明拥护《香港基本法》、效忠香港特别行政区是参选或者出任香港特别行政区有关公职的法定要求和条件的立法原意，全国人大常委会参考了邓小平同志关于港人治港的界限和标准的讲话。[1]其三，体现在中共中央的有关会议记录材料中。一般而言，在制定或者修改较为重要的法律前，全国人大常委会党组会向中共中央请示和汇报，中共中央的指示性精神或者具体要求是非常重要的立法史料。比如，中央政治局常委会于2022年9月

---

〔1〕 邓小平提出港人治港有个界限和标准，就是必须由以爱国者为主体的港人来治理香港。爱国者的标准是，尊重自己民族，诚心诚意拥护祖国恢复行使对香港的主权，不损害香港的繁荣和稳定。参见《邓小平文选》(第3卷)，人民出版社1993年版，第61页。

审议了全国人大常委会党组关于《中华人民共和国立法法(修正草案)》有关问题的请示和汇报。

第五,我国签署或者批准的国际公约在一定程度上可以作为相关法律条文立法原意的佐证性史料。比如,在"豁免规则立法解释"中,全国人大常委会通过说明我国签署但未批准《联合国国家及其财产管辖豁免公约》的事实状态佐证我国一贯坚持的绝对豁免国家立场。上述国际公约在赋予外国国家及其财产管辖豁免和执行豁免的同时,作了一些例外性规定,把国家的商业活动和用于商业活动的财产等排除在国家豁免的范围之外。如果该公约已经生效且全国人大常委会已批准之,则意味着我国的国家豁免政策发生改变。

(二)立法史料的可靠性认定

在确定了全国人大常委会为阐释立法原意可参考的立法史料范围之后,我们继续探讨立法史料的可靠性认定问题。总体而论,对于阐释立法原意而言,任何一项立法史料的证明力都是有限的,不同立法史料的协同作用与相互印证是阐释立法原意的基本原则。但是,基于立法史料的不同形式,其可靠性或者效力存在一定差别,需要逐一鉴别。

第一,有权机关审议与批准:权威性立法史料的主要特征。在众多的立法史料中,有一些是经过有权机关审议与批准的,比如经过全国人大及其常委会审议的关于法律草案的说明、全国人大常委会批准的国际公约等。有权机关的审议与批准赋予其权威性,可独立证成某项法律条文的立法原意。基于中国共产党对立法工作的全面领导原则，同立法相关的中国共产党的政治主张也具有权威性立法史料的功能。但是，中国共产党的政治主张具有原则性，往往是对立法目的或者立法原则的整体性指引。因此，全国人大常委会在引用中国共产党的政治主张以阐释立法原意时，往往综合使用各种立法史料，以增强论证的系统性。

第二，立法者的数量：区别非权威性立法史料证明力的关键标准。对于未经有权机关审议与批准的立法史料而言，其包含的立法者的数量是一个关键性的可量化标准。相比较于单个立法者的发言或者意图，某个委员会的报告或者讨论包含了更多的立法者，其证明力自然更高一些。此外，法律草案代表了法律起草委员会以及立法机关在某个阶段的相对共识，其蕴含之民主基础更为广泛，比委员会的报告具有更高的可靠性与证明力。

三、阐释立法原意功能的前提与效力

阐释立法原意功能的前提以及效力共同决定了阐释立法原意功能在立法解释制度功能体系中的定位。

（一）阐释立法原意功能的前提

尽管法律解释方法的位阶关系一直处于争论之中，但是文义解释作为首要的法律解释方法取得了广泛共识。因此，文义解释无效是包括阐释立法原意在内的其他法律解释方法适用的前提。换言之，当法律文义存在多种合理的解释可能性或者因法律文字模糊而处于不确定状态时，法律解释主体可通过阐释立法原意等其他方法确定法律文本的含义。但是，基于如下三个原因，我们认为存在足以佐证清晰的立法原意的立法史料是阐释立法原意功能的前提，而非文义解释无法适用。

第一，平义规则作为法律解释方法的局限性。虽然平义规则是普通法国家制定法解释的首要方法，但是它也仅仅是制定法解释方法体系中的一部分，并不是绝对的规则。究其实质，主要有如下两个原因。一方面，如果法律文字传达了唯一的意义，当事人很少会据此花钱提起诉讼。只有可能从法律文字中得出相互矛盾的推论时，人们才会花钱上法庭，法院也才会获得解释法律的机会。〔1〕另一方面，就制定法条文的含义达成一致意见并不意味着就制定法的适用范围也达成了共识。即使制定法文义清楚，法院也会查阅立法历史，或者确认制定法文义，或者拒绝一项相反的解释可能性。如果制定法的清楚的含义将导致荒谬结果，平义规则将不再适用，这是一个被广泛接受的规则。〔2〕也许正是基于上述两个方面的考量，有研究者认为平义规则不仅本身错误，也是建构一个有效的制定法解释理论的主要障碍。〔3〕

〔1〕 See Frank H.Easterbrook, *The Role of Original Intent in Statutory Construction*, 11 Harvard Journal of Law&Public Policy 59, 60(1988).

〔2〕 See Larry M.Eig, *Statutory Interpretation: General Principles and Recent Trends*, Congressional Research Service, p.43–44.

〔3〕 See Michael R.Merz, *The Meaninglessness of the Plain Meaning Rule*, 4 University of Dayton Law Review 31(1979).

第二，无论是港澳基本法解释体制，还是内地法律解释体制，立法解释都是法律解释体制中的一部分，与司法解释、行政解释相互配合，是其他法律解释主体同立法机关对话的制度保障。有权机关提出法律解释要求，皆以寻求立法原意而非法律文本字面含义为目标。所以，文义解释不是全国人大常委会作出法律解释必须适用的首要方法。总之，无论是全国人大常委会主动作出还是应有权机关的要求作出的立法解释，往往涉及重要且影响广泛的法律问题，能够引发此类争议的法律规范的文义一般不确定或者具有多重解释可能性。此外，有权机关尤其是“两高”、港澳终审法院等司法机关所作之规范的司法解释或者个案裁判过程中的具体解释是全国人大常委会作法律解释的过滤机制，如果文义解释能够解决问题，一般不会进入立法解释程序。所以，全国人大常委会作出法律解释时，无须先适用文义解释，再阐释立法原意，文义解释无效不能作为阐释立法原意功能的前提。

第三，根据以上两个原因，阐释立法原意是全国人大常委会作出法律解释的首要目标，因此是否存在足够充分的、佐证清晰的体现立法原意的立法史料就成为阐释立法原意功能的前提。根据本章第三节所述，因为立法史料的数量、质量以及使用方法等问题，法律解释者并非总是能获得清晰明确的立法原意。因此，如果立法史料不充分，阐释立法原意功能就无法实施。

（二）阐释立法原意功能的效力

法律解释从来都不是抽象的思维活动，而是解决实际问题的具体手段。在立法史料能够佐证清晰的立法原意的前提下，根据立法原意能否合理解决引起立法解释的实践问题，阐释立法原意功能将产生如下两种法律效力。

第一，立法原意是立法解释的终点，增强与之相一致的法律解释方案的民主合法性。当立法解释起因于法律文本含义的多元解释可能性时，任何一种解释方案都具备基本的理性基础，可以为引起法律解释分歧的实践问题提供合理的解决方案。此时，立法原意事实上是一种评判标准，增强了与之相一致的法律解释方案的民主合法性，从而使其在多种法律解释可能性中脱颖而出，成为立法解释结果。第二，当立法原意不能为引起法律解释分歧的实践问题提供合理化解决方案时，阐释立法原意只是全国人大常委会作出法律解释的起点而非终点。一方面，立法史料能够提供清晰的立法原意，但是此立法原意与法律解释时的法治建设实际相违背。此时阐释立法原意只能作为立法解释的起点，全国人大常委会还需要通过文义解释、补充法律规定等方法得出更合理的法律解释结论。〔1〕另

〔1〕 当前的立法解释实践没有此类情形，但是在《宪法》上却存在相似的问题。1954年《宪法》第八十五条规定中华人民共和国公民在法律上一律平等，1982年《宪法》第三十三条第二款将其修改为中华人民共和国公民在法律面前一律平等。根据有关立宪史料，因为制宪者有关宪法平等权规范的意图仅仅是法律适用上的平等而非立法上的平等，所以才有了从“法律上”到“法律面前”的文字变化。但是宪法上的平等权能够约束立法机关已得到了学术界、实务界的广泛认可，立法上的平等是公民的重要宪法权利。如果按照立宪原意予以解释，将不符合当前的法治建设实际。如果全国人大常委会要对其作出宪法解释，那么阐释立法原意不是最佳选择。关于宪法平等权的立宪史料参见许崇德：《中华人民共和国宪法史》(上卷)，福建人民出版社2003年版，第164页；韩大元编著：《1954年宪法与新中国宪政》，湖南人民出版社2004年版，第777页；《刘少奇选集》(下册)，人民出版社1981年版，第160–161页。

一方面，当法律文字模糊导致法律文义不确定时，立法原意可能仅具有方向性的指引作用，解释者需要将立法原意与解释时的社会背景相结合，才能得出符合当前时代的解释结论。比如，根据2023年《立法法》第八十一条，设区的市的人民代表大会及其常务委员会根据本市的具体情况和实际需要，可以对基层治理的事项制定地方性法规。那么何为基层治理呢？关于基层治理的概念，需要同治理、国家治理、社会治理等关联性概念协同考察，但是学术界的“认识还比较模糊，甚至误用”[1]。在基层治理概念模糊的前提下，通过考察《立法法》第八十一条和《立法法（修正草案二次审议稿）》在概念使用上的变化，能够提供一种新的解释思路。《立法法》第八十一条将《立法法（修正草案二次审议稿）》的“基层社会治理”修改为“基层治理”，尽管二者之内涵仍然模糊，但是从“基层社会治理”到“基层治理”，其外延不断扩展，立法者扩大地方性法规制定权限的主观意图得以显现。如果全国人大常委会要对该条文作立法解释，可以沿此指示性立法原意的方向，结合当前法治建设实际，作出合理的解释结论。

---

〔1〕 郁建兴：《辨析国家治理、地方治理、基层治理与社会治理》，载人民网2023年4月18日，https://baijiahao.baidu.com/s?id=1643249330696146883&wfr=spider&for=pc。

第四章　全国人大常委会法律解释制度的补充法律规定功能

在规范层面，立法解释制度的补充法律规定功能经历了从确立到废止的演进历程；在实践层面，即使在《立法法》明确废止之后，发挥补充法律规定功能的立法解释也持续存在。规范上的废止源自学界关于法律解释有别于立法的理论批判，实践中的长存植根于哲学诠释学关于解释本质上是一种创造性行为的理性判断。在考察补充法律规定功能的规范与实践并界定其概念的基础上，我们将重点阐释补充法律规定功能长存的理性基础及其适用界限。

第一节　补充法律规定功能的规范史考察及其概念界定

在不同时代，立法者对待立法解释制度补充法律规定功能的态度并不相同。首先，我们将系统考察补充法律规定功能的规范变迁历程；其次，结合不同时期的法律思想、法治实践等因素，分析补充法律规定功能规范变迁的原因；最后，在规范分析的基础上，界定补充法律规定功能的概念，为后续研究奠定基础。

一、补充法律规定功能的规范史考察

系统考察有关法律规范，立法解释制度的补充法律规定功能经历了隐含、明示、废止的规范变迁历程，明示是形式变化，废止则是实质改变。

（一）从隐含到明示的形式变化

尽管 1949 年 9 月 27 日中国人民政治协商会议第一届全体会议通过的《中华人民共和国中央人民政府组织法》和 1954 年《宪法》已经规定了立法解释制度，但是《1955 年决议》是第一部明确立法解释制度功能的法律规范。《1955 年决议》规定，凡关于法律、法令条文本身需要进一步明确界限[1]或作补充规定的，由全国人民代表大会常务委员会分别进行解释或用法令加以规定。《1981 年决议》删除了“分别”二字，其余规定相同。“‘分别’两字表明：凡属于需要进一步明确界限的，由常委会进行解释；凡属于需要作补充规定的，由常委会用法令加以规定。但《1981 年决议》没有‘分别’两字，因此，无论是属于需要进一步明确界限的还是属于需要作补

〔1〕 虽然《1955 年决议》和《1981 年决议》都规定了立法解释制度的明确界限功能，但是从 2000 年以前的立法解释实践看，补充法律规定功能是更为主要的功能。

充规定的，都可以采用解释的办法。”[1]因此，《1955年决议》确立了立法解释制度明确界限的功能，《1981年决议》新增补充法律规定功能。

基于如下两个原因，此次变迁仅为规范层面的形式变化，其实质是补充法律规定功能从隐含到明示的过程。第一，“法令是全国人大常委会通过的除法律以外的决定、决议的统称，所以法令是可以包括立法解释的。”[2]因此，根据《1955年决议》，若全国人大常委会以法律解释的方式对法律条文作补充规定，立法解释制度同样具有补充法律规定的功能；若全国人大常委会以法令的形式对法律条文作补充规定，立法解释制度仅具有明确界限的功能。总之，在1955年至1981年之间，立法解释制度是否具有补充法律规定功能，取决于全国人大常委会在实践中补充法律规定的方式。第二，根据本章第二节关于补充法律规定功能的实践考察，在1955年至1981年之间，全国人大常委会经常以解释的形式对法律作补充规定。因此，与《1981年决议》的明示不同，立法解释制度的补充法律规定功能暗含于《1955年决议》之中。

《1955年决议》和《1981年决议》隐含或者明示立法解释制度的补充法律规定功能主要有如下两个原因。第一，苏联法律及其法

---

〔1〕 乔晓阳主编：《中华人民共和国立法法讲话》，中国民主法制出版社2007年版，第194页。

〔2〕 乔晓阳主编：《中华人民共和国立法法讲话》，中国民主法制出版社2007年版，第193页。

学理论的影响。受到1936年苏联宪法的影响，[1]1954年《宪法》第三十一条授权全国人大常委会解释法律，确立了立法解释制度。根据1936年苏联宪法第四十九条第三项，苏联最高苏维埃主席团解释苏联的现行法律。苏联最高苏维埃主席团由苏联最高苏维埃在两院联席会议上选举产生，向苏联最高苏维埃报告自己的全部工作。“中国国家机构中与苏联最高苏维埃主席团相对应的是全国人民代表大会常务委员会，由全国人民代表大会常务委员会行使法律解释权显然符合以苏联为蓝本的社会主义国家性质的要求。”[2]根据1936年苏联宪法的规定，研究者将苏联的法律解释类型概括为正式解释和司法解释，正式解释是由立法机关所作的法律解释，司法解释是由法院在具体案件中所作的法律解释。由于阶级分析方法的影响，苏联研究者普遍认为苏联法律较为完善，对司法解释的限制较为严格，可运用文法解释、论理解释、系统解释、历史解释等方法解释法律，但仅能在特定情况下作法律的类推适用。在法律必然存在漏洞以及严格限制司法解释的情况下，立法解释成为填补法律漏洞或者补充法律规定的主要制度手段。[3]上述理论对我国的学

〔1〕 为了便于政治局讨论宪法草案，1954年1月15日，毛泽东拟定了《宪法起草工作计划》，要求政治局委员及在京中央委员查阅下列各主要参考文件：1936年苏联宪法及斯大林报告；1918年苏俄宪法；罗马尼亚、波兰、德国、捷克等国宪法；1913年天坛宪法草案、1923年曹锟宪法和1946年蒋介石宪法；1946年法国宪法等。由此可见，1936年苏联宪法是我国1954年《宪法》起草工作的首要参考资料。参见《毛泽东文集》(第6卷)，人民出版社1999年版，第320–321页。

〔2〕 魏胜强：《法律解释权的配置研究》，北京大学出版社2013年版，第147页。

〔3〕 参见[苏联]苏联科学院法权研究院编著：《马克思列宁主义关于国家与法权理论教程》，中国人民大学马列主义关于国家与法权理论教研室译，华东政法学院教务处1953年翻印，第518–533页。

术研究产生了较为深远的影响，[1]直到20世纪90年代初期，立法解释可补充法律规定仍然是学界的重要学说。比如有研究者认为，立法解释不应只限于阐明法律实施中产生的“疑义”，如果社会情况发展变化了，立法解释可赋予法律规定以新的含义或者纠正法律对社会现实的不恰当反映，即使法律规定本身清楚明确。[2]第二，法制发展的必然要求。20世纪50年代，新中国的立法工作处于起步阶段，法律体系尚不健全，有权机关的立法能力和立法技术也有待提升，这导致法律漏洞比较普遍。但是社会实践急需规范指引，同法律修改相比，法律解释具有时间成本优势，可较为灵活、迅速地解决实践难题。

（二）从明示到废止的实质改变

《1981年决议》明确了立法解释制度的补充法律规定功能，2000年《立法法》将其废止。根据2000年《立法法》第四十二条，全国人大常委会可在两种情况下解释法律，一是法律的规定需要进一步明确具体含义的；二是法律制定后出现新的情况，需要明确适用法律依据的。同《1981年决议》相比，2000年《立法法》明确取消了立法解释制度补充法律规定的功能，并将明确界限功能区分为明确具体含义与明确新情况的适用法律依据等两种情形。

---

〔1〕 苏联宪法学说对我国的整体性影响参见刘春萍：《苏联宪法学说对中国宪法学说的影响》，载《北方法学》2012年第4期，第33-44页；胡志民：《论苏联法学理论对新中国法学的影响》，上海师范大学2017年博士学位论文。

〔2〕 参见沈宗灵主编：《法理学研究》，上海人民出版社1990年版，第227页。

《立法法》废止立法解释制度的补充法律规定功能与学界的批判性研究具有直接关系。20世纪90年代，西方法律解释学理论不断进入中国，研究者关于法律解释性质以及其他基础理论的认识逐渐系统化。基于如下两类理由，有学者倡导把“补充规定”从立法解释中分离出去。第一，补充法律规定功能的正当性问题。有研究者认为进一步明确界限属于广义的法律解释范围，作补充规定已超出法律解释范围而属于制定新的、补充性法律或法规的范围。〔1〕此外，无论是司法解释还是立法解释，均应在“法律条文内”进行解释，改变了法律条文应有含义，即在“法律条文外”进行的解释，属于越权解释。〔2〕总之，补充法律规定属于立法的范畴，不具有法律解释的性质。〔3〕第二，补充法律规定功能的必要性问题。有研究者从实际出发，认为虽然法律解释补充法律规定的功能不可避免，但是立法机关制定新法的压力很大，无暇顾及解释已有立法。立法机关既然有修订立法的权力就不一定非要通过法律解释解决界限不清问题或作补充规定。〔4〕通过1994年全国人大常委会法制工作委员会召开的《立法法》起草工作研讨会，上述观点走出了象牙塔，迈进了法治实践。〔5〕总之，为了区别立法权与法律解释权，研究者将学术

〔1〕 参见沈宗灵：《论法律解释》，载《中国法学》1993年第6期，第61页。

〔2〕 参见周振晓：《也论立法解释》，载《中国法学》1995年第1期，第33页。

〔3〕 参见张志铭：《关于中国法律解释体制的思考》，载《中国社会科学》1997年第2期，第110页。

〔4〕 参见陶凯元：《中国法律解释制度现状之剖析》，载《法律科学》1999年第6期，第30–31页。

〔5〕 参见陈斯喜：《〈立法法〉起草工作研讨会综述》，载《中国法学》1997年第3期，第126页。

成果输入法治实践,立法者据此取缔了立法解释制度的补充法律规定功能。

综上所述,在规范层面,从《1955年决议》到2000年《立法法》,立法解释制度功能的规范定位发生了明显的变化。究其实质,法治实践之需要以及理论研究的推动是主要原因,补充法律规定功能是尚处于起步阶段的中国法制发展的必然需要,随着我国法律体系的不断健全以及学术研究的逐渐深入,在规范层面废止补充法律规定功能也是顺理成章的决断。

二、补充法律规定功能的概念界定

综合分析涉及补充法律规定概念的宪法法律等规范性文件,我们认为立法解释制度的补充法律规定功能是指全国人大常委会通过法律解释的方式,以价值判断、语义扩张、类推解释等方法,填补法律漏洞以及扩大法律规范适用范围的活动。补充法律规定既有可能涉及法律规范内容上的变更,也有可能涉及内容未改变但含义或者适用范围的改变。接下来,我们将从三个方面进一步考察立法解释制度补充法律规定功能的概念。

第一,补充法律规定与法律规范内容的增加。尽管自1955年起全国人大常委会即以法律解释的方式补充法律规定,但是在字面文义上,《1955年决议》规定全国人大常委会以法令的方式补充法律规定。因此,厘清补充法律规定的含义需要首先在全国人大常委会制定法令而非作法律解释的制度框架内展开,然后再分析法令对法律的补充与立法解释对法律的补充是否具有内涵和外延上的同一性。根据1982年《宪法》第六十七条第三项的规定，在全国人大闭会期间，全国人大常委会有权对全国人大制定的基本法律进行部分补充和修改。因此，在宪法规范上，“补充”和“修改”是两个相互独立且含义不同的概念，“修改以放弃法律的原有规定为基础，其形式是删除和更改；补充则是在法律原有规定基础上的增加，是对法律原有规定的缺漏之处所作的补充”〔1〕。上述观点以法律内容的删除、更改还是增加为标准区别“补充”和“修改”的概念，无疑具有合理性。但是需要注意的是，虽然“补充”意味着法律规范内容之增加，但并不一定是对法律规定的缺漏之处所作之完善。在制定之时，法律可能完全符合社会实践需要，但随着时代发展，法律规范的滞后性日渐凸显，为了增强其适应性，全国人大常委会通过制定法令的方式予以补充。比如1988年1月21日第六届全国人民代表大会常务委员会第二十四次会议通过的《全国人民代表大会常务委员会关于惩治贪污罪贿赂罪的补充规定》(现已失效)，该规定根据《刑法》和全国人大常委会《关于严惩严重破坏经济的罪犯的决定》作出。20世纪80年代，走私、套汇、投机倒把牟取暴利、盗窃公共财物、盗卖珍贵文物和索贿受贿等经济犯罪活动猖獗，严重危害社会主义建设事业和人民利益，为了坚决打击这些犯罪活动，全国人大常委会认为有必要对《刑法》的一些有关

---

〔1〕 张志铭:《关于中国法律解释体制的思考》，载《中国社会科学》1997年第2期，第110页。

条款作相应的补充和修改。总之，20 世纪 80 年代新出现的犯罪行为而非《刑法》有关条款的缺漏是全国人大常委会通过法令补充法律规定的主要原因。换言之，全国人大常委会通过法令补充法律规定是指，为了解决法律规范的滞后性，通过增加既存法律规范内容的方式满足社会实践的规范需求的活动。那么，上述“补充法律规定”的概念是否适用于立法解释制度呢？我们认为答案是否定的，一是法令在性质上属于立法，其对法律所作之补充规定往往基于价值判断而非对既有法律规范的阐释；二是通过法令所作之补充法律规定，在法律规范内容增加的幅度上往往较大，立法解释一般仅针对 1 个或几个相关的法律条文，法律规范内容上的增加幅度较小。

第二，补充法律规定与法律漏洞的填补。从结果上分析，填补法律漏洞也意味着法律规范在内容上的增加，但是法律漏洞填补意义上的补充法律规定与法律规范内容增加意义上的补充法律规定存在两个重要的区别。一方面，前者以法律规范存在漏洞为前提，后者无此前提。另一方面，前者所补充者乃是法律的轻微不足，后者所补充者在程度上更甚。[1]法律漏洞的填补主体以及方法具有多

〔1〕 正如全国人大常委会法工委所认为的那样，法律的规定需要进一步明确具体含义的情形主要有三种。其中之一是弥补法律规定的轻微不足，其他两种是指进一步明确法律界限的以及对法律规定含义理解产生较大意见分歧的，需要由立法机关对法律规定的含义作出解释，以统一各方面的认识。参见全国人民代表大会常务委员会法制工作委员会国家法室编著：《中华人民共和国立法法释义》，法律出版社 2015 年版，第 154 页。

元性，法官可以通过法律原则、[1]习惯[2]等方法在具体案件中填补法律漏洞以形成个案裁判规则；“两高”可以通过司法解释、指导性案例等方式填补法律漏洞以形成普遍适用的裁判规则；全国人大常委会也可以通过法律解释的方式填补法律漏洞。那么，立法解释制度对法律漏洞的填补与法官、“两高”的填补有何区别呢？首先，在性质方面，当立法解释制度发挥补充法律规定功能时，其实质乃是法的续造，是立法的形式之一。无论是法官还是法院对法律漏洞的填补都属于法律解释而非立法。其次，在内容方面，根据《立法法》第五十三条，全国人大常委会的法律解释同法律具有同等效力。所以，对于法律保留的事项而言，如果需要补充规定，只能由全国人大常委会通过法律解释作出，不能由法官或者法院完成。最后，在界限方面，法律解释与法律补充的区分及其关系是近代法学方法论上的主要问题之一，通说认为“可能的文义”是二者的界限，[3]即法律解释的界限是法律文字含义的可能范围，超越此范围即构成法律补充。一般而言，法官和法院在填补法律漏洞时，应当受到法律文字

---

〔1〕 公序良俗与诚信原则性质相同，均属于将某种道德标准上升为法律规则，公序良俗属于家庭生活关系中的道德标准，诚实信用属于经济生活关系领域。两者的目的和功能均在补充法律规定的不足，只在没有法律规定可资遵循的情形，才有两者发挥作用的余地。参见梁慧星：《〈中华人民共和国民法总则（草案）〉：解读、评论和修改建议》，载《华东政法大学学报》2016年第5期，第8页。

〔2〕 由于习惯法是次位性的法源，仅可补充制定法的真正漏洞，一般情况下不能突破、违背成文法。参见彭诚信：《论〈民法总则〉中习惯的司法适用》，载《法学论坛》2017年第4期，第32页。

〔3〕 参见黄茂荣：《法律解释学基本问题（Ⅱ）：法律补充》，载台北，《台大法学论丛》第6卷第2期（1977年）。

含义可能范围的限制。全国人大常委会在填补法律漏洞时，往往基于社会实践之需要通过价值判断的方式进行，可不受“可能的文义”的限制。

第三，补充法律规定与法律规范适用范围的扩张。尽管扩大法律规范的适用范围并没有导致法律规范内容在形式上的变化，但其实质仍是补充法律规定。也正因如此，2000年《立法法》试拟稿关于立法解释范围的规定并未被采纳。[1]因此，上文关于全国人大常委会通过法律解释填补法律漏洞的特征性描述同样适用于此。需要指出的是，一般而言，因为法官在个案中的法律解释以及“两高”的规范性司法解释皆受制于法律规范的可能文义，所以二者不能通过扩张适用范围的方式补充法律规定。但是，一些司法解释明显超越了上述界限，扩张了法律规范的适用范围。[2]此外，根据下文关于扩大法律规范适用范围立法解释的实践考察，全国人大常委会一般通过语义扩张、类推解释等方法扩大法律规范的适用范围，以补充

〔1〕 2000年《立法法》试拟稿第五十一条第一款规定以下4种情况应由全国人大常委会解释：第一，法律规定比较原则，需要进一步明确具体含义的；第二，法律制定后出现新的情况，需要参照法律规定执行的；第三，根据具体情况，需要适当变通执行的；第四，需要根据法律规定的精神，适当扩大法律适用范围的。许多同志赞成这一规定。但也有一些同志提出，除第一种情况外，其他三种情况是属于作补充规定的问题，不属于法律解释范畴。参见陈斯喜：《〈立法法〉起草工作研讨会综述》，载《中国法学》1997年第3期，第126页。

〔2〕 比如，鉴于《中华人民共和国消费者权益保护法》首先规定的人身自由权和人格尊严权对自然人人格权利保护的普遍意义，《最高人民法院关于确定民事侵权精神损害赔偿责任若干问题的解释》将其扩展到普遍适用的范围。作为一般人格权，人格尊严权是人格权利一般价值的集中体现，具有补充具体人格权利立法不足的重要作用。参见陈现杰：《〈关于确定民事侵权精神损害赔偿责任若干问题的解释〉的理解与适用》，载《人民司法》2001年第4期，第12页。

法律规定，实现法律规范的及时供给。

第二节　补充法律规定功能的实践考察

根据前文界定之补充法律规定功能的概念，发挥补充法律规定功能的立法解释可分为填补法律漏洞类和扩大法律规范适用范围类。接下来，我们将分别在上述两类立法解释实践中进一步考察立法解释制度的补充法律规定功能。

一、填补法律漏洞类立法解释之实践考察

法律漏洞是一种法律违反计划的不圆满性，当且仅当法律对其规整范围中的特定案件类型缺乏适当的规则时，才有法律漏洞而言。[1]以 2000 年《立法法》具体化立法解释程序为界，填补法律漏洞类的立法解释可划分为两个阶段。第一，2000 年之前，我国法律体系尚不健全，由此导致的法律漏洞较为常见，此时的立法解释皆以补充法律规定的方式填补法律漏洞，这也是《1955 年决议》和《1981 年决议》规定立法解释制度的补充法律规定功能的主要原因。这一阶段，全国人大常委会并未将立法解释统一称作“解释”，立法解释的辨别工作相对困难。但是，根据 1956 年 6 月 14 日全国

〔1〕 参见[德]卡尔·拉伦茨:《法学方法论》,陈爱娥译,商务印书馆 2003 年版,第 249-251 页。

人民代表大会常务委员会第四十二次会议通过的《中华人民共和国全国人民代表大会常务委员会的工作报告》，全国人大常委会将6项"决定"认定为立法解释。〔1〕第二，2000年以后，我国法律体系逐渐完善，此时存在的法律漏洞主要归因于立法者的疏忽、预见不足以及社会情势变更等，填补法律漏洞类立法解释的相对数量呈现下降趋势。〔2〕

（一）归因于法律体系不健全的法律漏洞之填补

新中国成立以来，随着1954年《宪法》的通过，我国的立法工作取得了重大成就。但是，法律体系尚不健全也是不争的事实。在此背景下，因为法律的衔接问题产生了不少法律漏洞，立法解释即是填补此类漏洞的方式之一。根据立法解释实践，此类法律漏洞主要有如下两种形式。

第一，新法与旧法衔接导致的法律漏洞之填补，比如1956年

---

〔1〕 这6项立法解释分别为：1955年11月8日第一届全国人大常委会第二十三次会议通过的《关于在地方各级人民代表大会闭会期间省长、自治区主席、市长、州长、县长、区长、乡长、镇长和地方各级人民法院院长缺额补充问题的决定》和《关于地方各级人民委员会的组成人员是否限于本级人民代表大会代表问题的决定》；1955年11月10日第一届全国人大常委会第二十六次会议通过的《关于地方各级人民法院院长人民检察院检察长可否兼任各级人民委员会的组成人员问题的决定》；1956年5月8日第一届全国人大常委会第三十九次会议通过的《关于自治州人民代表大会和人民委员会每届任期问题的决定》、《关于不公开进行审理的案件的决定》和《关于被剥夺政治权利的人可否充当辩护人的决定》。

〔2〕 2000年之后，全国人大常委会一共作出了17件非涉港澳的法律解释，其中《关于〈中华人民共和国刑事诉讼法〉第七十九条第三款的解释》《关于〈中华人民共和国刑事诉讼法〉第二百七十一条第二款的解释》《关于〈中华人民共和国刑事诉讼法〉第二百五十四条第五款、第二百五十七条第二款的解释》3件可归于填补法律漏洞类立法解释。

5月8日全国人大常委会通过的《关于自治州人民代表大会和人民委员会每届任期问题的决定》，该立法解释起源于1954年9月21日公布实施的《中华人民共和国地方各级人民代表大会和地方各级人民委员会组织法》(以下简称《地方人大和人民委员会组织法》)(现已失效)与1954年9月20日公布实施的《宪法》之间的衔接问题。根据《地方人大和人民委员会组织法》第二条，自治区、自治州、自治县的自治机关的组织和工作，依照《宪法》第二章第五节的规定。但是，《宪法》第二章第五节没有规定自治区、自治州、自治县的自治机关的任期。与此不同，《地方人大和人民委员会组织法》明确规定了省、直辖市、县、市、市辖区、乡、民族乡、镇的人大和人民委员会的任期。[1]因此，对于自治区、自治州、自治县的自治机关的任期而言，便产生了法律漏洞。上述立法解释填补了该法律漏洞，也是对《地方人大和人民委员会组织法》第二条的补充规定。

第二，新法未能及时制定导致的法律漏洞之填补，比如1956年5月8日全国人大常委会通过的《关于不公开进行审理的案件的决定》(现已失效)，该立法解释起因于1954年9月21日公布实施的《中华人民共和国人民法院组织法》(以下简称《法院组织法》)第七条。根据该条之规定，人民法院审理案件，除法律规定的特别情况

---

〔1〕《中华人民共和国地方各级人民代表大会和地方各级人民委员会组织法》第五条：省人民代表大会每届任期四年。直辖市、县、市、市辖区、乡、民族乡、镇的人民代表大会每届任期两年。第二十六条：省人民委员会每届任期四年。直辖市、县、市、市辖区、乡、民族乡、镇的人民委员会每届任期两年。

外，一律公开进行。立法机关仅规定了公开审判原则，将该原则的例外情形交由诉讼法等其他法律规定。但是，立法机关并未及时制定《刑事诉讼法》、《民事诉讼法》、《中华人民共和国行政诉讼法》（以下简称《行政诉讼法》）等关联性法律，[1]公开审判原则的例外情形也就成为法律漏洞。上述立法解释规定人民法院审理有关国家机密的案件、有关当事人隐私的案件和未满十八周岁少年人犯罪的案件，可以不公开进行。这填补了上述法律漏洞，也是对《法院组织法》第七条的补充规定。考虑到1954年《法院组织法》兼具实体法与程序法的特殊性质，第七条在规定公开审判原则的同时，应当通过示例性规定与兜底条款相结合的方式，明确公开审判原则的界限，这反映了当时的立法技术尚不成熟。

（二）归因于立法者疏忽或者预见不足的法律漏洞之填补

考虑到实践因素，法律漏洞可分为自始漏洞和嗣后漏洞；根据欠缺适用规则还是限制，法律漏洞可分为开放的漏洞和隐藏的漏洞。[2]开放的法律漏洞可以概括为应予规范而未规范，隐藏的法律漏洞可概括为应予限制而未限制。据此，填补法律漏洞的立法解释主要分为如下三类。

第一，填补自始隐藏法律漏洞的立法解释。根据填补法律漏

〔1〕《刑事诉讼法》制定于1979年，《民事诉讼法》制定于1982年，《行政诉讼法》制定于1989年。

〔2〕参见［德］卡尔·拉伦茨：《法学方法论》，陈爱娥译，商务印书馆2003年版，第254-256页。

洞的方法之不同，此类立法解释又可以分为如下两类。一是基于目的性限缩之填补，比如2014年4月24日第十二届全国人大常委会通过的《全国人民代表大会常务委员会关于〈中华人民共和国刑事诉讼法〉第二百七十一条第二款的解释》(以下简称“附条件不起诉立法解释”)。根据《刑事诉讼法》第二百七十一条第二款(2018年修正后为第二百八十二条第二款)，对于检察机关作出的特定类型未成年人犯罪案件的附条件不起诉决定，公安机关要求复议、提请复核或者被害人申诉的，适用本法第一百七十五条和第一百七十六条的规定。根据《刑事诉讼法》第一百七十六条(2018年修正后为第一百八十条)，被害人对于上述不起诉决定可以提出申诉，也可以不经申诉直接向人民法院提起诉讼。根据关于《全国人民代表大会常务委员会关于〈中华人民共和国刑法〉、〈中华人民共和国刑事诉讼法〉有关规定的解释(草案)》的说明，全国人大常委会法工委认为2012年《刑事诉讼法》规定的附条件不起诉是针对犯罪较轻的未成年人给予其改过机会的特别程序，体现了对未成年人的教育、感化、挽救方针，不宜在人民检察院综合考虑了各方因素依法作出不起诉决定后，再由被害人提起自诉进行追究。总之，根据《刑事诉讼法》第二百七十一条设立的未成年人犯罪案件附条件不起诉制度的目的，立法机关应当对被害人基于《刑事诉讼法》第一百七十六条的提起诉讼权予以限制。但是，由于立法者的疏忽或者预见不足，没有规定上述限制性规范。在此意义上，“附条件不起诉立法解释”通过目的性限缩的方式填补了上述法律漏洞，也是对《刑事诉讼法》第二百七十一条第二款的补充规定。二是基于类推适用之填补，比如 1956 年 5 月 8 日第一届全国人大常委会通过的《关于被剥夺政治权利的人可否充当辩护人的决定》(以下简称“辩护人立法解释”)。“辩护人立法解释”起因于 1954 年《法院组织法》第七条[1]有别于当时的其他法律规范[2]，未明确规定被剥夺政治权利的人能否担任辩护人。因此，最高人民法院向全国人大常委会提出法律解释的请求。考虑到其他法律对被剥夺政治权利的人的权利限制，全国人大常委会在“辩护人立法解释”中予以类推适用，规定被剥夺政治权利的人在被剥夺政治权利期间，不得充当辩护人。但是，被剥夺政治权利的人如果是被告人的近亲属或者监护人，可以充当辩护人。“辩护人立法解释”的后半部分——认为即使被告人的近亲属或者监护人被剥夺了政治权利，也可以充当被告人的辩护人——是对《法院组织法》第七条的解释。但是，其前半部分明显属于补充规定。

第二，填补自始开放法律漏洞的立法解释。根据填补法律漏

---

〔1〕 1954 年《中华人民共和国人民法院组织法》第七条：人民法院审理案件，除法律规定的特别情况外，一律公开进行。被告人有权获得辩护。被告人除自己行使辩护权外，可以委托律师为他辩护，可以由人民团体介绍的或者经人民法院许可的公民为他辩护，可以由被告人的近亲属、监护人为他辩护。人民法院认为必要的时候，也可以指定辩护人为他辩护。

〔2〕 比如 1953 年《中华人民共和国全国人民代表大会及地方各级人民代表大会选举法》第五条：被剥夺政治权利者无选举权和被选举权；1954 年《中华人民共和国人民法院组织法》第三十一条：被剥夺过政治权利的人不能被选举为人民法院院长，或者被任命为副院长、庭长、副庭长、审判员和助理审判员；1954 年《城市居民委员会组织条例》第三条：被剥夺政治权利的分子不得担任居民委员会委员、居民小组组长和工作委员会的委员；1955 年《中华人民共和国兵役法》第三条：被剥夺政治权利的人，不得服兵役。

洞方法之不同，此类立法解释又可以分为如下两类。一是基于价值衡量之填补，比如2014年4月24日第十二届全国人大常委会第八次会议通过的《全国人民代表大会常务委员会关于〈中华人民共和国刑事诉讼法〉第二百五十四条第五款、第二百五十七条第二款的解释》（以下简称“暂予监外执行立法解释”）。《刑事诉讼法》第二百五十四条规定了法院可在罪犯存在严重疾病需要保外就医、怀孕或者正在哺乳自己婴儿、生活不能自理等情况时作出暂予监外执行的决定。[1]但是，并未明确规定哪个机关负责组织病情诊断、妊娠检查和生活不能自理的鉴别，也未明确人民法院作出的暂予监外执行的罪犯由哪个机关负责收监。这属于因立法者疏忽或者预见不足导致的应予规范而未予规范的事项，也即自始开放的法律漏洞。全国人大常委会法工委认为由人民法院负责组织病情诊断、妊娠检查和生活不能自理的鉴别，更加符合法律规定的职责分工，也有利于及时办理。此外，送监执行涉及对公民人身采取强制手段，统一由公安机关执行送监更为妥当，也符合法律对公安机关的职能定位。因此，全国人大常委会法工委在确定哪个机关负责组织病情诊断、妊娠检查和生活不能自理的鉴别时，采用了利益衡量的方法，

---

〔1〕 2012年《中华人民共和国刑事诉讼法》第二百五十四条：对被判处有期徒刑或者拘役的罪犯，有下列情形之一的，可以暂予监外执行：（一）有严重疾病需要保外就医的；（二）怀孕或者正在哺乳自己婴儿的妇女；（三）生活不能自理，适用暂予监外执行不致危害社会的。对被判处无期徒刑的罪犯，有前款第二项规定情形的，可以暂予监外执行。对适用保外就医可能有社会危险性的罪犯，或者自伤自残的罪犯，不得保外就医。对罪犯确有严重疾病，必须保外就医的，由省级人民政府指定的医院诊断并开具证明文件。在交付执行前，暂予监外执行由交付执行的人民法院决定；在交付执行后，暂予监外执行由监狱或者看守所提出书面意见，报省级以上监狱管理机关或者设区的市一级以上公安机关批准。

即哪个机关负责组织最有利于工作开展，就由哪个机关负责组织。全国人大常委会采纳法工委的建议，作出了“暂予监外执行立法解释”，既填补了上述法律漏洞，也是对《刑事诉讼法》第二百五十四条的补充规定。二是基于立法目的之填补，比如2014年4月24日第十二届全国人大常委会第八次会议通过的《全国人民代表大会常务委员会关于〈中华人民共和国刑事诉讼法〉第七十九条第三款的解释》(以下简称“逮捕条件立法解释”)。根据《刑事诉讼法》第七十九条，〔1〕我国的逮捕条件分为一般逮捕条件和特殊逮捕条件。一般逮捕条件包括证据要件、刑罚要件和社会危险性要件，特殊逮捕条件又分为三种，一种具备一般逮捕条件的全部要件，〔2〕两种具备一般逮捕条件的部分要件。〔3〕“逮捕条件立法解释”起源于因违反

〔1〕 2012年《中华人民共和国刑事诉讼法》第七十九条：对有证据证明有犯罪事实，可能判处徒刑以上刑罚的犯罪嫌疑人、被告人，采取取保候审尚不足以防止发生下列社会危险性的，应当予以逮捕：(一)可能实施新的犯罪的；(二)有危害国家安全、公共安全或者社会秩序的现实危险的；(三)可能毁灭、伪造证据，干扰证人作证或者串供的；(四)可能对被害人、举报人、控告人实施打击报复的；(五)企图自杀或者逃跑的。对有证据证明有犯罪事实，可能判处十年有期徒刑以上刑罚的，或者有证据证明有犯罪事实，可能判处徒刑以上刑罚，曾经故意犯罪或者身份不明的，应当予以逮捕。被取保候审、监视居住的犯罪嫌疑人、被告人违反取保候审、监视居住规定，情节严重的，可以予以逮捕。

〔2〕 因曾经故意犯罪或者身份不明导致的特殊逮捕具备了一般逮捕条件中的三个要件，“有证据证明有犯罪事实”是证据要件，“可能判处徒刑以上刑罚”是刑罚要件，“曾经故意犯罪或者身份不明”是社会危险性要件。

〔3〕 第一，因可能判处十年有期徒刑以上刑罚导致的特殊逮捕具备了一般逮捕条件中的两个要件，“有证据证明有犯罪事实”是证据要件，“可能判处十年有期徒刑以上刑罚”是刑罚要件。如果可能判处十年有期徒刑以上刑罚意味着犯罪嫌疑人存在社会危险性，那么此类特殊逮捕也具备了一般逮捕条件的所有要件。尽管在一般意义上，上述推论可能成立，但是不能排除特殊情况下，即使可能判处十年有期徒刑以上刑罚，犯罪嫌疑人也不存在明确的社会危险性，尤其在非暴力犯罪案件中，比如贪污罪。第二，因违反取保候审、监视居住规定导致的特殊逮捕具备了一般逮捕条件中的证据要件和社会危险性要件。

取保候审、监视居住规定导致的特殊逮捕是否需要满足一般逮捕条件中的刑罚要件，即因违反取保候审、监视居住规定导致的特殊逮捕是否适用于可能判处徒刑以下刑罚的情形？“从国外的司法实践来看，其羁押审查过程基本上都是围绕社会危险性条件展开的，这同样表明了社会危险性条件的核心地位。”[1]从立法目的上看，“排除社会危险性、保障诉讼程序正常进行”是逮捕的主要功能。在拟定“逮捕条件立法解释”草案时，全国人大常委会法工委认为如果犯罪嫌疑人、被告人存在逃跑、干扰证人作证、毁灭、伪造证据或者串供等违反取保候审、监视居住规定的行为，不仅妨碍刑事诉讼的正常进行，甚至可能引发新的犯罪，这是典型的具有社会危险性的情形，不管是否可能判处徒刑以上刑罚，都可予以逮捕。全国人大常委会审议通过了上述草案，作出了“逮捕条件立法解释”。总之，对于因违反取保候审、监视居住规定导致的特殊逮捕是否适用于可能判处徒刑以下刑罚的情形而言，“逮捕条件立法解释”填补了该法律漏洞，也是对《刑事诉讼法》第七十九条第三款的补充规定。

第三，填补嗣后隐藏法律漏洞的立法解释，比如2014年4月24日第十二届全国人大常委会通过的《全国人民代表大会常务委员会关于〈中华人民共和国刑法〉第一百五十八条、第一百五十九条的解释》（以下简称“公司法立法解释”）。嗣后隐藏的法律漏洞是

[1] 孙谦：《司法改革背景下逮捕的若干问题研究》，载《中国法学》2017年第3期，第31页。

指因立法后的社会情势变更导致的欠缺限制规则的情形，“公司法立法解释”所填补之法律漏洞即属此类。2013 年 12 月 28 日，全国人大常委会对《中华人民共和国公司法》(以下简称《公司法》)作出修改，将一般公司的注册资本实缴登记制改为认缴登记制，取消了注册资本最低限额制度和缴足出资的期限规定。因此，《刑法》第一百五十八条和第一百五十九条的规定〔1〕是否适用于改为认缴登记制的公司就成为一个必须解决的问题。在拟定“公司法立法解释”草案时，全国人大常委会法工委认为根据修改后的《公司法》的规定，除法律、行政法规和国务院另有规定实行注册资本实缴登记制的公司以外，对于实行注册资本认缴登记制的公司，法律已不再将实收资本作为公司登记的法定条件，可以不再依照《刑法》第一百五十八条和第一百五十九条的规定追究刑事责任。

二、扩大法律规范适用范围类立法解释之实践考察

从立法解释实践分析，扩大适用范围类立法解释主要分布在刑

〔1〕《刑法》第一百五十八条：申请公司登记使用虚假证明文件或者采取其他欺诈手段虚报注册资本，欺骗公司登记主管部门，取得公司登记，虚报注册资本数额巨大、后果严重或者有其他严重情节的，处三年以下有期徒刑或者拘役，并处或者单处虚报注册资本金额百分之一以上百分之五以下罚金。单位犯前款罪的，对单位判处罚金，并对其直接负责的主管人员和其他直接责任人员，处三年以下有期徒刑或者拘役。第一百五十九条：公司发起人、股东违反公司法的规定未交付货币、实物或者未转移财产权，虚假出资，或者在公司成立后又抽逃其出资，数额巨大、后果严重或者有其他严重情节的，处五年以下有期徒刑或者拘役，并处或者单处虚假出资金额或者抽逃出资金额百分之二以上百分之十以下罚金。单位犯前款罪的，对单位判处罚金，并对其直接负责的主管人员和其他直接责任人员，处五年以下有期徒刑或者拘役。

法领域。全国人大常委会通过法律解释的方式，以语义扩张、类推解释等方法，扩大刑法规范的适用范围，实现打击犯罪的目标。在分析阐释立法原意功能时，我们讨论了“非法收购珍贵、濒危野生动物及其制品罪立法解释”，全国人大常委会扩张了“收购”的语义，将以食用为目的的购买行为包含在内，既阐明了立法机关的主观意图，也扩大了《刑法》第三百四十一条的适用范围。接下来，我们将重点考察以类推解释方法扩大适用范围类的立法解释。国内法学界目前对类推(适用)、类推解释、类型推理等相关性概念及其方法内容并未达成共识。〔1〕我们所称之类推解释是指“以刑法明文规定的事项与无明文规定的事项之间所存在的类似性为依据，将前一事项的规定适用于后一事项的逻辑操作”。〔2〕以类推解释方法扩大适用范围类立法解释共有3项，可分为如下两类。

第一，基于犯罪主体或犯罪行为相似性的类推解释。一是基于犯罪主体相似性的类推解释，比如2002年12月28日第九届全国人大常委会通过的“渎职罪主体立法解释”。考虑到国家机关工作人员行使国家公权力，其玩忽职守、滥用职权或者徇私舞弊对社会危害较大，1997年《刑法》将渎职罪犯罪主体由国家工作人员修改为国家机关工作人员，以促使其正确行使权力。但是，随着社会的发展，某些未列入国家机关编制的人员开始行使国家公权力，比如

〔1〕 相关论述参见魏治勋:《法律解释的原理与方法体系》，北京大学出版社2017年版，第223-226页。

〔2〕［日］关哲夫:《论禁止类推解释与刑法解释的界限》，王充译，载陈兴良主编:《刑事法评论》第20卷，北京大学出版社2007年版，第357页。

有些法律授权某些非国家机关的组织在某些领域行使国家行政管理职权；有的地方通过机构改革将原来的一些国家机关调整为事业单位，但仍然保留其行使某些行政管理的职能；有些国家机关将自己行使的职权依法委托给一些组织行使；有的国家机关根据工作需要聘用了一部分国家机关以外的人员从事公务。全国人大常委会法工委认为上述这些人员虽然在形式上未列入国家机关编制，但实际是在国家机关中工作或者行使国家机关工作人员的权力。"渎职罪主体立法解释"规定上述人员在代表国家机关行使职权时，有渎职行为，构成犯罪的，依照《刑法》关于渎职罪的规定追究刑事责任，扩大了《刑法》第九章渎职罪的适用范围。二是基于犯罪行为相似性的类推解释，比如2014年4月24日第十二届全国人大常委会第八次会议通过的《全国人民代表大会常务委员会关于〈中华人民共和国刑法〉第二百六十六条的解释》(以下简称"骗取社会保险金适用问题立法解释")。《刑法》第二百六十六条将诈骗公私财物行为认定为诈骗罪并规定了相应刑罚。[1]21世纪以来，骗取养老、医疗、工伤、失业、生育等社会保险金或者其他社会保险待遇的情况时有发生，对于此类行为的法律适用问题，司法实践中存在不同认识。全国人大常委会法工委比较了上述行为与诈骗公私财物的行为，认为二者在性质上相同，皆具有较大的社会危害性，应当将骗

[1] 《刑法》第二百六十六条：诈骗公私财物，数额较大的，处三年以下有期徒刑、拘役或者管制，并处或者单处罚金；数额巨大或者有其他严重情节的，处三年以上十年以下有期徒刑，并处罚金；数额特别巨大或者有其他特别严重情节的，处十年以上有期徒刑或者无期徒刑，并处罚金或者没收财产。本法另有规定的，依照规定。

取社会保险金行为认定为诈骗罪。通过上述两类行为的类推解释，"骗取社会保险金适用问题立法解释"扩大了诈骗罪刑法规范的适用范围，也是对《刑法》第二百六十六条的补充规定。

第二，基于法律衔接的类推解释，比如2005年12月29日第十届全国人大常委会通过的"古人类化石立法解释"。该立法解释源自走私、盗窃、损毁、倒卖、非法转让具有科学价值的古脊椎动物化石、古人类化石行为能否适用《刑法》有关文物的规定的问题。究其实质，古脊椎动物化石、古人类化石与文物之间的概念关系是关键所在。如果文物在概念上可以包括古脊椎动物化石和古人类化石，那么《刑法》有关文物的规定自然可以适用于有关古脊椎动物化石、古人类化石犯罪行为。但是，根据《刑法》第三百二十八条之规定，[1]上述推论很难成立。《刑法》第三百二十八条分别规定了盗掘古文化遗址、古墓葬罪以及盗掘古人类化石、古脊椎动物化石罪，是第六章第四节妨碍文物管理罪的一个条文。但是从《刑法》第三百二十八条的法律结构以及形式逻辑方面分析，古人类化石、古脊椎动物化石并不能归属于文物范畴。根据《刑法》第三百二十八条第三款之规定，盗掘国家保护的具有科学价值的古人

---

〔1〕《刑法》第三百二十八条：盗掘具有历史、艺术、科学价值的古文化遗址、古墓葬的，处三年以上十年以下有期徒刑，并处罚金；情节较轻的，处三年以下有期徒刑、拘役或者管制，并处罚金；有下列情形之一的，处十年以上有期徒刑或者无期徒刑，并处罚金或者没收财产：（一）盗掘确定为全国重点文物保护单位和省级文物保护单位的古文化遗址、古墓葬的；（二）盗掘古文化遗址、古墓葬集团的首要分子；（三）多次盗掘古文化遗址、古墓葬的；（四）盗掘古文化遗址、古墓葬，并盗窃珍贵文物或者造成珍贵文物严重破坏的。盗掘国家保护的具有科学价值的古人类化石和古脊椎动物化石的，依照前款的规定处罚。

类化石和古脊椎动物化石的，依照前款规定处罚。尽管处罚相同，但立法者明确区分了盗掘古文化遗址、古墓葬行为和盗掘古人类化石、古脊椎动物化石行为，二者在性质上并不相同。总之，《刑法》第三百二十八条明示盗掘具有科学价值的古人类化石和古脊椎动物化石行为的法律责任恰恰反映了《刑法》有关文物的其他规定并不适用于此类行为。换言之，在概念上，文物并不能包含古脊椎动物化石和古人类化石。在拟定“古人类化石立法解释”草案时，全国人大常委会法工委基于《刑法》与《中华人民共和国文物保护法》（以下简称《文物保护法》）之衔接作出了类推解释，认为《文物保护法》第二条明确规定具有科学价值的古脊椎动物化石和古人类化石同文物一样受国家保护。因此，《刑法》有关文物的规定可以适用于具有科学价值的古脊椎动物化石、古人类化石。由此可见，“古人类化石立法解释”运用类推解释的方法实现了《文物保护法》与《刑法》的衔接适用。

第三节　补充法律规定功能的正当性基础

根据前文所述，在规范层面，立法解释制度的补充法律规定功能经历了从隐含、明示到废止的演进历程；在实践层面，其至今仍存。接下来，我们将反思如下问题：在规范已明确废止的前提下，立法解释制度的补充法律规定功能为什么在立法解释实践中持续存在？我们将从隐性规范基础、立法解释的双重属性、哲学诠释学基础等方面探讨补充法律规定功能的正当性基础。

一、补充法律规定功能的隐性规范基础

尽管没有沿袭《1981 年决议》明示之立法解释制度的补充法律规定功能，但《立法法》隐含了补充法律规定功能。换言之，补充法律规定功能具有隐性的规范基础。接下来，我们将从三个方面进行论证。

第一，《1981 年决议》在《立法法》实施之后的效力问题。对于立法解释制度的功能定位而言，2000 年《立法法》和《1981 年决议》存在明显区别，《立法法》细化了《1981 年决议》的明确界限功能，未沿袭也未明确否定补充法律规定功能。直到今天，《1981 年决议》仍然有效，这将产生如下两种可能推论。一方面，因为《立法法》的细化以及新法优于旧法原则，《1981 年决议》中的明确界限功能不再产生法律效力；另一方面，在《1981 年决议》仍然有效以及《立法法》未明确支持也未明确否定的前提下，立法解释制度的补充法律规定功能仍然有效。如果上述第二种推论可以成立，那么补充法律规定功能仍然具有规范基础。但是，我们认为第二种推论不能成立，就规范指向而言，《1981 年决议》第一条和 2000 年《立法法》第四十五条具有共通性，皆指向立法解释制度及其功能。作为新法的《立法法》应当在综合考量既有规范的基础上作出全面安排，除非《立法法》有明确例外性规定，否则应当适用新法优于旧法原则。关于立法解释和司法解释的规范不是《1981 年决议》仍然有效的原

因，行政解释是关键所在。因为2000年《立法法》明确规定了立法解释制度，2015年《立法法》明确规定了司法解释制度，但是《1981年决议》规定之国务院及其主管部门对不属于审判和检察工作中的其他法律如何具体应用问题的解释权并未被《立法法》或者其他法律确认。如果废止《1981年决议》，行政解释将不复存在，我国的法律解释体制也将重新界定。总之，《1981年决议》效力仍存不能证明立法解释制度在规范层面仍然具有补充法律规定的功能。

第二，《中华人民共和国各级人民代表大会常务委员会监督法》（以下简称《监督法》）第三十三条的潜在影响。除了《立法法》之外，2007年1月1日开始实施的《监督法》关于司法解释的合法性审查制度的规范也涉及立法解释，这可能对立法解释制度的功能产生影响。根据《监督法》第三十三条的规定，当全国人大宪法和法律委员会〔1〕或者有关专门委员会经审查认为司法解释与法律相抵触而制定机关又拒不修改时，它们可以向全国人大常委会提出修改、废止的议案或者作出法律解释的议案。尽管在人民代表大会的政治体制框架内，司法解释制定机关违背合宪性审查工作机构的审查意见的情况基本不会发生，“一般经过沟通协商，制定机关都会自我纠正”〔2〕。但是，我们还是应当对《监督法》第三十三条作深入的规范分析，以阐明立法解释在上述情形中发挥何种功能。根据《监督法》第三十三条的字面含义，全国人大宪法和法律委员会提出修

〔1〕 法条原文中为“法律委员会”，2018年《宪法》修正后实际上改为宪法和法律委员会。

〔2〕 全国人大常委会法工委法规备案审查室：《〈法规、司法解释备案审查工作办法〉导读》，中国民主法制出版社2021年版，第123页。

改、废止议案和作出法律解释议案具有相同的前提，它似乎拥有完全自主的选择权，可任意提出修改、废止议案或者作出法律解释议案。如果上述推论成立，那么立法解释在上述情形中将发挥与修改、废止议案同样的功能。但是，从一个理性的法律解释者视角出发，在同样的情形下，全国人大宪法和法律委员会可提出两种不同的议案，必然存在合理性标准以区别二者。如果全国人大宪法和法律委员会坚持认为司法解释与法律相抵触且法律不存在合宪性问题，那么就应当提出修改、废止议案；如果全国人大宪法和法律委员会认为司法解释与法律相抵触，也认为司法解释具有合理性与适当性，可向全国人大常委会提出作法律解释的议案，通过立法解释解决司法解释的立法化问题。此时，立法解释将会发挥补充法律规定的功能。但是，根据《监督法》第三十三条的立法原意，立法者并未明确界分修改、废止议案和作出法律解释议案。如果全国人大宪法和法律委员会提出法律解释议案且委员长会议决定提请常委会会议审议，将依照《立法法》的有关规定办理。[1]那么，2000 年《立法法》第四十二条规定的明确具体含义以及新情况的适用法律依据是否隐含了补充法律规定功能将成为关键性问题。

第三，补充法律规定功能融入明确具体含义以及新情况的适用法律依据。一般而言，法律采用抽象的语言规范具体的社会关系，立法者无法明确所有法律文本的含义及其适用范围并要求法官严

〔1〕 参见全国人大常委会法制工作委员会国家法室编著：《〈中华人民共和国各级人民代表大会常务委员会监督法〉释义及实用指南》，中国民主法制出版社 2013 年版，第 109 页。

格适用，历史早已证明此等概念法学的老路走不通。因此，明确法律文本的具体含义或者某种情况的适用法律依据是法官在司法裁判中的本职工作，也是法官必须完成的任务。那么，全国人大常委会明确法律文本的具体含义或者新情况的适用法律依据时，如何与法官在司法裁判中的工作形成区别呢？如果可以通过文义、历史、体系、目的等一般法律解释方法明确法律文本的具体含义或者新情况的适用法律依据，那么法官即可完成这一工作，无须全国人大常委会出场。因此，全国人大常委会所作明确具体含义以及新情况的适用法律依据不同于法官的相似工作，其在如下三个方面可以涵盖补充法律规定功能。首先，当全国人大常委会明确一个不确定性法律概念的具体含义时，往往根据立法解释当时的社会实践赋予其与时代发展相适应的含义，其实质乃是补充法律规定。比如《全国人民代表大会常务委员会关于〈中华人民共和国刑法〉第三百八十四条第一款的解释》通过列举的方式明确了"挪用公款归个人使用"的含义。其次，哈特认为所有的法律词语或者规则在含义和适用范围上都存在清楚的核心地带以及模糊的边缘领域或者开放性结构。[1]法律概念的含义或者法律规则适用范围的核心地带往往与简单案件相关，其边缘地带往往与疑难案件相关。当涉及边缘地带时，西方国家的法官一般需要发挥主观能动性以填补法律漏洞或者补充法律规定，因其民主性之缺失，往往遭受司法能动性之

〔1〕 参见［英］H.L.A. 哈特:《法律的概念》，许家馨、李冠宜译，法律出版社 2006 年版，第 117 页。

批判。至于中国，最高人民法院以及最高人民检察院的规范性司法解释是完成上述工作的主要制度选择。也正因如此，此类司法解释面临立法化的批判。当全国人大常委会通过法律解释在法律概念或者法律规则适用范围的边缘地带明确具体含义或者新情况的适用法律依据时，正如上述两种情形，也发挥了补充法律规定的功能。最后，对于“法律制定后出现新的情况，需要明确适用法律依据”而言，“则是在法律适用过程中针对立法当时未曾预测与预见的新的情况，通过适当的解释，改变、延伸或者扩展现有法律规定的语词含义，使之能够予以适用”[1]。比如，上文关于通过语义扩张、类推解释等方法扩大刑法规范适用范围的立法解释皆属于此类情形。

总之，尽管《立法法》在形式上废止了立法解释制度的补充法律规定功能，但是明确法律规范的具体含义以及法律制定后新情况的适用法律依据隐含着立法解释制度补充法律规定的可能性，这是补充法律规定功能的隐性规范基础。

二、立法解释的双重属性与补充法律规定功能

根据本章第一节所述，研究者之批判是《立法法》在形式上废止补充法律规定功能的关键因素，“补充法律规定超越了法律文字含义的可能范围，属于立法范畴而非法律解释的功能”是最为主要

〔1〕 梁根林：《罪刑法定视域中的刑法适用解释》，载《中国法学》2004年第3期，第125-126页。

的论据。但是，一般而言，理论的存在具有多元化特征，一种理论可以解构补充法律规定功能，与之相关联的理论则可以建构补充法律规定功能。研究者关于立法解释属于立法还是法律解释尚未达成共识，如果立法解释属于立法的形式，那么补充法律规定功能即具有正当性基础。《宪法》第六十七条第二项授权全国人大常委会制定和修改除应当由全国人大制定的法律以外的其他法律，第四项授权全国人大常委会解释法律。因此，宪法把法律解释单列为一种权力，相对独立于法律制定权和法律修改权。基于立法解释权与法律制定权分置的规范设定，立法解释在性质上不同于法律制定，补充法律规定在本质上属于立法而非解释，所以立法解释制度不能发挥补充法律规定的功能。换言之，立法解释在性质上是法律解释而非立法。但是，基于如下理由，我们认为我国的立法解释的性质具有二元性，既具有法律解释的属性，也具有立法的属性。

（一）立法解释具有法律解释的属性

除上述宪法规范层面的理由外，立法解释具有法律解释的属性还有如下原因。第一，在概念表达上，《宪法》授权全国人大常委会解释法律，采用"解释"而非其他概念，这充分说明了尽管在解释主体上存在差异，但是中国的立法解释和西方国家的司法机关或者法官在个案裁判中所作之法律解释存在共性。第二，在立法解释的目标方面，根据前文所述，至少在立法解释实践中，全国人大常委会以立法原意作为法律解释的目标与界限。相对而言，法律的制定涉及规范内容以及立法原意的形成，法律的修改涉及规范内容以及立法原意的改变，明确立法原意不能作为后者的目标与界限。第三，在立法解释的方法上，全国人大常委会在法律解释实践中也经常使用其他法律解释主体普遍采用的解释方法，比如全国人大常委会通过规范分析、参考立法史料等方法以确定有关法律条文之立法原意等。第四，在法律效力方面，根据《立法法》第五十三条，全国人大常委会的法律解释同法律具有同等效力，这是否成为立法解释在性质上区别于法律解释的一个理由？我们认为答案是否定的。根据《最高人民法院关于司法解释工作的规定》第五条，最高人民法院发布的司法解释，具有法律效力。从解释主体的性质以及上述规范的形式规定等角度分析，立法解释的效力明显高于司法解释，司法解释如果与立法解释相抵触，全国人大常委会可通过合法性审查制度撤销相关司法解释。但是，在合法性审查制度之外，仅就司法适用中的规范效力而言，立法解释和司法解释并无本质区别，皆可通过调整社会关系以实现规范层面设定的法律权利或义务。此外，仅就个案的司法裁判而言，法官的个案解释也产生与立法解释、司法解释同样的法律效力。总之，在上述四个方面，立法解释与司法解释或者法官的个案解释具有共性，解释主体之差异性不是否认立法解释具有法律解释属性的理由。

（二）立法解释具有立法的属性

一般而言，立法是指“具有合法的国家立法权力的特定的国家机构在其既定的合法权力限度内、按照既定的法律程序创制崭新的、修改现行的、废止已经过时失去效力与意义的规范性法律文本的活动、行为、过程及其结果”。〔1〕与学界关于立法概念的界定相一致，我国法律实务部门直到2010年依然采用法律的立改废指称立法活动。〔2〕在此意义上，立法解释属于法律解释而非立法。

近年来，相对于法律的“立改废”而言，在党的政策性文件以及全国人大常委会的立法计划与工作要点中相继出现了“立改废释并举”〔3〕、“立改废释纂并举”〔4〕、“立改废释纂等立法形式”〔5〕等一系列新表述。那么，立法解释是否完全属于一种立法形式，从而具有立法属性呢？〔6〕我们认为不能一概而论，当立法解释发挥了补充法律

〔1〕 姚建宗编著：《法理学——一般法律科学》，中国政法大学出版社2006年版，第338页。

〔2〕 比如《全国人大常委会2015年度立法工作计划》指出，改革举措涉及法律立改废的，要及时启动立法程序。实践证明行之有效的，要及时上升为法律；时间条件还不成熟、需要先行先试的，要按照法定程序作出授权；对不适应改革要求的法律，要及时修改或废止。

〔3〕 比如《中共中央关于全面推进依法治国若干重大问题的决定》提出，要把公正、公平、公开原则贯穿于立法全过程，完善立法体制机制，坚持立改废释并举，增强法律法规的及时性、系统性、针对性、有效性。

〔4〕 比如《中华人民共和国国民经济和社会发展第十四个五年规划和2035年远景目标纲要》提出，完善立法体制机制，加强重点领域、新兴领域、涉外领域立法，立改废释纂并举，完善以宪法为核心的中国特色社会主义法律体系。

〔5〕 比如《全国人大常委会2023年度立法工作计划》提出，运用立改废释纂等立法形式，注重法律之间的衔接协调，探索体系化工作新方式。坚持急用先行，注重“小快灵”“小切口”立法及时解决突出问题，提高法律草案起草、审议、修改效率，在确保质量的前提下加快立法工作步伐。

〔6〕 20世纪80年代，学界即提出了立法解释属于立法权的论断。有研究者认为立法解释主要是由全国人大常委会对于法律界限不明所作的具有法律效力的阐明和补充规定，是一种立法性行为，是立法权的延续。参见家如、燎原：《试论法律与改革的矛盾和解决办法》，载《法学杂志》1985年第2期，第36页；刘升平：《谈谈法律解释》，载《法学杂志》1981年第5期，第34页。也有研究者直接将立法解释界定为立法形式，认为我国的立法是指特定国家机关依据法定的权限和程序，制定、修改、补充、废止和解释法律的活动。参见许安标、刘松山：《中华人民共和国宪法通释》，中国法制出版社2003年版，第166页。

规定功能时，立法解释才属于一种立法形式，具有立法的属性。首先，“立改废释纂”还是“立改废补纂”？在字面含义上，“立”是指法律的制定，“改”是指法律的修改，“废”是指法律的废止，“释”是指法律的解释，“纂”是指法律的编纂。法律的制定、修改、废止、编纂不仅涉及立法的过程也涉及立法的结果，即导致法律规范在内容上或者形式上的变动。法律的解释则主要强调过程，至于结果，则或者是进一步明确法律的含义，或者是明确法律制定后新情况的适用法律依据，并不必然导致法律规范内容上或者形式上的变动。因此，在“立改废释纂并举”或者“立改废释纂等立法形式”的意义上，法律解释必然具有补充法律规定的功能。换言之，“立改废释”可以理解为“立改废补”。其次，从《立法法》的结构分析，立法解释也具有立法的属性并隐含着补充法律规定的功能。根据《立法法》第一条，《立法法》的目标是规范立法活动，健全国家立法制度。在《立法法》的结构上，立法解释处于第二章第四节，因此立法解释属于立法活动。根据前文所述，通过立法解释补充法律的轻微不足蕴含在《立法法》第四十八条的立法原意之中。最后，部分立法解释被法律或者法典吸收的情况表明它们确实发挥了补充法律规定的功能，具有立法的属性，比如《民法典》第一千零一十五条吸收了“姓氏选择权立法解释”以及《中华人民共和国刑法修正案（十一）》吸收了“非法收购珍贵、濒危野生动物及其制品罪立法解释”等。

总之，当立法解释具有补充法律规定功能时，立法解释是一种与法律的制定、修改、废止、编纂并列的立法形式。此时，立法解释的立法性质是补充法律规定功能的理性基础。那么，当立法解释的性质定位于法律解释时，补充法律规定功能是否具备理性基础呢？接下来，我们将从哲学诠释学角度阐述所有的法律解释活动在本质上都具有一定程度的创造性，从而论证作为法律解释形式之一的立法解释制度可产生补充法律规定的功能。

三、补充法律规定功能的哲学诠释学基础

就法律解释的结果而言，法律解释具有客观性还是创造性是一个尚存争议的论题。[1]如果法律解释具有自然科学意义上的客观性，那么法律解释就不能产生补充法律规定的实际功能；如果可在一定意义上承认法律解释的创造性，那么包括立法解释在内的法律解释制度的补充法律规定功能就具有了理性基础。我们将首先梳理法律解释的创造性获得学界认可的历程，其次从诠释学角度分析法律解释具有创造性的原因，为立法解释制度的补充法律规定功能建立哲学基础。

（一）法律解释的客观性与创造性

在最为普遍的意义上，法律解释是指解释主体对法律规范的含义所作的说明。既然是“说明”，就应当摒弃解释者的主观性，追求

〔1〕 关于法律解释客观性的讨论参见田成有、李来孺：《重构还是超越：法律解释的客观性探询——以德沃金和波斯纳的法律解释论为主》，载《法制与社会发展》2003 年第 1 期，第 57-63 页；关于包括宪法解释在内的法律解释具有创造性的原因的讨论参见马洪伦：《宪法解释具有创造性的原因》，载《北方法学》2014 年第 4 期，第 130-136 页。

法律解释结果的客观性。但是，历史早已表明，法律解释活动不可能完全排除主观性，自然科学意义上的客观性在法律解释领域无法再现。于是，研究者开始建构适用于法律解释活动的社会科学意义上的客观性概念。有研究者认为，法律解释的客观性是与解释手段的科学性、解释过程的科学性和解释结果符合一定的价值体系相联系的概念，法律解释者可交叉运用逻辑分析的方法和经验事实的验证方法，并采用新的解释成文法意蕴的方法，探求法律解释的客观性。〔1〕尽管如此，考虑到法律语言的模糊性、立法者认知的局限性、社会发展的复杂性等因素，法律解释的创造性在所难免。相较于普通法律文本，宪法文本更加抽象、宏观，宪法学者据此更容易接受宪法解释的创造性属性。有研究者认为，要防止宪法精神因社会变迁而僵化，就应当将现实的合理要求纳入宪法规范，在此过程中解释者的主观性作用不可或缺。宪法只有具有强韧的生命力，保持为一种“活法”，方能体现其现实性价值，而具有主观创造性的宪法解释正是实现这种价值的基本手段之一。〔2〕当然，学界也认识到了宪法解释的主观性和创造性之间的关系，有研究者认为宪法解释的创造性与主观性之间存在显著的差异，创造性离不开主观性，但主观性却不等于创造性，主观性是解释的常态，创造性则是反态。〔3〕此外，法理学界也逐渐认识到了法律解释的创造性属性。梁慧星教授在

---

〔1〕 参见陈金钊、刘作翔：《论法律解释的客观性》，载《学习与探索》1997年第3期，第84页。

〔2〕 参见张翔、韩大元：《试论宪法解释的界限》，载《法学评论》2001年第1期，第26-27页。

〔3〕 参见范进学：《宪法解释的理论建构》，山东人民出版社2004年版，第241页。

20世纪90年代较早将日本学者关于法解释创造性的概念引入国内，〔1〕这一观点也逐渐获得更多人的认可，甚至改变了主流法理学教科书关于法律解释的定义。〔2〕既然法律解释的创造性得到了学界的认可，那么立法解释制度的补充法律规定功能就可以建基于法律解释的创造性。

（二）哲学诠释学本体论转向的启示：法律解释具有创造性

法学作为一门社会科学，必然受到哲学的影响，法律解释学也不例外。就法律解释的客观性或者创造性问题而言，研究者也普遍受到哲学诠释学尤其是海德格尔和伽达默尔本体论诠释学的影响，纷纷将前理解、视域融合、对话、诠释学循环、解释的普遍性等诠释学资源积极地引入自己的理论研究中。〔3〕在既有研究的基础上，我们将系统梳理哲学诠释学的大致发展脉络，尤其是从方法论到本体

〔1〕 尾高潮雄认为所谓法解释的创造性，是指法律解释具有造法的作用。法律解释并非单纯对法的理解活动，也具有造法的作用，在性质上属于立法的延长。转引自梁慧星：《民法解释学》，中国政法大学出版社1995年版，第194页。

〔2〕 张文显主编的《法理学》是国内应用比较普遍的法理学教科书，第4版将法律解释界定为对法律的内容和含义所作的说明；第5版将法律解释界定为通过对法律、法规等法律文件或其部分条文、概念、术语的说明，揭示其中表达的立法者的意志和法的精神，进一步明确法定权利和义务及其界限或补充现行法律规定的一种国家活动，是立法的继续。张文显主编的第5版《法理学》关于法律解释概念的界定与马工程第1版《法理学》教科书相似度极高，仅增加了“及其界限”的表述，其他内容相同；马工程第2版《法理学》教科书关于法律解释概念的界定与第1版相同。参见张文显主编：《法理学》（第4版），高等教育出版社、北京大学出版社2011年版，第235页；张文显主编：《法理学》（第5版），高等教育出版社2018年版，第293页；《法理学》编写组：《法理学》（第1版），人民出版社、高等教育出版社2010年版，第171页；《法理学》编写组：《法理学》（第2版），人民出版社、高等教育出版社2020年版，第178页。

〔3〕 研究者受到哲学诠释学影响的文献综述参见姜福东：《法律解释的范式批判》，山东人民出版社2010年版，第48页。

论的转向，探寻法律解释具有创造性的哲学诠释学基础。

1. 哲学诠释学的转向：从方法论到本体论

诠释学本是一门研究理解和解释的学科，正确解释《圣经》中上帝的语言是其最初的动因。作为一门关于理解和解释的系统理论，诠释学是由 19 世纪德国哲学家施莱尔马赫和狄尔泰完成的。他们二人的学说属于古典的或传统的诠释学，没有超出方法论和认识论性质的研究。哲学诠释学正是在传统诠释学从方法论和认识论性质的研究转变为本体论性质研究的过程中产生的。德国哲学家海德格尔是诠释学这种根本性转向的发动者，伽达默尔秉承海德格尔的本体论转向，把诠释学进一步发展为哲学诠释学。〔1〕如果从类型上划分，那么，现代诠释学可以划分为三种形态。第一，以施莱尔马赫为代表的强调作者原意的诠释学。他们的诠释学最终的目的是通过语法学、语文学的方法，辅之以对作者的生平考察和心理学分析，再现作者创作作品时的心理状态，并设身处地的在文本语言的多义性的解释中确定符合作者原意的解释。第二，以贝蒂为代表的强调文本意义的诠释学。他们主张文本独立于作者且具有客观化意义，它只存在于文本自身的语言结构之中。上述两种形态构成了诠释学的方法论和认识论向度。第三，以海德格尔、伽达默尔为代表的本体论诠释学。他们强调读者所领悟的意义，将“意义”视为在理解活动中生成的东西。他们并不讨论如何正确认识文本，

〔1〕 参见［德］汉斯－格奥尔格·伽达默尔：《真理与方法——哲学诠释学的基本特征》（下卷），洪汉鼎译，上海译文出版社 1999 年版，第 1–2 页。

不在意作者或文本的真实本意是什么，而是专注于主体与对象的相遇中真实地在人的意识中所发生的东西。[1]

无论是强调作者原意的施莱尔马赫诠释学还是追求文本意义的贝蒂诠释学，都主张作者原意和文本意义是一种客观存在，研究者只需运用恰当的诠释学方法就可以复现之。因此施莱尔马赫将诠释学界定为一门消除误解的艺术，贝蒂则提出了著名的诠释四规则。[2]正是在这个意义上，他们的诠释学才被称为方法论诠释学。海德格尔和伽达默尔的本体论诠释学则从根本上否定了施莱尔马赫和贝蒂的这种前提假设。他们认为对于正确认识文本而言，作者或者文本的真实本意并不重要，他们强调读者所领悟的意义，将"意义"视为在理解活动中生成的东西。在这种意义上，理解过程中读者的主观性和创造性得到了承认。诚如伽达默尔所言，理解不只是一种复制的行为，而始终是一种创造性的行为。[3]而关于解释问题，学界已经达成了"理解即是解释"的共识。[4]由此，我们可以得出结论，对法律文本的理解，也即法律解释在本体论诠释学的意义上不只是一种对于立法原意或者文本意义的复制行为，而始终是一

〔1〕 参见潘德荣：《诠释学：理解与误解》，载《天津社会科学》2008 年第 1 期，第 32-33 页。

〔2〕 关于贝蒂诠释四规则的论述详见潘德荣：《理解方法论视野中的读者与文本——伽达默尔与方法论诠释学》，载《中国社会科学》2008 年第 2 期，第 52 页。

〔3〕 参见［德］汉斯－格奥尔格·伽达默尔：《真理与方法——哲学诠释学的基本特征》（上卷），洪汉鼎译，上海译文出版社 1999 年版，第 380 页。

〔4〕 参见［英］蒂莫西·A.O. 恩迪科特：《法律中的模糊性》，程朝阳译，北京大学出版社 2010 年版，第 14 页。

种创造性的行为，也即法律解释具有创造性的一面。[1]然而，诠释学的理论能否直接适用于法律解释研究是上述推论面临的一个主要难题。接下来，我们将通过梳理诠释学理论在法律解释研究中的应用历程，试图回答上述问题。

2. 哲学诠释学对法律解释学的影响

19 世纪以来，欧洲各国的法典编纂运动逐渐导致法律实证主义的勃兴和自然法学的衰微。发展到极端的法律证实主义沦为概念法学，在法、德、日等大陆法国家占据支配地位，对英美普通法国家亦有影响。概念法学极力否认法律解释的创造性。按照概念法学的观点，法官适用法律，应严格依据三段论方法，仅能作机械的逻辑推演。遇有疑义时，则探求立法者的主观意思，一切解释均应以立法者的意思为依归。法律之外的一切因素，包括政治、经济、社会、道德及当事人利害关系，均属“邪念”，应一概予以排除，不允许有任何利益衡量和价值判断。[2]由此可见，方法论诠释学，也即施莱尔马赫的强调作者原意的诠释学以及贝蒂的强调文本意义

〔1〕 除了借助本体论诠释学来推导法律（宪法）解释具有创造性之外，美国天普大学傅伟勋教授所建立的“创造的诠释学”也能为上述推论提供诠释学基础。创造的诠释学虽发端于释老之学，然又融汇了西方哲学的诠释方法论，在诠释学方法规则的制定上具有独特的建树。其宗旨是构建一个诠释的方法论规则体系，以现代化重建传统哲学。创造的诠释学本质上是一种诠释的方法理论，在实际操作中，它分为五个依次进行的步骤。第一，原作者实际上说了什么？即了解文本的字面意义。第二，原作者真正意味什么？即了解作者的原意。第三，原作者可能说什么？第四，原作者本来应该说什么？即如果原作者在今天还活着，当他面对一个新的世界时会做如何思考？是固执的坚持还是修正或者放弃原先所说？第五，作为创造的解释家，我应当说什么？这是创造性诠释的最后结果，从前人之“已说”导出读者之“应说”。转引自潘德荣：《诠释的创造性与“创造的诠释学”》，载《中国哲学史》2002 年第 3 期，第 118-124 页。

〔2〕 参见梁慧星：《民法解释学》，中国政法大学出版社 1995 年版，第 195 页。

的诠释学似乎被直接延续到了法律解释领域。然而，一个重要的问题是，与其他文本（比如诗歌、散文等）相比较，法律文本特点突出，即法律文本的作者并非一人，而是作为集体的立法机构或者制宪机构。当我们解释某首诗歌时，如存在不同的理解，我们可以寻求诗歌作者的意图，而从不同的理解中得出符合作者意图的那种。由此，我们达到了解释的客观性，也即获得了该首诗歌的正确解释。然而，法律文本的作者并非一人，集体意图是否存在仍存疑问，即便存在一个所谓立法机构或者制宪机构的集体意图，该集体意图是否要求我们在日后的解释过程中，可以求助于该集体意图？鲍威尔通过对美国宪法制定、批准和早期的宪法解释历史资料的分析，认为对制宪者意图的寻求并不能从制宪者的意图或者期待中获得支持，因为制宪者认为寻求制宪者意图的宪法解释方法是不适当的。制宪者希望宪法应当像其他任何法律文件一样，按照它明确表达的语言进行解释。〔1〕总之，在认识论诠释学的理论中，对法律文本的解读相较其他文本而言亦具有特殊性。法律的文字只是法律的形式，而其内容及意义是通过法官的解释来阐明的。法官借助解释深化了法律的含义，拓宽了法律的适用领域，是一种更加尊重法律的表现。法律解释是一个不断发展和完善的过程。〔2〕正是因为存在以上问题，方法论意义上的诠释学在法律解释中的应用受到了批判。

---

〔1〕 See H.Jefferson Powell, *The Original Understanding of Original Intent*, 98 Harvard Law Review 885, 885–918(1985).

〔2〕 参见范进学：《美国宪法解释方法论》，法律出版社 2010 年版，第 178 页。

20世纪初利益法学和自由法运动在欧洲大陆兴起，概念法学“自动售货机”的法律理论成为他们批判的对象。概念法学是从这样一个假设出发的，即实在法律制度是“无缺陷”的，因此只要通过适当的逻辑分析，便能从现存的实在法制度中得出正确的判决。利益法学的发起人菲利普·赫克（Philipp Heck）及其追随者对概念法学的这个论点提出了质疑。他们认为概念法学的这种观点虚幻且与事实不符，任何一种实在的法律制度必然都不完整并存在缺陷，而且根据逻辑推理的过程，也并不总能从现存法律规范中得出令人满意的判决。弗朗索瓦·惹尼（Rrancois Geny）认为，总是有某种领域要依靠法官的自由裁量权来决定，在这种领域中，法官必须发挥其主观能动性和创造精神。利益法学十分关心法律解释，他们提倡一种非严格局限于概念或语句的解释方法，并允许在民法、行政法等领域存在自由裁量，以更好地平衡利益。自由法运动强调审判过程中的直觉因素和情感因素，并要求法官根据正义与横平去发现法律。〔1〕自由法学运动的代表人物埃利希提出了“自由的裁判方法”，即根据法官自由发现的法律进行裁决，这可以发挥法官的创造性。〔2〕德国的自由法思想经由罗斯科·庞德（Roscoe Pound）、本杰明·内森·卡多佐（Benjamin Nathan Cardozo）等人传入美国，被法律现实主义者广泛接受，为20世纪二三十年代的法律现实主义运

〔1〕 参见［美］E. 博登海默：《法理学——法律哲学与法律方法》，邓正来译，中国政法大学出版社2004年版，第149-152页；张文显：《二十世纪西方法哲学思潮研究》，法律出版社2006年版，第108-112页。

〔2〕 参见吕世伦：《现代西方法学流派》，中国大百科全书出版社2000年版，第320-321页。

动奠定了思想基础。法律现实主义者质疑法律发现论，比如霍姆斯坦言法官必须而且确实在立法；库克认为面对新型案件，无论法官愿意与否，他只能自行创立规则；格雷重新界定了立法的含义，认为谁有绝对的权力不仅解释法律而且宣告什么是法律，谁就是真正的立法者。〔1〕

尽管海德格尔和伽达默尔的本体论诠释学也广受批评，但是由于法律文本与其他文本存在区别，研究者也基本上形成了施莱尔马赫和贝蒂的方法论诠释学无法完全在法律解释中应用的相对共识。总之，仅仅是在本体论诠释学的意义上，我们可以说包括立法解释在内的所有法律解释都具有一定程度的创造性，可以产生补充法律规定的事实功能。〔2〕

第四节　补充法律规定功能的适用界限

根据前文所述，补充法律规定功能具有隐性规范基础与哲学诠释学基础，这是其在规范层面被废止但在实践层面长存的主要原因。尽管如此，在立法解释实践中，补充法律规定功能也存在必要

〔1〕 参见许庆坤：《重读美国法律现实主义》，载《比较法研究》2007 年第 4 期，第 1-13 页。

〔2〕 如果所有的法律解释皆具有一定程度的创造性，可以产生补充法律规定的事实功能，那么补充法律规定就不是立法解释制度的专属难题，即使从世界范围来看，它也是近乎所有法律解释主体面临的共同难题。在此意义上，我们应当承认立法解释制度补充法律规定功能的实践理性，否则所有的法律解释制度都将面临解构的风险。

的界限。第一，以立法解释与司法解释的权限划分为重点，为立法解释制度的补充法律规定功能厘定专门的适用范围，促使全国人大常委会依法全面实施法律解释制度。第二，以法律解释与法律修改的权限划分为重点，为立法解释制度的补充法律规定功能施加必要的限定条件，保障全国人大常委会在法治框架内协同实施法律解释权与法律修改权。

一、基于立法解释与司法解释界限的考察

"法学首要任务在于从事法律解释，但其任务不仅止于此。大家日益承认，无论如何审慎从事的法律，必然有漏洞。"[1]对于部分法律漏洞而言，可通过系统性应用文义、体系、历史、目的等一般性法律解释方法予以填补。但是在法律解释方法有限性的事实前提下，[2]通过法之续造的方式补充法律规定以填补法律漏洞就成为一项客观存在的需求。"假如社会有某些长期的需求，那么，如果某个结构不能

〔1〕［德］卡尔·拉伦茨：《法学方法论》，陈爱娥译，商务印书馆2003年版，第246页。

〔2〕尽管研究者普遍承认文义解释是首要的解释方法，但关于其他法律解释方法的适用位阶并未形成共识，这是法律解释方法有限性的主要表现。关于法律解释方法适用顺序的综述性文献参见王利明：《法律解释学导论——以民法为视角》，法律出版社2017年版，第718-737页。对于立法解释而言，往往起源于不同主体之间关于法律文义或适用范围的分歧，此时文义解释束手无策。关于法律解释方法的位阶难题以及选择法律解释方法在本质上是一个宪法问题的论述参见［德］伯恩·魏德士：《法理学》，丁晓春、吴越译，法律出版社2013年版，第301-306页。

满足这些需求，另一个结构就会满足它们。”〔1〕补充法律规定功能就是一种长期的社会需求，包括立法解释在内的所有法律解释制度都在一定程度上发挥着这一功能。系统分析中国的法律解释实践活动，司法解释而非立法解释是当前发挥补充法律规定功能的主要制度。〔2〕

---

〔1〕［美］J. 威尔逊：《功能分析介绍》，罗述勇译，载《国外社会科学》1986 年第 10 期，第 62 页。

〔2〕规范性司法解释具有造法性特征是学界的相对共识，研究者普遍将其界定为司法解释的立法化难题，也有研究者尝试从司法解释的立法性质角度解构立法化难题。但是，在《立法法》未明确承认司法解释法源地位的前提下，司法解释以“立法”的方式补充法律规定是不可否认的事实。我们以盗窃文物罪的量刑标准为例说明司法解释事实上的补充法律规定功能。在盗窃文物犯罪行为按照普通盗窃罪认定的前提下，考虑到“定级不定价”的文物保护规则，《刑法》第二百六十四条规定的数额量刑标准无法适用于盗窃文物犯罪。司法实践实行了“文物等级为主、文物价值为辅”的量刑规则，虽然便利了司法适用也贯彻了罪责刑相适应原则，但这无疑是对《刑法》第二百六十四条的补充规定，主要表现为如下两个方面。第一，以文物等级对应普通盗窃罪不同量刑幅度。根据《最高人民法院关于审理盗窃案件具体应用法律若干问题的解释》（法释〔1998〕4 号，以下简称《1998 年解释》）第九条，盗窃 1 件三级文物构成盗窃罪，对应普通盗窃罪的数额较大；盗窃 1 件二级文物对应普通盗窃罪的数额巨大；盗窃 1 件一级文物对应普通盗窃罪的数额特别巨大。根据《最高人民法院、最高人民检察院关于办理妨害文物管理等刑事案件适用法律若干问题的解释》（法释〔2015〕23 号，以下简称《2015 年解释》）第二条，盗窃一般文物、三级文物、二级以上文物的，应当分别认定为《刑法》第二百六十四条规定的“数额较大”、“数额巨大”和“数额特别巨大”。从《1998 年解释》到《2015 年解释》，盗窃文物罪的定罪量刑标准有所变化，但二者以文物等级对应普通盗窃罪的数额标准无疑是对《刑法》第二百六十四条的补充。第二，为了实现罪责刑相适应原则，最高人民法院还提出了不同等级文物之间的折算规则，这也是对《刑法》第二百六十四条盗窃罪数额量刑标准的补充规定。根据《2015 年解释》第十三条，当案件涉及不同等级文物时，按照高级别文物的量刑幅度量刑；有多件同级文物的，五件同级文物视为一件高一级文物，但是价值明显不相当的除外，此为文物犯罪量刑环节的折算规则。有关司法解释发挥补充法律规定甚至立法化的论述参见齐文远、周详编著：《刑法司法解释立法化问题研究》，中国人民公安大学出版社 2010 年版；苏晓宏：《司法解释立法化问题研究》，法律出版社 2013 年版。

此外，规范层面的行政解释[1]和事实层面的法官的个案解释[2]也在某种意义上发挥了补充法律规定的功能。长期以来，全国人大常委会都没有充分发挥法律解释制度的应有功能，立法解释与司法解释界限不清是重要原因之一，[3]这导致司法解释发挥了部分本应由立

---

〔1〕 行政解释在事实上产生了补充法律规定的功能。根据《1981 年决议》，不属于审判和检察工作中的其他法律、法令如何具体应用的问题，由国务院及主管部门进行解释。因为国务院有权制定行政法规，国务院组成部门有权制定部门规章，行政解释实践寥寥无几。正因如此，行政法规或者部门规章可视为国务院及其主管部门对法律所作之不属于审判、检察工作中的法律、法令的应用解释。行政法规或者部门规章在某些情况下发挥了补充法律规定的功能，甚至在极端情况下表现出与法律相冲突的现象。比如，2004 年 5 月 1 日起施行的《中华人民共和国道路交通安全法》(以下简称《道路交通安全法》) 第十三条规定，对提供机动车行驶证和机动车第三者责任强制保险单的，机动车安全技术检验机构应当予以检验，任何单位不得附加其他条件。2004 年 5 月 1 日起施行的《机动车登记规定》第三十五条规定，机动车因故不能在登记地检验的，机动车所有人应当向登记地车辆管理所申请委托核发检验合格标志。申请时，机动车所有人应当提交行驶证、机动车第三者强制保险凭证。车辆管理所应当自受理之日起一日内，对涉及机动车的道路交通安全违法行为和交通事故处理情况核查后，出具核发检验合格标志的委托书。公安部在 2008 年、2012 年和 2021 年三次修改了《机动车登记规定》，但是申请核发检验合格标志前机动车所有人应当将该车的道路交通安全违法行为和交通事故处理完毕的要求始终未变。当然，这种“补充规定”可能构成与法律“相抵触”，《机动车登记规定》有关条文可能存在合法性问题。但是，抛开合法性问题不谈，《机动车登记规定》对于机动车安全检验条件的附加规定是对《道路交通安全法》第十三条的补充。

〔2〕 尽管在规范层面，我国并未赋予法官法律解释权，但“法律解释是适用的前提”是普遍共识，研究者也广泛承认法官在个案裁判中拥有法律解释权。相对法律规范而言，司法解释更为具体。即便如此，法官在解释性适用司法解释时，也难免存在补充规定的可能。综合分析既有判例，法官在适用文物犯罪量刑环节的折算规则时，在低级别文物应否折算、应否二次折算等方面表现出补充《1998 年解释》和《2015 年解释》关于折算规则规定的情形。关于文物犯罪量刑环节折算规则的详细论述参见马洪伦、班晴：《浅析文物犯罪量刑环节折算规则》，载《法治论坛》2022 年第 1 期，第 354–366 页。

〔3〕 国民政府时期也建立了立法解释制度，立法院的立法解释与司法院的统一解释法令之间的权限不清是二者之间产生冲突的主要原因之一，详细论述参见李相森：《国民政府时期立法解释制度存废考议》，载《河南财经政法大学学报》2019 年第 2 期，第 163 页。

法解释承担的补充法律规定功能。为此，我们需要考虑，就补充法律规定功能而言，是否以及如何在立法解释制度与司法解释制度之间划出界限?

第一，应当划定司法解释与立法解释在补充法律规定上的界限。在形式上剥夺司法解释制度的补充法律规定功能并将其完全赋予立法解释制度是一种较为容易的路径，所遗留者无非补充法律规定的概念界定问题。但是，该路径并不符合前文关于所有的法律解释都具有一定程度创造性的理论预设。因此，我们认为有必要承认立法解释制度和司法解释制度皆具有补充法律规定的事实功能并在二者之间划出一条相对清晰的界限。

第二，立法解释与司法解释在补充法律规定上的界限划分：问题标准抑或对象标准。一方面，当尝试在补充法律规定上为立法解释与司法解释划分界限时，我们首先需要考察《立法法》关于二者的权限划分标准。《立法法》以法律解释问题为标准划分了立法解释和司法解释的权限范围，第四十八条授权全国人大常委会进一步明确法律的具体含义以及法律制定后出现的新情况的适用法律依据，第一百一十九条授权“两高”对审判和检察工作中的具体应用法律的问题作出解释。问题标准看似清晰，但忽略了引发立法解释的问题往往源自司法实践的客观事实。[1]总之，以法律解释问题为标准区分立法解释与司法解释权限，无论在理论上还是在实践中都

〔1〕 比如，如果内部能够对《婚姻法》第二十二条的含义形成一致意见，最高人民法院可能不会提出法律解释要求，全国人大常委会也没有机会作出“姓氏选择权立法解释”。

存在诸多困难。另一方面，以解释的对象之不同划分立法解释与司法解释在补充法律规定功能上的界限是一个可行的标准，当涉及《立法法》第十一条[1]规定的法律保留事项、公民基本权利界限等重要法律规范的解释时，如果需要补充法律规定，只能由全国人大常委会作出法律解释，"两高"无权作出司法解释。换言之，立法解释制度的补充法律规定功能局限于法律保留事项、公民基本权利的界限等重要法律规范的解释。上述方案主要建基于如下两个理由：一是上述方案建立在承认司法解释可补充法律规定的前提之上。《立法法》以问题标准划定立法解释与司法解释的权限，其实质是将司法解释局限于阐释立法原意的功能之上，否定司法解释可在立法原意之外明确法律规范的含义，也不承认司法解释可解决法律制定后出现的新情况的适用法律依据问题。但是，正如前文所述，所有法律解释皆具有一定的创造性，不管在理论上还是实践上，都不能无视司法解释制度补充法律规定功能的客观性。二是对于《立法法》第十一条规定的法律保留事项、公民基本权利的界限等重要的法律规范而言，一般只能由法律规定，对它们的解释也将产生与法律同等的效力。根据《立法法》第五十三条，全国人大常委会所

---

〔1〕《立法法》第十一条：下列事项只能制定法律：(一)国家主权的事项；(二)各级人民代表大会、人民政府、监察委员会、人民法院和人民检察院的产生、组织和职权；(三)民族区域自治制度、特别行政区制度、基层群众自治制度；(四)犯罪和刑罚；(五)对公民政治权利的剥夺、限制人身自由的强制措施和处罚；(六)税种的设立、税率的确定和税收征收管理等税收基本制度；(七)对非国有财产的征收、征用；(八)民事基本制度；(九)基本经济制度以及财政、海关、金融和外贸的基本制度；(十)诉讼制度和仲裁基本制度；(十一)必须由全国人民代表大会及其常务委员会制定法律的其他事项。

作之法律解释同法律具有同等效力，可满足上述要求。根据下述理由，司法解释效力不足不能补充上述规范。立法解释的法律效力高于司法解释，那么司法解释不可能同法律具有同等效力。尽管《最高人民法院关于司法解释工作的规定》第五条规定最高人民法院发布的司法解释具有法律效力，但是究竟如何定性司法解释，最高人民法院也无法准确把握。2019 年 8 月 5 日，最高人民法院曾向全国人大常委会法工委提出关于司法解释效力的法律询问。后者于 2019 年 8 月 15 日书面答复，“依照我国法律规定，最高人民法院对属于审判工作中具体应用法律的问题作出的解释属于有权解释，具有法定效力，可以作为裁判的依据”〔1〕。由此可见，全国人大常委会法工委认为司法解释只能产生“法定效力”，不同于《最高人民法院关于司法解释工作的规定》规定的“法律效力”，更不是《立法法》规定的“同法律具有同等效力”。

总之，从立法解释与司法解释的权限角度分析，“内容上的重要性”是立法解释制度的补充法律规定功能的适用界限。对于《立法法》第十一条规定的法律保留事项、公民基本权利的界限等重要法律规范的补充规定，只能由全国人大常委会作出法律解释，司法解释无权涉足于此。

---

〔1〕《2018–2019 法律询问答复》，载中国人大网 2021 年 7 月 18 日，http://www.npc.gov.cn/npc/c5948/202009/be1bc5414a424d069e00edc9fd73775a.shtml。

二、基于法律解释与法律修改界限的考察

相较于司法解释补充法律规定而言，立法解释补充法律规定具有更强的民主合法性。即便如此，我们也不能忽略全国人大常委会的法律解释程序与法律修改程序的实质差异，这导致立法解释虽然在形式上具有与法律同等的效力，但其并未经受规范立法程序的严格审议并因此获得更广泛的民主基础。因此，在承认立法解释可补充法律规定的前提下，依然应该在全国人大常委会的法律解释权与法律修改权之间划定界限。

一般而言，关于法律解释与法律修改的界限，“可能文义说”是学界的相对共识。“法律解释之第一步固系‘文义解释’，而其终也，亦不能超过其可能之文义。所谓不能超过其可能之文义，并非不能超过文义，而是指不能超过文义之‘预测的可能性’而言。”〔1〕预测可能性意义上的可能文义说符合形式逻辑，但无法适用于全国人大常委会的法律解释与法律修改的权限划分，因为发挥补充法律规定功能的立法解释已超越了可能之文义。承认立法解释制度的补充法律规定功能意味着法律解释权与法律修改权在内容与领域上的专属性已被打破。在此前提下，规范上的紧迫性与内容上的轻微性是两项相对可行的区分标准。换言之，当社会急需规范而法律又存在轻微漏洞时，全国人大常委会可通过法律解释的方式补充法

〔1〕 杨仁寿：《法学方法论》，中国政法大学出版社1999年版，第92页。

律规定以满足社会对于法律规范的需求。否则，全国人大常委会应适时启动法律修改程序。第一，规范上的紧迫性。当代社会是一个风险社会，法律是防控社会风险的重要手段。在立改废释纂等立法形式中，法律解释无疑是最有效率的一种。当既有法律无法为随时发生的社会风险提供清楚明确的规范路径时，全国人大常委会通过法律解释方式适当补充法律规定是一种可行的方式。第二，程度上的轻微性。“补充法律规定”意味着法律已经作出了规范，立法解释仅予以完善而非构建一项新的制度或者规定一项新的权利、义务等。比如《婚姻法》第二十二条已经规定了姓氏选择权，“姓氏选择权立法解释”明确了姓氏选择权的法律界限。如果法律并未规定姓氏选择权，那么全国人大常委会不可通过法律解释的方式创造一项新的公民权利。

我们以“香港国安法立法解释”为例进一步说明上述界限。2022年下半年，围绕黎智英能否聘用英国御用大律师等有关问题，香港社会对于没有本地全面职业资格的海外律师能否参与国家安全案件以及该等情形下《香港国安法》如何适用等问题产生了重大分歧。全国人大常委会法工委会同有关部门研究后认为，《香港国安法》的有关规定能够为解决上述问题提供可行的方式和路径，这主要体现在《香港国安法》第十四条和第四十七条等规定之中。“香港国安法立法解释”据此“一锤定音”，及时妥善解决了《香港国安法》实施中遇到的问题。“香港国安法立法解释”主要在如下两个方面补充了法律规定。第一，明确了香港特别行政区国家安全委员会（以下简称香港特区国安委）有权对是否涉及国家安全的问题作出判断和决定，补充了《香港国安法》第十四条之规定。《香港国安法》第十四条规定了香港特区国安委的三项职责，[1]但是并未明确规定其是否有权对涉及国家安全的问题作出决定。全国人大常委会通过系统阐释上述三项职责的内在逻辑，认为其包含着决定有关事项是否涉及国家安全问题的权力。第二，补充了《香港国安法》第四十七条之规定。根据《香港国安法》第四十七条，香港特区法院在审理案件中遇有涉及有关行为是否涉及国家安全或者有关证据材料是否涉及国家秘密的认定问题时，应取得行政长官就该等问题发出的证明书。但是，《香港国安法》并未明确规定法院没有取得证明书的解决方案。"香港国安法立法解释"明确提出，如果香港特区法院没有向行政长官提出并取得行政长官就该等问题发出的证明书，香港特区国安委应当根据《香港国安法》第十四条的规定履行法定职责，对该等情况和问题作出相关判断和决定。总之，在应对复杂多变的社会关系时，《香港国安法》第十四条已经规定的香港特区国安委的职责体系以及第四十七条已经规定的行政长官证明书制度存在不尽完善之处，"香港国安法立法解释"予以补充规定。如果《香港国安法》第十四条和第四十七条未规定相应之制度，全国人大常委会即无法通过法律解释的方式解决上述实践争

---

〔1〕《中华人民共和国香港特别行政区维护国家安全法》第十四条：香港特别行政区维护国家安全委员会的职责为：(一)分析研判香港特别行政区维护国家安全形势，规划有关工作，制定香港特别行政区维护国家安全政策；(二)推进香港特别行政区维护国家安全的法律制度和执行机制建设；(三)协调香港特别行政区维护国家安全的重点工作和重大行动。香港特别行政区维护国家安全委员会的工作不受香港特别行政区任何其他机构、组织和个人的干涉，工作信息不予公开。香港特别行政区维护国家安全委员会作出的决定不受司法复核。

论。因此,“香港国安法立法解释”符合规范上的紧迫性和程度上的轻微性的要求。

综上所述,通过分析立法解释与司法解释、法律修改等关联性制度之关系,当全国人大常委会通过法律解释的方式补充法律规定时,应当恪守内容上的重要性、规范上的紧迫性与程度上的轻微性等要求,既充分发挥立法解释的制度优势,又不侵入司法解释、法律修改的权限范围。

第五章　全国人大常委会法律解释制度的统一法律适用功能

中国的法律解释体制由立法解释、司法解释和行政解释构成，法律解释主体的多元性导致了法律解释的争议性。在人民代表大会制度框架下，基于全国人大常委会的地位以及立法解释的法律效力，立法解释制度能够解决其他法律解释主体之间的原则性分歧，发挥统一法律适用的功能。立法解释制度的统一法律适用功能是中国法律解释体制的必然要求，也具有充分的规范依据。分析立法解释实践，法律解释主体关于法律解释的原则性分歧主要表现为最高人民法院与最高人民检察院之间的分歧，除此之外，还存在国务院内部的分歧、最高人民法院内部的分歧等形式。尽管具有消除不同法律解释主体之间的分歧并控制司法解释合法性的作用，统一法律适用功能却受限于法律解释主体关于立法解释与司法解释、行政解释等权限范围的不同理解，并存在消解司法解释合法性审查实践的制度风险。党的十八大以来，随着宪法监督制度的不断完善以及法规、司法解释的合法性审查制度实践的逐渐增多，全国人大常委会宜通过合法性审查而非法律解释的方式解决法律解释主体之间的原则性分歧，立法解释制度的统一法律适用功能应转向法规、司法解释的合法性审查功能。

第一节　统一法律适用功能的形成与发展

《1981 年决议》首次规定了立法解释制度的“两高分歧”裁决功能，2000 年《立法法》扩展了其适用范围，将其发展为统一法律适用功能。统一法律适用功能的规范基础源自法律解释主体的多元化，我们将首先考察法律解释体制的形成并分析其与统一法律适用功能之间的必然联系，然后再梳理同立法解释制度功能有关的法律规范，总结统一法律适用功能的形成与发展历程。

一、法律解释体制的形成与发展

《1981 年决议》明确规定了立法解释、司法解释和行政解释，是划定中国现行法律解释体制的主要规范性文件。但是，在此前后，中国法律解释体制都发生了或多或少的变化。以时间为线索，以立法解释、司法解释、行政解释的存在形式及其关系为标准，中国法律解释体制的演进历程可大致划分为如下三个阶段。

（一）一元法律解释模式

新中国成立以后至 1954 年《宪法》通过之前，1949 年通过的

《中国人民政治协商会议共同纲领》(以下简称《共同纲领》)承担着临时宪法的作用,它对公民的基本权利、国家机构、军事制度、经济政策、文化教育政策、民族政策、外交政策等作出了原则性规定,但是并未涉及法律解释体制问题。《中华人民共和国中央人民政府组织法》第七条第一款授权中央人民政府委员会制定并解释国家的法律,颁布法令并监督其执行。因为中央人民政府委员会既制定法律又解释法律,所以这是典型的立法机关法律解释模式。1954 年《宪法》沿袭了这种模式,第三十一条第三款授权全国人大常委会解释法律,因为全国人大常委会是全国人大的常设机关,所以仍然是立法机关法律解释模式。除立法机关外,1954 年《宪法》并未授权其他主体解释法律。因此,这是一元法律解释模式,即全国人大常委会是唯一的法律解释机关。

在只有立法机关具有法律解释权的制度背景下,统一法律适用功能不具备规范依据与制度基础。但是,一个需要注意的问题是,虽然与 1954 年《宪法》同时通过的《人民法院组织法》、《中华人民共和国人民检察院组织法》(以下简称《人民检察院组织法》)、《国务院组织法》等法律都未授权"两高"和国务院解释法律,但是 1954 年和 1955 年最高人民法院联合其他部门先后两次对《婚姻法》的适用问题作出过解释。[1]因此,虽然这一时期我国在规范层

〔1〕 这两个司法解释分别是 1954 年 9 月 14 日颁布的《中央人民政府军委总政治部、最高人民法院、司法部关于被俘失踪军人婚姻处理问题的联合通知》和 1955 年 1 月 5 日颁布的《最高人民法院、内务部、司法部、中国人民解放军总政治部关于处理革命军人两年以上与家庭无通讯关系的离婚问题的联合通知》。

面实施一元法律解释模式，但是司法解释已存在于法治实践中。

（二）二元法律解释模式

虽然立法机关解释体制在理论上具有优越性，但是因为全国人大常委会工作繁重，立法解释无法满足法治实践中数量巨大的法律解释需求。通过《1955年决议》，全国人大常委会将源自宪法的法律解释权拆分为立法解释权和司法解释权，实现了法律解释体制的二元化建构。《1955年决议》规定凡关于法律、法令条文本身需要进一步明确界限或作补充规定的，由全国人民代表大会常务委员会进行解释或用法令加以规定，这是立法解释模式；凡关于审判过程中如何具体应用法律、法令的问题，由最高人民法院审判委员会进行解释，这是司法解释模式。通过比较立法解释和司法解释的权限范围，全国人大常委会不仅将源自宪法的一元法律解释模式改变为二元法律解释模式，而且为两个法律解释主体设置了不同的权限，意图在主体和权限两个方面重构中国的法律解释体制。如果全国人大常委会和最高人民法院的法律解释权限界限清楚，基于最高人民法院是唯一司法解释主体的制度现实，立法解释制度的统一法律适用功能不具有规范依据和制度基础。但是，基于如下两个理由，统一法律适用功能在此阶段也存在实施可能性。第一，考察这一时期的司法解释实践，我们发现作为有权主体的最高人民法院不仅单独作出司法解释，而且经常联合最高人民检察院、公安部、司法部、内务部、财政部、宗教事务局等无权机关作出司法解释。换言之，就司法解释权力主体而言，规范和实践存在冲突，立法解释制度的统一法律适用功能没有规范依据却存在实践可能性。第二，最高人民法院内部有可能发生关于司法解释的原则性分歧，比如“姓氏选择权立法解释”即属于此种情形。此时，立法解释制度可裁决单一主体内部有关法律解释的原则性分歧，这同样发挥了统一法律适用的功能。

（三）三元法律解释模式

《1981 年决议》是对《1955 年决议》的继承与发展，〔1〕继承体现在立法解释方面，发展体现在司法解释和行政解释方面。《1955 年决议》规定的司法解释的主体是最高人民法院审判委员会，《1981 年决议》将其扩展为“两高”。除此之外，《1981 年决议》还规定不属于审判和检察工作中的其他法律、法令如何具体应用的问题，由国务院及其主管部门进行解释。至此，立法解释、司法解释与行政解释并存的三元模式正式形成。〔2〕

〔1〕 在 1981 年 6 月 10 日召开的第五届全国人大常委会第十九次会议上，全国人大常委会法工委副主任王汉斌作了《关于加强法律解释工作等三个决定（草案）的说明》。他提出第五届全国人大第二次会议通过几个法律以来，各地、各部门不断提出一些法律问题要求解释。同时，在整顿社会治安工作中，由于对某些法律条文理解不一致或者不准确，也影响了法律的正确实施。除重申《1955 年决议》的规定外，根据新情况做了一些补充。从上述材料中，我们可得出如下两个结论。第一，法律解释实践需求巨大是《1981 年决议》增加法律解释主体以及完善法律解释体制的主要原因；第二，《1981 年决议》是对《1955 年决议》的继承与发展。

〔2〕 一个值得注意的问题是，除了《1981 年决议》作为司法解释和行政解释的共同法律依据之外，司法解释还具有其他的法律基础。1983 年修改通过的《人民法院组织法》第三十三条规定了最高人民法院的司法解释权，2018 年修改通过的《人民检察院组织法》第二十三条规定了最高人民检察院的司法解释权，但是《国务院组织法》没有规定国务院及其主管部门的行政解释权。相对于司法解释和立法解释而言，学界对行政解释的关注度很低，原因分析参见张弘、张刚：《中国现行的行政解释体制研究》，载《学术探索》2007 年第 2 期，第 15 页；孙日华：《行政解释的实然与应然》，载《东方法学》2010 年第 1 期，第 107-108 页。

2000年《立法法》第二章(法律)第四节(法律解释)系统规定了法律解释权的权力主体、权限范围、行使程序和法律效力,明确规定法律解释权属于全国人大常委会,没有规定《1981年决议》提出的司法解释权和行政解释权。因此,有研究者纷纷质疑司法解释和行政解释的合法性问题。[1]那么,这是否改变了《1981年决议》设定的三元法律解释模式?基于如下两个理由,我们认为答案是否定的。第一,《立法法》规定的法律解释等同于立法解释,作为性质上原本不属于立法行为的司法解释,自然不在其调整范围之列,《人民法院组织法》等法律的相关条款为司法解释提供了合法性依据。[2]虽然司法解释不属于立法的范畴,但司法解释同立法解释、行政解释密不可分,从法的解释是一个整体出发,通过《立法法》对司法解释的权限作出原则性规定,是完全可以和必要的。[3]2015年《立法法》第一百零四条明确规定司法解释证明了上述观点的合理性。第二,此外,抛开《立法法》能否规定司法解释和行政解释的理论争议不谈,《立法法》虽没沿袭但也未否定《1981年决议》规定的司法解释和行政解释。这一结论可从《立法法》制定过程的一个争论得出,《立法法》草案曾规定只有最高人民法院可作司法解释并明确废

〔1〕 参见周旺生:《中国现行法律解释制度研究》,载《现代法学》2003年第2期,第5-6页;周永坤:《法治视角下的立法法——立法法若干不足之评析》,载《法学评论》2001年第2期,第115页。

〔2〕 参见李晓霞:《论最高人民法院司法解释的合法性》,载《河北工程大学学报(社会科学版)》2008年第3期,第41-43页。

〔3〕 参见李步云:《关于起草〈中华人民共和国立法法(专家建议稿)〉的若干问题》,载《中国法学》1997年第1期,第18页。

止《1981 年决议》，但是由于有关机关对此有不同意见，后来删去了。[1]所以，《立法法》实施之后，中国法律解释体制并未发生实质性变动。

二、“两高分歧”裁决功能的提出

在法律解释主体多元化，尤其是“两高”皆有司法解释权的制度背景下，立法解释制度的统一法律适用功能得以发挥。根据《1981 年决议》，最高人民法院可对审判工作中具体应用法律、法令的问题进行解释，最高人民检察院可对检察工作中具体应用法律、法令的问题进行解释，如果二者产生原则性分歧，应报请全国人大常委会解释或决定。在全国人大常委会采用法律解释的方式解决“两高分歧”的前提下，立法解释制度发挥了“两高分歧”裁决功能。

《1981 年决议》之后，2000 年《立法法》和 2007 年《监督法》也有部分条文涉及立法解释制度的功能定位。综合分析这些规范，有如下两个涉及统一法律适用功能发展的问题需要进一步讨论。第一，根据 2000 年《立法法》第四十二条，裁决不同法律解释主体之间的解释分歧不是全国人大常委会作出法律解释的法定理由，《1981 年决议》规定的“两高分歧”裁决功能是否依然有效？第二，“两高分歧”裁决功能是否仅限于“两高”的司法解释分歧？能否扩

〔1〕 参见乔晓阳：《立法法讲话》，中国民主法制出版社 2000 年版，第 196–197 页。

展至其他法律解释主体之间或者某个法律解释主体的内部分歧？如果不能，在一元和二元法律解释模式下，全国人大常委会之外的法律解释主体并非多元化，定位于解决不同法律解释主体之间原则性分歧的统一法律适用功能失去实施可能性。

三、“两高分歧”裁决功能的强化与统一法律适用功能的形成

《立法法》和《监督法》延续并强化了《1981 年决议》首次提出的立法解释制度的“两高分歧”裁决功能，并将其适用范围扩大至解决单个法律解释主体的内部分歧，从而形成了统一法律适用功能。

（一）“两高分歧”裁决功能的强化

在规范层面上，从《1981 年决议》到 2015 年《立法法》，立法解释制度的“两高分歧”裁决功能经历了从确立到强化的发展过程。第一，相较于《1981 年决议》，2000 年《立法法》效力更高，其未明确规定“两高分歧”裁决功能，是否意味着该功能的合法性受到质疑？基于司法解释的性质和效力，《立法法》并未明确规范司法解释，因此《1981 年决议》关于“两高分歧”裁决功能的规范与《立法法》并无冲突，仍然有效。换言之，《立法法》默认了立法解释制度的“两高分歧”裁决功能。第二，《监督法》第三十二条规定的针对司法解释的合法性审查制度是否废止了立法解释制度的“两高

分歧”裁决功能?《1981年决议》和2007年《监督法》分别规定了立法解释制度和合法性审查制度可作为裁决“两高”司法解释分歧的工具选择。若“两高”对同一法律规范的解释存在原则性分歧,则其中必有一方的解释与法律相抵触。所以,作为“两高分歧”裁决工具的立法解释制度和合法性审查制度的适用前提相同。《监督法》是新法,而且效力高于《1981年决议》,合法性审查制度是否代替立法解释制度成为裁决“两高分歧”的工具选择?根据《监督法》第三十二条,“两高”若认为对方作出的司法解释与法律相抵触,可以而非应当向全国人大常委会提出进行审查的要求。换言之,“两高”也可以采用《1981年决议》所规定的方式,向全国人大常委会提出法律解释的要求。因此,在规范层面,立法解释制度和合法性审查制度同时作为“两高分歧”的裁决工具。第三,2015年《立法法》是否废止了立法解释制度和合法性审查制度的“两高分歧”裁决功能?就法律规范的整体价值与功能而言,2015年《立法法》第一百零四条是对“两高”司法解释权的限制性规范,即遇有需进一步明确法律规定的含义或者明确法律适用依据的,“两高”应当提请全国人大常委会作出法律解释,而非自己作出司法解释。该条款是对实践中某些司法解释超越权限的一种规范回应,是为了进一步划清立法解释权与司法解释权之间的界限。若“两高”严格执行《立法法》第一百零四条,那么二者之间将会形成一种默契,遇有难以理解或者理解分歧之法律规范,将向全国人大常委会提出法律解释的要求。这会带来三方面的影响,首先,加大全国人大常委会法律解释的工作量;其次,强化立法解释制度裁决“两高分歧”的功能定位；最后，进一步弱化或者消解《监督法》第三十二条规定的司法解释合法性审查的制度价值。

（二）统一法律适用功能的形成

根据《1981年决议》，立法解释制度的“两高分歧”裁决功能仅适用于“两高”之间关于司法解释的原则性分歧，最高人民法院或者最高人民检察院的内部分歧无法通过立法解释制度予以解决。但是，《立法法》扩大了立法解释制度裁决法律解释分歧的适用范围，将其拓展至单个法律解释主体的内部分歧。根据2023年《立法法》第四十九条，国务院、中央军事委员会、国家监察委员会、最高人民法院、最高人民检察院、全国人民代表大会各专门委员会以及省、自治区、直辖市的人民代表大会常务委员会可以向全国人民代表大会常务委员会提出法律解释的要求。在上述有权提出法律解释要求的主体中，国务院、最高人民法院以及最高人民检察院分别拥有行政解释权和司法解释权，如果上述三个主体内部不能就有关法律的解释或者理解产生一致意见，它们据此向全国人大常委会提出法律解释要求，那么立法解释制度即发挥了裁决某个法律解释主体内部分歧的功能。比如，“姓氏选择权立法解释”即源自最高人民法院内部对于第三姓氏适用法律依据的分歧。此外，一个值得探讨的问题是，国务院与最高人民法院或者最高人民检察院之间会不会发生法律解释分歧并据此向全国人大常委会提出法律解释的要求，立法解释制度从而发挥裁决司法解释主体与行政解释主体之解释分歧的功能。这种情况一般不会发生，根据《1981年决议》，国务院及主管部门有权解释不属于审判和检察工作中的其他法律、法令如何具体应用的问题，行政解释和司法解释之间的权限范围相对比较清晰，一般不会因为行政解释和司法解释权限重叠从而发生解释分歧的情况。在这个意义上，"两高"之间的司法解释的权限范围则模糊的多，"两高"经常联合发布司法解释即是一个证明。此外，与"两高"无立法权不同，国务院可通过制定行政法规的方式具体化法律，行政解释权的适用范围较为狭窄，行政解释实践数量极少即为证明。

总之，《1981年决议》首先规定了立法解释制度的"两高分歧"裁决功能，《立法法》和《监督法》在强化该功能的同时，将其适用范围扩展至解决单个法律解释主体的内部分歧，从而形成了统一法律适用功能。所谓立法解释制度的统一法律适用功能是指全国人大常委会通过法律解释的方式解决多个法律解释主体之间或者单个法律解释主体内部的关于法律解释的原则性分歧，从而实现统一法律适用的目的。

第二节 统一法律适用功能的实践考察

为了更加系统地阐释统一法律适用功能，我们主要以司法解释分歧的主体范围为标准对立法解释实践作类型化研究。[1]根据上述

〔1〕 1996年以前通过"决定"的形式作出的立法解释以及涉港澳立法解释主要发挥了阐释立法原意或者补充法律规定的功能，不纳入统一法律适用功能实践考察的对象。

标准，统一法律适用功能可分为“两高分歧”裁决功能以及单个法律解释主体内部分歧裁决功能等两种类别。虽然皆因法律解释分歧而起，但二者存在明显的不同，“两高分歧”裁决功能往往起因于最高人民法院或者最高人民检察院认为对方已经作出的司法解释存在合法性等问题，从而向全国人大常委会提出法律解释的请求。但是，单个法律解释主体内部分歧裁决功能不针对某个已生效司法解释的合法性等问题，若该法律解释主体内部能够形成一致意见，全国人大常委会即无须作出法律解释。

一、“两高分歧”裁决功能的实践考察

“两高分歧”往往涉及有关法律条文的原则性理解，全国人大常委会对“两高分歧”的裁决相当于间接审查了相关司法解释的合法性问题。根据所争议的司法解释与立法解释之关系或者立法解释通过之后该司法解释的合法性状态，体现“两高分歧”裁决功能的立法解释可分为间接认定司法解释违法和间接认定司法解释合法并作补充规定等两类。

（一）间接认定司法解释违法的立法解释

截至目前，一共有 2 例裁决“两高分歧”的立法解释直接改变了既存司法解释的内容，间接否定了其合法性，一是“黑社会性质的组织立法解释”，二是“挪用公款归个人使用的立法解释”。

1.“黑社会性质的组织立法解释”考察

1997 年 3 月 6 日，时任全国人大常委会副委员长的王汉斌在《关于〈中华人民共和国刑法（修订草案）〉的说明》中指出，尽管我国尚未出现典型的黑社会犯罪，但带有黑社会性质的犯罪集团已经出现，横行乡里、称霸一方，为非作歹，欺压、残害群众的有组织犯罪时有出现，这成为一个严重影响我国社会治安的问题。为此，中央决定从 1996 年 4 月开始，组织一场以“坚决打击带有黑社会性质的犯罪团伙和流氓恶势力”为主要任务的“严打”。〔1〕在此背景下，1997 年《刑法》增加了第二百九十四条，详细规定了组织、领导、积极参加黑社会性质的组织类犯罪，这成为打黑除恶专项斗争的有效法律武器。〔2〕最高人民法院也于 2000 年 12 月 4 日公布了《最高人民法院关于审理黑社会性质组织犯罪的案件具体应用法律若干问题的解释》（法释〔2000〕42 号，以下简称“黑社会性质的组织司法解释”），进一步明确了黑社会性质的组织犯罪的审判依据。根据“黑社会性质的组织司法解释”第一条，《刑法》第二百四十九条规定的“黑社会性质的组织”一般应具备紧密的组织结构、一定的经济实力、国家工作人员参加或者提供非法保护、实施严重破坏经济社会发展的违法犯罪活动四个特征。“黑社会性质的组织司法解释”制定以后，对于黑社会性质的组织是否必须同时具备上述四个特征，不管在理论上还是在实践中都存在严重分歧，“保护伞”是不

〔1〕 参见陈兴良：《恶势力犯罪研究》，载《中国刑事法杂志》2019 年第 4 期，第 5 页。

〔2〕 参见朗胜主编：《〈中华人民共和国刑法〉释解》，群众出版社 1997 年版，第 396–397 页。

是黑社会性质的组织的必备特征是分歧的焦点。[1]一些犯罪组织没有形成“保护伞”，却实施了实质意义上的严重破坏经济、社会生活的违法犯罪活动，但由于没有“保护伞”特征，这类犯罪组织不能被认定为黑社会性质的组织，这严重影响了打黑除恶的进度与力度。“在与法院多次协商未果的情况下，2001年11月，最高人民检察院向全国人大常委会提出作立法解释的要求。”[2]2002年4月28日，全国人大常委会发布“黑社会性质的组织立法解释”，从组织结构、经济实力、行为方式、非法控制四个方面界定了黑社会性质的组织的特征，明确提出“保护伞”不是黑社会性质的组织的必备要件，但基本采纳了“黑社会性质的组织司法解释”界定的黑社会性质的组织的其他三个特征。“这是刑法实施以来，第一次在有关的法律问题已有司法解释明确的情况下，由全国人大常委会另行作出的立法解释。它对于明确法律规定的立法本意，进一步规范刑法解释，具有重要意义。”[3]《中华人民共和国刑法修正案（八）》完整吸收了“黑社会性质的组织立法解释”，这进一步提升了《刑法》第

---

〔1〕 相关争论参见王志祥：《论黑社会性质组织的界定》，载《法治研究》2010年第2期，第12–14页。

〔2〕 黄立：《“保护伞”研究》，载《河北法学》2005年第8期，第91页。对于黑社会性质的组织犯罪，最高人民检察院坚持“严打”与“保护伞”非必要的立场。比如《最高人民检察院关于检察机关积极参加“严打”整治斗争和整顿规范市场经济秩序工作的意见》（高检发〔2001〕6号）提出，凡是符合黑社会性质犯罪构成要件的，都要以该罪批捕、起诉；对涉案的国家工作人员，属共同犯罪的，要并案起诉。从语义角度分析，最高人民检察院认为国家工作人员未涉案不影响黑社会性质的组织犯罪之构成，亦即坚持“保护伞”非必要原则。

〔3〕 黄太云：《关于〈中华人民共和国刑法〉第二百九十四条第一款的解释的理解与适用》，载中华人民共和国最高人民法院刑事审判第一、二、三、四、五庭主办：《刑事审判参考》第74辑，法律出版社2010年版，第147页。

二百九十四条的规范完整性。

“保护伞”是否作为认定黑社会性质的组织的必要条件是最高人民检察院和最高人民法院之间的原则性分歧，也是“黑社会性质的组织立法解释”间接否定“黑社会性质的组织司法解释”合法性的关键问题。最高人民法院认为经济实力和“保护伞”是黑社会性质的组织与一般的共同犯罪和犯罪集团相区别的重要特征，否则易发生三种犯罪形态的定性混乱。全国人大常委会认为犯罪集团与黑社会性质的组织的本质差别在于它还没有对一定的区域或者行业形成非法控制，犯罪集团多采用秘密、半地下的方式从事违法犯罪活动，黑社会性质的组织是一股与国家公权力相抗衡的社会黑恶势力，达到了在一定区域或者行业进行非法控制的程度，多采用公开、半公开的方式从事违法犯罪活动。〔1〕在最高人民法院的司法解释逻辑中，“保护伞”是黑社会性质的组织与一般犯罪集团的本质区别；在全国人大常委会的立法解释逻辑中，非法控制是黑社会性质的组织与一般犯罪集团的本质区别，“保护伞”只是黑社会性质的组织实现非法控制的方式之一，黑社会性质的组织还可以通过暴力等方式实现对一定区域或者一定行业的非法控制。在此意义上，“黑社会性质的组织司法解释”仅仅把握了黑社会性质的组织的形式特征，“黑社会性质的组织立法解释”则把握了黑社会性质的组织的实质特征。正如陈兴良教授所言，黑社会即地下社会，是指对

〔1〕 参见黄太云：《关于〈中华人民共和国刑法〉第二百九十四条第一款的解释的理解与适用》，载中华人民共和国最高人民法院刑事审判第一、二、三、四、五庭主办：《刑事审判参考》第74辑，法律出版社2010年版，第149-155页。

社会进行非法控制的组织。黑社会性质的组织并非单纯地为实施犯罪而存在，实施犯罪是为了控制社会，控制社会又是为了更好地实施犯罪。[1]

2.“挪用公款归个人使用的立法解释”考察

1997年《刑法》第三百八十四条第一款规定国家工作人员利用职务上的便利，挪用公款归个人使用，进行非法活动的，是挪用公款罪，但是并未明确列举何谓“挪用公款归个人使用”。为了统一司法适用，最高人民法院先后制定了《最高人民法院关于审理挪用公款案件具体应用法律若干问题的解释》(法释〔1998〕9号)和《最高人民法院关于如何认定挪用公款归个人使用有关问题的解释》(法释〔2001〕29号，以下简称“挪用公款归个人使用的司法解释”)(现已失效)，详细规定了挪用公款归个人使用的认定标准。最高人民检察院认为“挪用公款归个人使用的司法解释”关于挪用公款归个人使用的认定标准过于严苛，给司法实践带来极大障碍，不利于打击犯罪，遂向全国人大常委会提出法律解释的要求。2002年4月28日，第九届全国人大常委会通过了《全国人民代表大会常务委员会关于〈中华人民共和国刑法〉第三百八十四条第一款的解释》(以下简称“挪用公款归个人使用的立法解释”)，明确了挪用公款归个人使用的表现形式，裁决了“两高分歧”，统一了法律适用。

---

〔1〕 参见高憬宏、陈兴良、吕广伦：《黑社会性质组织犯罪问题三人谈》，载中华人民共和国最高人民法院刑事审判第一、二、三、四、五庭主办：《刑事审判参考》第74辑，法律出版社2010年版，第190页。

“挪用公款归个人使用的立法解释”与“挪用公款归个人使用的司法解释”存在如下三个层面的关系。第一，确认关系。将公款供本人、亲友或者其他自然人使用是挪用公款归个人使用的最典型表现形式。此时，挪用公款人、其亲友或者其他非法使用公款的自然人是挪用公款归个人使用中的“使用人”。该解释完全符合《刑法》第三百八十四条第一款的字面含义和立法原意，“挪用公款归个人使用的立法解释”确认了“挪用公款归个人使用的司法解释”之规定。第二，否定关系。在国家工作人员以个人名义将公款供其他单位使用行为的定性问题上，“挪用公款归个人使用的立法解释”否定了“挪用公款归个人使用的司法解释”的相关规定。“挪用公款归个人使用的司法解释”规定国家工作人员利用职务上的便利，以个人名义将公款借给不具有法人资格的私营独资企业、私营合伙企业等使用的以及为谋取个人利益，以个人名义将公款借给其他单位使用的，属于挪用公款归个人使用。最高人民法院根据单位的性质和是否谋取个人利益等两个标准，对国家工作人员以个人名义将公款供其他单位使用的行为进行定性。如果谋取了个人利益，则不论公款使用单位之性质，一律认定为挪用公款归个人使用；如果未谋取个人利益，在使用公款的单位为不具有法人资格的私营独资企业、私营合伙企业时，才能认定为挪用公款归个人使用。“挪用公款归个人使用的立法解释”则否定了单位性质和个人利益在认定挪用公款归个人使用行为性质时的合法性，只要国家工作人员以个人名义挪用公款供其他单位使用，则无论单位性质以及是否谋取了个人利益，一律认定为挪用公款归个人使用。第三，补充关系。对于个人决定以单位名义将公款供其他单位使用且谋取个人利益的行为，“挪用公款归个人使用的司法解释”未作规定，“挪用公款归个人使用的立法解释”将其认定为挪用公款归个人使用。不管是“挪用公款归个人使用的司法解释”还是“挪用公款归个人使用的立法解释”皆面临扩大解释、“立法式”解释，甚至超越法律的诘责，在挪用公款归个人使用行为的认定上，同样如此。在文义以及常理上，挪用公款归个人使用中的“个人”应当是指自然人，不应包括任何性质的单位。但是从立法原意角度分析，挪用公款罪侵犯的是单位对于公款的使用权，其实质是将单位公款非法置于个人支配之下，至于最终的公款使用者是个人还是单位，则并非关键所在。〔1〕换言之，如果把挪用公款归个人使用中的“个人”解释为公款挪用人，把“使用”解释为改变公款的法定使用方式，则既可以满足打击犯罪的实践之需，又能够排除“挪用公款归个人使用的立法解释”与“挪用公款归个人使用的司法解释”违反罪刑法定原则的嫌疑。〔2〕

3.“黑社会性质的组织立法解释”与“挪用公款归个人使用的立法解释”的法律效果

尽管“挪用公款归个人使用的立法解释”和“黑社会性质的组

〔1〕 参见黄太云：《全国人大常委会关于“黑社会性质的组织”和挪用公款“归个人使用”的立法解释简介》，载《人民检察》2002年第7期，第10页。

〔2〕 参见李强：《挪用公款罪中“归个人使用”的解释逻辑》，载《法学》2015年第4期，第117页。

织立法解释”皆通过裁决“两高分歧”〔1〕统一了法律适用并间接产生了司法解释合法性审查的功能，但在法律效果方面，二者存在一定的区别。“黑社会性质的组织立法解释”通过之后，与之相抵触的“黑社会性质的组织司法解释”第一条应属无效，但是考虑到其他条款尚属合法且能够有效指导司法实践，最高人民法院并未整体废止“黑社会性质的组织司法解释”。“挪用公款归个人使用的立法解释”通过之后，《最高人民法院关于废止1997年7月1日至2011年12月31日期间发布的部分司法解释和司法解释性质文件（第十批）的决定》（法释〔2013〕7号）以与“挪用公款归个人使用的立法解释”相冲突为由，废止了“挪用公款归个人使用的司法解释”。因此，在如何对待与立法解释相抵触的司法解释问题上，最高人民法院根据司法解释的内容采取了不同的方式，如果司法解释整体性或者绝大部分内容皆与立法解释相冲突，则采用主动废止的方式解决之；如果仅是司法解释的一小部分内容与立法解释相冲突，其余主要部分有利于统一司法适用，则相关司法解释整体性继续有效，与立法解释相冲突之条文不再适用。为了解决后一种方式中司法解释部分内容与立法解释相冲突的问题，“两高”应及时修改旧司法解释或者制定新司法解释。

〔1〕　根据最高人民检察院请求全国人大常委会解释法律的报告，在黑社会性质组织的司法认定以及挪用公款归个人使用的含义阐释方面，最高人民检察院皆认为最高人民法院超越了司法解释的权限。所以，上述两个立法解释裁决之“两高分歧”具体表现为最高人民检察院认为最高人民法院超越法定权限，制定了与《刑法》相抵触之司法解释。

（二）间接认定司法解释合法的立法解释

为了便于司法机关准确掌握逮捕条件，防止错误逮捕，加强对公民人身权利的切实保护，2012 年 3 月 14 日修订后的《刑事诉讼法》第七十九条第一款分别从证据要件、罪行要件和社会危险性要件等方面规定了逮捕的一般条件，第二款和第三款分别规定了逮捕的两种特别条件。[1]在规范结构上，第七十九条的 3 个条款之间的逻辑关系是一个需要明确的问题，作为特别条款，第二款和第三款是否应当满足第一款规定的逮捕的基本条件？争议主要集中在第三款，即因为违反取保候审、监视居住而被逮捕的犯罪嫌疑人、被告人是否应当满足可能判处徒刑以上刑罚的罪行要件？实践中存在不同认识，学界也产生了两种不同的观点。部分研究者基于《刑事诉讼法》保障人权的基本原则以及少捕、慎捕的刑事政策，主张转捕应当满足一般逮捕的基本条件；部分研究者从完善强制措施体系、惩罚犯罪的角度，主张转捕属于特别规定，无须满足逮捕的一般要件。[2]2012 年 12 月 20 日，最高人民法院发布了《最高人民法

---

〔1〕 2012 年《中华人民共和国刑事诉讼法》第七十九条：对有证据证明有犯罪事实，可能判处徒刑以上刑罚的犯罪嫌疑人、被告人，采取取保候审尚不足以防止发生下列社会危险性的，应当予以逮捕：（一）可能实施新的犯罪的；（二）有危害国家安全、公共安全或者社会秩序的现实危险的；（三）可能毁灭、伪造证据，干扰证人作证或者串供的；（四）可能对被害人、举报人、控告人实施打击报复的；（五）企图自杀或者逃跑的。对有证据证明有犯罪事实，可能判处十年有期徒刑以上刑罚的，或者有证据证明有犯罪事实，可能判处徒刑以上刑罚，曾经故意犯罪或者身份不明的，应当予以逮捕。被取保候审、监视居住的犯罪嫌疑人、被告人违反取保候审、监视居住规定，情节严重的，可以予以逮捕。

〔2〕 两类观点的综述性文献参见朱孝清：《关于逮捕的几个问题》，载《法学研究》1998 年第 2 期，第 115-117 页。

院关于适用〈中华人民共和国刑事诉讼法〉的解释》(法释〔2012〕21号),第一百二十九条和第一百三十条(以下简称“转捕司法解释”)分别规定了被取保候审和被监视居住的被告人的逮捕条件,总体上采用了转捕无须满足逮捕一般要件说。〔1〕最高人民检察院存在不同认识,建议全国人大常委会通过法律解释予以明确。2014年4月24日,全国人大常委会公布了《全国人民代表大会常务委员会关于〈中华人民共和国刑事诉讼法〉第七十九条第三款的解释》(以下简称“转捕立法解释”),裁决了“两高”之间有关《刑事诉讼法》第七十九条第三款是否应当以逮捕的一般条件为适用前提的司法解释分歧,统一了法律适用。与“黑社会性质的组织立法解释”以及“挪用公款归个人使用的立法解释”间接否定了相关司法解释的合法性不同,“转捕立法解释”间接认定了“转捕司法解释”的合法性,但作了必要的补充与完善。

〔1〕 2012年《最高人民法院关于适用〈中华人民共和国刑事诉讼法〉的解释》第一百二十九条:被取保候审的被告人具有下列情形之一的,人民法院应当决定逮捕:(一)故意实施新的犯罪的;(二)企图自杀、逃跑的;(三)毁灭、伪造证据,干扰证人作证或者串供的;(四)对被害人、举报人、控告人实施打击报复的;(五)经传唤,无正当理由不到案,影响审判活动正常进行的;(六)擅自改变联系方式或者居住地,导致无法传唤,影响审判活动正常进行的;(七)未经批准,擅自离开所居住的市、县,影响审判活动正常进行,或者两次未经批准,擅自离开所居住的市、县的;(八)违反规定进入特定场所、与特定人员会见或者通信、从事特定活动,影响审判活动正常进行,或者两次违反有关规定的;(九)依法应当决定逮捕的其他情形。第一百三十条:被监视居住的被告人具有下列情形之一的,人民法院应当决定逮捕:(一)具有前条第一项至第五项规定情形之一的;(二)未经批准,擅自离开执行监视居住的处所,影响审判活动正常进行,或者两次未经批准,擅自离开执行监视居住的处所的;(三)未经批准,擅自会见他人或者通信,影响审判活动正常进行,或者两次未经批准,擅自会见他人或者通信的;(四)对因患有严重疾病、生活不能自理,或者因怀孕、正在哺乳自己婴儿而未予逮捕的被告人,疾病痊愈或者哺乳期已满的;(五)依法应当决定逮捕的其他情形。

第一,"转捕立法解释"确认了"转捕司法解释"关于转捕无须满足一般逮捕的证据要件和罪行要件的规定,仅考量社会危险性要件即可逮捕。对此,有如下两个问题需要进一步讨论。一方面,这有可能违背了2012年《刑事诉讼法》修改逮捕制度的立法意图。从1979年到2012年,《刑事诉讼法》有关逮捕制度的规定经历了从严到宽再转严的变迁历程。1979年《刑事诉讼法》第四十条规定,对主要犯罪事实已经查清,可能判处徒刑以上的人犯,采取取保候审、监视居住等方法,尚不足以防止发生社会危险性,而有逮捕必要的,应即依法逮捕。"主要犯罪事实已经查清"条件过于严格,尤其对于一些疑难案件,公安机关在实践中往往采用收容审查措施予以规避,但存在侵犯公民合法权益的现象。1996年《刑事诉讼法》第六十条放宽了逮捕条件,从"主要犯罪事实已经查清"降低至"有证据证明有犯罪事实"。尽管逮捕条件得以放宽,但考虑到"社会危险性""逮捕必要"等不确定性法律概念,逮捕条件仍然过于模糊。这导致司法实践产生较大争议,或者从严把握批捕标准,或者对一些罪行较轻的犯罪嫌疑人适用逮捕措施,不利于打击犯罪与人权保障之价值平衡。据统计,在1990—2009年,全国检察机关共批准、决定逮捕14,579,934人,提起公诉15,550,883人,捕诉率为93.76%。仅就刑事犯罪案件而言,20年间共逮捕犯罪嫌疑人14,148,048人,提起公诉14,917,109人,捕诉率高达94.84%。[1]"逮捕中心主义"侵

---

〔1〕 参见刘计划:《逮捕审查制度的中国模式及其改革》,载《法学研究》2012年第2期,第127页。

害了犯罪嫌疑人、被告人的诉讼权利，扭曲了法院检察院之间的关系。〔1〕为解决上述问题，2012年《刑事诉讼法》明确列举了一般逮捕的社会危险性要件并规定了径行逮捕和转捕两类特别逮捕类型。〔2〕因此，从《刑事诉讼法》逮捕制度的打击犯罪与人权保障的价值平衡角度分析，转捕无须满足一般逮捕的罪行要件可能与逮捕制度的立法原意不符，有可能扩大逮捕制度的适用范围，不利于人权保障价值之实现。另一方面，如果从法律文义以及体系解释的角度分析，上述问题基本不会发生，"转捕立法解释"和司法解释也完全符合法律之规定。一是关于一般逮捕和径行逮捕，2012年《刑事诉讼法》第七十九条第一款和第二款使用了"应当予以逮捕"这个概念；关于转捕，则使用了"可以予以逮捕"这个概念。如果转捕亦应当符合一般逮捕之罪行要件和证据要件，考虑到犯罪嫌疑人、被告人因违背取保候审、监视居住之规定而具备社会危险性要件，那么转捕亦应该使用"应当予以逮捕"这个概念。因此，从《刑事诉讼法》第七十九条使用之"应当予以逮捕"和"可以予以逮捕"的文字差异分析，转捕与一般逮捕的适用条件可以存在差别。二是"转捕立法解释"将转捕规范中的"情节严重"解释为"严重影响诉讼活动正常进行"，这符合《刑事诉讼法》第七十九条的文义。根据2012年《刑事诉讼法》第六十九条和第七十五条，违反监视居住和取保候审之

〔1〕 参见汪海燕：《刑事诉讼法律移植研究》，中国政法大学出版社2015年版，第306-308页。

〔2〕 关于历次《刑事诉讼法》修改逮捕制度的目的以及打击犯罪与人权保障之价值平衡参见全国人大常委会法制工作委员会刑法室编著：《〈中华人民共和国刑事诉讼法〉释义及实用指南》，中国民主法制出版社2012年版，第197页。

规定的行为并非皆属于情节严重。换言之，并非皆对司法活动造成严重之影响，比如联系方式发生变动，超过 24 小时报告执行机关即属于违反取保候审规定之行为，但是可能不会影响到法院之传唤等诉讼活动的正常进行。总之，“转捕立法解释”将转捕的适用条件解释为违反监视居住、取保候审规定并严重影响诉讼活动正常进行是对司法机关之授权，“两高”——尤其是最高人民法院——可通过司法解释或者指导案例的方式进一步界定严重影响诉讼活动的违反监视居住、取保候审规定的行为范围，统一司法适用。

第二，“转捕立法解释”在一定程度上修改或者完善了“转捕司法解释”之规定。首先，根据“转捕立法解释”，只有严重影响诉讼活动的违反取保候审、监视居住规定之情形，才可以对犯罪嫌疑人或者被告人实施转捕，但是“转捕司法解释”所列举之违反监视居住、取保候审之行为皆为影响审判活动正常进行之行为而非严重影响审判活动正常进行之行为。其次，根据“转捕司法解释”，两次未经批准，擅自离开所居住的市、县以及两次未经批准，擅自会见他人或者通信的，也应当转捕，即使上述行为并未影响诉讼活动正常进行。但是，根据“转捕立法解释”，只有严重影响诉讼活动正常进行的行为，才可以予以逮捕。最后，对于符合条件的行为，究竟“应当予以逮捕”还是“可以予以逮捕”，“转捕司法解释”与“转捕立法解释”不一致。后者规定“可以予以逮捕”，赋予逮捕批准者或者决定者一定的自由裁量权；前者规定“应当予以逮捕”，限制了逮捕批准者或者决定者的自由裁量权。“转捕立法解释”通过之后，最高人民法院应当积极修改与之不一致的司法解释，但是《最高人民法院关于适用〈中华人民共和国刑事诉讼法〉的解释》(法释〔2021〕1号)第一百六十四条和第一百六十五条完全沿袭了《最高人民法院关于适用〈中华人民共和国刑事诉讼法〉的解释》(法释〔2012〕21号)第一百二十九条以及第一百三十条，并未根据“转捕立法解释”作相应调整。

二、单个法律解释主体内部分歧裁决功能的实践考察

作为唯一一个因裁决最高人民法院内部解释分歧而产生的立法解释，“姓氏选择权立法解释”是全国人大常委会应最高人民法院的请求作出的法律解释，解决了最高人民法院内部关于公民第三姓氏适用法律依据的分歧。

(一)“姓氏选择权立法解释”的过程考察

“姓氏选择权立法解释”起源于“北雁云依”诉济南市公安局历下区分局燕山派出所公安行政登记案(以下简称“北雁云依案”)。2009年，吕某峰与张某峥给女儿起名“北雁云依”，并办理了出生证明和计划生育服务手册新生儿落户备查登记。但是济南市公安局历下区分局燕山派出所认为，根据2001年《婚姻法》第二十二条，子女只能随父姓或者随母姓，当事人遂提起行政诉讼。关于自然人在父姓母姓之外选取第三姓氏的适用法律依据问题，山东省济南市历下区人民法院未有定论，遂请示济南市中级人民法院，后者又请示至山东省高级人民法院。山东省高级人民法院审判委员会形成了两

种意见，一种是《婚姻法》第二十二条未将子女姓氏限定于父母姓氏，不能适用于“北雁云依案”；另一种是子女应当随父姓或者随母姓，这不仅符合社会习俗，而且有利于社会管理。多数委员倾向于第一种意见，但因涉及法律解释问题，山东省高级人民法院向最高人民法院提出请示。经过多次讨论，最高人民法院内部也未达成一致意见，鉴于姓名权涉及公民的基本权利，当前司法部门、行政职能部门以及学术界存在的两种主要观点都具有一定的法律依据与现实基础，只有上升到法律解释的高度才能得到解决，遂向全国人大常委会提出解释《中华人民共和国民法通则》（以下简称《民法通则》）（现已废止）第九十九条以及《婚姻法》第二十二条的议案。2014 年 11 月 1 日，第十二届全国人大常委会通过了“姓氏选择权立法解释”。

“北雁云依案”是一个典型案例，突出反映了各地执法部门、司法部门在执行或者适用 2001 年《婚姻法》第二十二条解决自然人能否选取第三姓氏问题时存在的较大差异。总体而论，在执法方面，绝大多数地方认为子女只能随父姓或者母姓，父母没有为子女选取第三姓氏的权利；〔1〕有些地方允许采用父母双方的姓氏，也即新复姓；〔2〕有些地方的公安机关认为只能随父姓或母姓，法院则认为“子女可以随父姓，可以随母姓”并非强制性规范，在不违反法律

〔1〕 比如《上海市〈出生医学证明〉管理办法》、《山东省卫生厅关于进一步加强〈出生医学证明〉使用管理的通知》（鲁卫妇社发〔2009〕12 号）、《海南省〈出生医学证明〉管理办法（试行）》（琼卫妇社〔2010〕23 号）、《浙江省卫生厅、浙江省公安厅关于印发浙江省出生医学证明管理规定（试行）的通知》（浙卫发〔2012〕96 号）。

〔2〕 比如《湖南省公安厅关于印发〈湖南省常住人口登记操作办法〉的通知》（湘公通〔2008〕46 号）。（已被 2014 年 1 月 13 日发布的《湖南省常住户口登记管理规定》废止）

规定和社会公序良俗的前提下，子女可以随祖父姓。[1]

执法或适用上的混乱源于“子女可以随父姓，可以随母姓”在解释学上的多义性。首先，对于第三姓氏而言，“子女可以随父姓，可以随母姓”含义模糊，未提供确切答案。基于解释不能突破法律文字的可能含义的范围之法律解释界限的共识，[2]法律文字含义模糊是运用其他解释方法的前提。其次，从“子女可以随父姓，可以随母姓”的立法目的考察，《婚姻法》作此规定，实为贯彻家庭生活中夫妻双方权利的平等保护。规范自然人姓氏的法律界限不是作为民事法律的《婚姻法》的功能，不能作为自然人称姓之禁止性规范。再次，考察《婚姻法》关于自然人姓氏的规制历史，第三姓氏则被禁止。从1950年《婚姻法》到2001年《婚姻法》，已婚妇女逐渐获得了沿用婚前姓氏的权利、子女姓氏的部分决定权以及与父亲平等的子女姓氏的决定权，在此意义上，“子女可以随父姓，可以随母姓”是一种穷尽式列举。此外，《婚姻法》强势改变了妻冠夫姓习俗，但是仅形式上修正了子随父姓习俗，仍然默许父母双方在不平等条件下产生之子女姓氏约定的法律效力。因此，对于子随母姓而言，法律尚且处于倡导阶段，遑论第三姓氏。最后，在不同解释方法产生不同解释结论的前提下，存在两种争议解决方案，一是比较目的解释和历史解释之间的效力层级，谁优先适用，就据此得出结论。但是，方法之法的缺失导致法律解释方法的选择权往往属于法律适

〔1〕参见耿某景诉荥阳市公安局京城路派出所履行法定职责案，河南省荥阳市人民法院(2013)荥行初字第14号行政判决书。

〔2〕参见韩大元、张翔:《试论宪法解释的界限》，载《法学评论》2001年第1期，第31页。

用者的自由裁量空间。[1]二是运用合宪性解释方法，在目的解释和历史解释所得两种结论之间进行选择。合宪性解释方法被认为是效力优越于其他解释方法的更高级法律解释方法，但是合宪性解释方法只能在违宪解释和合宪解释之间作出选择，不能在合宪的解释与更合宪的解释之间作出选择。考察我国的宪法文本，称姓权包含于第三十八条规定之人格尊严权的范畴，但不管肯定第三姓氏还是否定第三姓氏皆不能被认定为与之相抵触。因此，合宪性解释也不能消解"子女可以随父姓，可以随母姓"的解释分歧。

总之，基于《婚姻法》第二十二条"子女可以随父姓，可以随母姓"的解释学分歧，在"姓氏选择权立法解释"出台之前，不管在姓名登记的执法环节，还是在争议解决的司法适用环节，父母能否为子女选取第三姓氏皆未有定论。但是，"姓氏选择权立法解释"是否终结了上述争论尚需进一步考察。

（二）"姓氏选择权立法解释"的实效考察

"姓氏选择权立法解释"意图解决的法律解释分歧主要有二，一是《婚姻法》第二十二条是不是公民选择姓氏的法律依据；二是公民在父姓和母姓之外选取姓氏如何适用法律。总体而论，前者成功解决，后者争议尚存。

1. 父姓母姓的原则性拘束力

"姓氏选择权立法解释"出台之前，《婚姻法》第二十二条作为

[1] 参见[德]伯恩·魏德士：《法理学》，丁晓春、吴越译，法律出版社2013年版，第302-303页。

公民选择姓氏法律依据的地位存在争论，“姓氏选择权立法解释”从如下四个方面终结了上述争论，确立了父姓母姓对于子女姓氏的原则性拘束力。第一，在立法目的上：从法律的平等保护到称姓规制。《婚姻法》通过倡导子女可以随母姓，实现了父母在决定子女姓氏方面的法律平等保护，其立法目的并非规制自然人之称姓行为。“姓氏选择权立法解释”为了维护姓氏中的血缘传承、伦理秩序和文化传统等公共利益，明确规定了自然人称姓权的法律界限。第二，在规则性质上：从授权性规则到义务性规则。2001 年《婚姻法》第二十二条规定子女可以随父姓，可以随母姓，属于授权性规则与倡导性规范，既不强制权利主体作为，也不强制权利主体不作为。〔1〕“姓氏选择权立法解释”规定自然人应当随父姓或者母姓，属于义务性规范与强制性规范，自然人原则上只能在父姓和母姓之间选择姓氏。第三，在规范结构上：从《婚姻法》到《民法典》人格权编。规范结构的变化影响了规范效力，《婚姻法》调整的是婚姻家庭关系，第二十二条意在强调男女平等、夫妻平等，不能作为认定姓名权法律界限的依据。〔2〕《民法典》第一千一百一十五条吸收了“姓氏选择权立法解释”，将其纳入人格权编，〔3〕解决了《婚姻法》

---

〔1〕 参见张文显主编：《法理学》，高等教育出版社、北京大学出版社 2011 年版，第 71 页。

〔2〕 参见蔡小雪：《因公民起名引起立法解释之判案解析》，载《中国法律评论》2015 年第 4 期，第 161 页。

〔3〕《民法典》制定过程中，立法者面临将“姓氏选择权立法解释”纳入婚姻家庭编还是人格权编的选择问题，甚至在草案起草中，出现过重复立法的情况。参见张谷：《多余的话：科学立法与民法典分编之编纂》，载王洪亮、田士永、张双根、张谷、朱庆育主编：《中德私法研究 17：司法造法与法学方法》，北京大学出版社 2019 年版，第 176–186 页。

第二十二条的规范结构与规范效力问题。第四，在解释方法上：从“可以”到“应当”。尽管全国人大常委会在“姓氏选择权立法解释”的说明中，没有提到《婚姻法》第二十二条的解释方法，但是“姓氏选择权立法解释”将《婚姻法》第二十二条“子女可以随父姓，可以随母姓”中的“可以”解释为“应当”，这是姓名权法律规范体系解释的必然要求。基于法律的平等保护原则，1980 年《婚姻法》第十六条规定“子女可以随父姓，也可以随母姓”，法律自此介入子女称姓领域。从文义上看，“也”表示同样，随父姓和随母姓属于并列关系，不存在逻辑上的先后关系。《最高人民法院关于变更子女姓氏问题的复函》([81]法民字第 11 号)提出父母双方达成共识才可以改变子女之姓氏，这表明在子女姓氏决定权上，父母具有相同的权利。但是，从语气上分析，“也可以随母姓”似乎包含着母姓对子女姓氏的影响力弱于父姓的潜在含义，这与保障夫妻平等的立法精神相悖。为了更加凸显形式意义上的男女平等与夫妻家庭地位平等保护的原则，[1]2001 年《婚姻法》删掉了 1980 年《婚姻法》第十六条中的“也”字。[2]因此，从姓名权规范的历史变迁以及男女平等之价值蕴含分析，2001 年《婚姻法》第二十二条中的“可以”其

〔1〕 参见胡康生主编：《中华人民共和国婚姻法释义》，法律出版社 2001 年版，第 88 页。

〔2〕 需要指出的是，2001 年《婚姻法》不仅删掉了 1980 年《婚姻法》第十六条“子女可以随父姓，也可以随母姓”中的“也”字，也删掉了第八条“登记结婚后，根据男女双方约定，女方可以成为男方家庭的成员，男方也可以成为女方家庭的成员”中的“也”字。二者皆体现了男女平等的原则，是对旧婚俗的改革，也是对几千年来以男性为中心的从夫居习俗的突破。其立法精神是提倡到女家落户、子随母姓，对破除封建思想，推行计划生育都十分有利。参见全国妇联妇女研究所编著：《当代中国妇女运动简史（1949-2000）》，中国妇女出版社 2017 年版，第 154 页。

实是“应当”,“姓氏选择权立法解释”揭示了其立法原意,平息了2001年《婚姻法》第二十二条能否作为公民选取姓氏法律依据的解释学分歧,统一了法律适用。

2. 第三姓氏选取范围的解释学分歧

相比于确立《婚姻法》第二十二条作为公民选择姓氏的法律依据而言,解决父姓母姓之外选取姓氏的适用法律依据是“姓氏选择权立法解释”的更主要的任务。但是,考虑到第三姓氏选取范围的解释学分歧,“姓氏选择权立法解释”并未完成上述任务。

第一,在立法目的上,“姓氏选择权立法解释”采取了严格限制第三姓氏的价值立场。全国人大常委会在讨论《民法通则》第九十九条和《婚姻法》第二十二条的含义时提出,公民依法享有姓名权但应尊重社会公德,不得损害社会公共利益。在此前提下,明确区分了姓名权和姓氏选择权,认为姓氏体现着血缘传承、伦理秩序和文化传统,公民选取姓氏涉及公序良俗。随父姓或者随母姓既符合中华民族的文化传统和伦理观念,也符合绝大多数公民的意愿和实际做法。考虑到社会实际情况,公民有正当理由的也可以选择其他姓氏。从全国人大常委会的上述观点以及“姓氏选择权立法解释”明确列举第三姓氏选择范围的立法手段分析,严格限制第三姓氏的范围是“姓氏选择权立法解释”的价值立场。

第二,在法律解释层面,“姓氏选择权立法解释”严格限制第三姓氏范围的价值立场存在争论。根据“姓氏选择权立法解释”,自然人可以在父姓母姓之外选取直系长辈血亲的姓氏,回应了恢复祖姓的社会需要。直系长辈血亲仅包括祖父、祖母、外祖父、外祖母还是也包括曾祖父、曾祖母、外曾祖父、外曾祖母甚至不限制辈数？在子随父姓传统下，虽然祖父、曾祖父等之姓氏往往保持一致，但祖母、曾祖母之姓氏却不同，如果不限制辈数，自然人可选择之直系长辈血亲之姓氏范围趋于广泛。考虑历史上部分妇女无姓氏、妻冠夫姓、族谱记录女性信息不完整等因素，辈数越高之直系长辈血亲的姓氏越难以确定，上述问题在实践中出现的可能性较低。但是，随着 1950 年《婚姻法》规定夫妻双方有各用自己姓名的权利以及新中国户籍登记制度的完善，世代越是推移，自然人选取第三姓氏的范围越是广泛，“姓氏选择权立法解释”严格限制第三姓氏选择范围之目的越难以实现。此外，作为兜底性条款的“有不违反公序良俗的其他正当理由”也存在解释学争论。根据最高人民法院指导案例 89 号，公民选取或创设姓氏应当符合中华传统文化和伦理观念，仅凭个人喜好和愿望在父姓、母姓之外选取其他姓氏或者创设新的姓氏，具有明显的随意性，可能冲击文化传统和伦理观念，既违背社会善良风俗和一般道德要求，也不利于维护社会秩序和实现社会的良性管控，不属于“姓氏选择权立法解释”中的“有不违反公序良俗的其他正当理由”。因此，最高人民法院通过指导案例的方式采用了严格主义立场解释公民姓氏选择权法律界限的兜底性条款。但是，公序良俗条款的功能是止恶，“北燕”姓氏虽与多数人之称姓习俗不符，但并未损害多数人之利益。[1]在身份证号不变以及更改姓名前后法律权利和义务不变的前提下，考虑到信息技术的广泛应用，即

〔1〕 参见郑永流：《“北雁云依”违反了公序良俗吗？》，载《荆楚法学》2021 年第 1 期，第 47 页。

使自然人任意更改姓氏，也不会影响公共秩序，不会增加社会管理负担，若基于社会管理之需要限制公民之改姓自由，则无法通过比例原则的审查。[1]至于对其自身社会关系之影响，则属于意思自治与责任自负的范畴。此外，善良风俗难以作为自然人更改姓氏的有效界限，若只有少数自然人随意更改姓氏，则无关乎姓氏选择的善良风俗；若多数人皆随意更改姓氏，那么称姓习俗则发生相应变化，即便法律强势介入，其实效性亦难以保证。因此，“不违背公序良俗的其他正当性理由”很难作为公民在父姓母姓之外选取第三姓氏的有效法律限制。

第三，在约定性夫妻同姓问题上，“姓氏选择权立法解释”也存在解释性争议，有可能对未来的法治实践产生错误引导。禁止约定性夫妻同姓并非“姓氏选择权立法解释”的明确目标，乃是法律语言选择上的无心之举。新中国成立以前，妻冠夫姓、子随父姓已发展为习惯与法律渊源。[2]1925年制定的《民国民律草案》第一千一百一十八条甚至明确规定，妻于本姓之上冠称夫家之姓，并取得与夫同一身份之待遇。[3]作为新中国第一部法律，1950年《婚姻法》第十一条明确规定夫妻有各用自己姓名的权利。从立法原意看，该规定废除了在姓名问题上歧视妇女的旧法，代之以夫妻在

〔1〕 以比例原则分析我国台湾地区“姓名条例”关于姓名更改界限的主要文献参见陈典圣:《姓名权之保障与姓名条例》，载《全国律师》2017年第7期，第75-76页。

〔2〕 参见王用宾:《妻冠夫姓问题》，载《法学季刊（南京）》1930年第1期，第28页。

〔3〕 参见杨立新点校:《大清民律草案 民国民律草案》，吉林人民出版社2002年版，第353页。

姓名权上完全平等的规定。[1]1950年《婚姻法》实施后，已婚妇女继续使用婚前姓氏取代妻冠夫姓成为新的称姓习俗并获得广泛的社会认可。基于此，从1980年《婚姻法》到《民法典》，除表述发生细微变化之外，完全沿袭了1950年《婚姻法》的相关规定。但是，1950年《婚姻法》第十一条以及2001年《婚姻法》第十四条不是义务性规范与强制性规范，"不妨碍结婚后夫妻双方就改变姓名问题作出一致的约定。女方可以改称男方的姓，男方也可以改称女方的姓，但任何一方及其他人都不得强迫他方违背其意愿而更改姓名"[2]。因此，在夫妻双方合意的前提下，"姓氏选择权立法解释"之前的法律并不禁止约定性夫妻同姓行为，但是"姓氏选择权立法解释"规定公民可在父姓母姓之外选取法定扶养人之外的扶养人的姓氏。根据《民法典》第一千零五十九条，夫妻有相互扶养的义务，那么夫妻互为对方的法定扶养人。"不能选取法定扶养人的姓氏"属于当然解释，因此夫妻双方即使有改姓之权利，也无法改称对方之姓氏，约定性夫妻同姓遭到废止。在传统社会，妻冠夫姓被认定为蔑视妇女之平等人格权的婚姻习俗，但若夫妻双方自愿约定同姓，则与歧视无关且无碍于社会管理，尚且具有消除子女姓氏争议、有利于婚姻家庭关系维护等价值。尽管约定性夫妻同姓行为并未受到今时国人之青睐，但是考虑到世界上很多国家都存在约定性夫

〔1〕 参见胡康生主编:《中华人民共和国婚姻法释义》，法律出版社2001年版，第53页。
〔2〕 马原主编:《新婚姻法条文释义》，人民法院出版社2002年版，第123页。

妻同姓制度,[1]未来之中国亦可能出现此等现象,彼时完全吸收了"姓氏选择权立法解释"的《民法典》第一千零一十五条将成为其法律障碍。

总之,解决最高人民法院内部有关公民选取姓氏适用法律依据的解释分歧是"姓氏选择权立法解释"的主要功能,但是基于"姓氏选择权立法解释"存在的解释学分歧,其功能未能完全实现。

第三节 统一法律适用功能的问题及原因分析

根据前文所述,部分立法解释解决了"两高"之间或者最高人民法院内部的司法解释之间的原则性分歧,发挥了统一法律适用的功能,但也存在实效性不强、启动程序困境、合法性审查制度之解构等问题。实效性问题主要与立法解释的方法相关,后两者则涉及立法解释制度与司法解释、合法性审查等制度的衔接问题。

一、统一法律适用功能之实效性问题

根据前文所述,上述四个体现统一法律适用功能的立法解释的实效性表现为三种不同的结果,一是"黑社会性质的组织立法解释"

[1] 根据《日本民法典》第七百五十条,夫妻在结婚之际,必须选择使用夫姓或妻姓作为他们共同的姓。需要指出的是,日本并非一直实行夫妻同姓制度,日本夫妻姓氏制度的变迁史参见平田惠美:《试论日本夫妇姓氏制度——兼与中国夫妇姓氏制度比较》,北京邮电大学2019年硕士学位论文,第2-3页。

和“挪用公款归个人使用的立法解释”解决了司法实践中的争议；二是“转捕立法解释”遗留之争议较小；三是“姓氏选择权立法解释”遗留之争议较大，基本上不能发挥统一法律适用的功能。综合分析上述立法解释，统一法律适用功能的实现程度取决于如下三类因素。

第一，法律解释分歧的原因以及立法解释相对于被解释的法律条文的关系是关键所在。“黑社会性质的组织立法解释”和“挪用公款归个人使用的立法解释”主要源自法律概念的模糊性或不确定性，合理运用法律解释方法，可阐释立法原意与法律文义，理论上存在定分止争的唯一正解。但是，“姓氏选择权立法解释”主要源自法律规则的缺漏性，对于父姓母姓之外选取姓氏的行为，没有明确的法律依据。解释者可通过规范分析的方法作语义推演，可通过历史解释的方式作体系考察，也可通过理论逻辑作学理探索，不同的方式皆可得出相对合理性的结论。“姓氏选择权立法解释”在本质上不是对《民法通则》第九十九条以及《婚姻法》第二十二条的字面含义或者立法原意的说明，而是一种补充。如果说上述两个条文确立了公民的姓氏选择权，那么“姓氏选择权立法解释”则规范了公民姓氏选择权的法律界限。该界限并非内含于权利自身，也不能在《民法通则》和《婚姻法》文本中觅其踪迹。“姓氏选择权立法解释”只是在众多关于姓氏选择权界限的合理学说中选择了一种，其他未被采纳的学说亦具有合理性，其可争议性自诞生之时即存在。

第二，立法解释的语言因素。同立法相比，解释是从抽象到具体的过程，如果立法解释能够使用清晰明确之法律语言，其含义之模糊性将随之降低，比如“保护伞”不是黑社会性质的组织的必要性特征。即使争论仍存，也仅停留在理论上，不会延续至司法实践中。“姓氏选择权立法解释”采用了“直系长辈血亲”“公序良俗”等不确定性法律概念，导致自然人姓氏选取领域的执法与司法争议持续存在。“转捕立法解释”对违反取保候审、监视居住规定的犯罪嫌疑人以及被告人的转捕施加了“严重影响诉讼活动正常进行”的情节限制，这相当于授权“两高”进一步完善转捕之构成要件，二者之解释分歧仍存在再次发生之可能性。

第三，作为民事领域唯一的立法解释，“姓氏选择权立法解释”的争议性可从称姓法律与习俗的关系角度阐释。“姓氏选择权立法解释”明确规定了自然人称姓的法律界限，除特定情形外，自然人应当选取父姓或者母姓。然而，自然人称姓不仅受到法律的调整，更受到习俗的约束，二者构成了自然人称姓的规范体系。[1]自然人称姓规范体系总体上经历了法律不断推进与习俗渐次退却的演进历程，可分为习俗主导、法律初步介入、法律全面干预三个发展阶段。在1950年《婚姻法》制定之前，我国法律较少规范自然人的称

〔1〕法律规范、党内法规、党的政策、国家政策、社会规范是当代中国社会中客观存在的规范类型，在各自的场域中发挥作用。各种规范类型相互作用并形成一个有机体系，构成当代中国规范体系的基本制度结构。参见刘作翔：《当代中国的规范体系：理论与制度结构》，载《中国社会科学》2019年第7期，第85页。就自然人称姓规范而言，不涉及党内法规、党的政策、国家政策等，法律规范和社会规范（风俗习惯）构成了自然人的称姓规范体系。

姓行为，呈现出法律谦抑、习惯主导的总体态势。[1]尽管习俗主导有利于平衡自然人称姓规范体系的稳定性与包容性，但随着《共同纲领》确立了男女法律权利平等保护的基本原则，自然人称姓习俗与法律的平等保护价值的冲突逐渐凸显。自1950年《婚姻法》颁布实施以来，法律开始介入自然人称姓领域。法律初步介入称姓习俗实现了男女权利的形式平等保护，却由于介入程度、立法技术等，产生了规范的实效性、解释性等诸多问题，无法实现改革称姓习俗的立法目标。为了解决上述问题，"姓氏选择权立法解释"开启了全面介入称姓领域的新篇章。但是，称姓法律之介入并未产生应有之效果，[2]主要原因是称姓法律与称姓习俗关系之不协调。因此，同刑事立法解释相比，民事立法解释之实效性还取决于法律规范与社会规范的体系化问题。[3]

---

〔1〕 在习俗主导时期，称姓行为一般被认定为法律自由，法律默许或者明确认可称姓习俗是该时期的典型特征。比如，浙江省人民法院曾基于1950年《婚姻法》未规范子女称姓行为，向最高人民法院请示父母意见不一致前提下，子女称姓争议的法律适用问题。最高人民法院提出，若发生此问题，当以子女意志为主，子女尚且年幼时，应从民间习惯。《中央人民政府最高人民法院关于子女姓氏问题的批复》以及《最高人民法院华东分院原报告》原文参见刘素萍主编：《婚姻法学参考资料》，中国人民大学出版社1989年版，第203-204页。

〔2〕 比如，推动子随母姓与子随父姓之平等是法律介入称姓领域的主要目的，但从自然人称姓实践看，子随母姓与子随父姓之平等仅仅停留在规范层面，称姓习俗才是实践中发挥关键作用的规范。尽管随着人们思想观念发生变化，特别是全面二孩政策实施以来，子女随母姓情形有所增加，但是根据公安部户政管理研究中心发布的《二〇二〇年全国姓名报告》，2020年新生儿随母姓与随父姓的比例仅为1：12。在上海2018年出生的9万余名宝宝中，随母姓人数仅占8.8%。参见张敏：《上海警方发布"2018姓名报告"》，载《浦东时报》2019年3月7日，第4版。

〔3〕 关于"姓氏选择权立法解释"的进一步评论以及称姓法律与习俗之间的互动关系参见马洪伦、贺丽媛：《从习俗主导到法律干预——论自然人称姓规范体系的演进》，载谢辉、陈金钊主编：《民间法》第31卷，中国出版集团有限公司研究出版社2023年版，第233-248页。

二、全国人大常委会法律解释制度的启动程序困境

在立法解释制度发挥统一法律适用功能的前提下，[1]立法解释制度的启动程序困境是指全国人大常委会作出法律解释严重受制于“两高分歧”。若二者之间无分歧或者协商之后达成共识，全国人大常委会启动法律解释程序的机会将大幅缩减。在立法解释实践中，启动程序困境也得到证实。1996 年以来，除涉港澳特别行政区立法解释以及 2001 年 8 月 31 日第九届全国人大常委会通过的《全国人民代表大会常务委员会关于〈中华人民共和国刑法〉第二百二十八条、第三百四十二条、第四百一十条的解释》之外，其余立法解释皆为统一法律适用或者解决“两高分歧”而作出。尽管只有 4 件立法解释涉及真正意义上的司法解释分歧裁决，但是其他所有立法解释几乎皆因司法实践中的分歧而起。司法解释分歧是司法实践分歧的一种，有所不同的是，前者涉及某项司法解释，后者仅涉及“两高”关于法律含义或者新情况适用法律依据的理解分歧。既然“两高分歧”对于立法解释制度的启动程序至关重要，那么“两高”关于立法解释权与司法解释权的权限范围的理解则更为关键，这决定了当“两高”存在分歧时，如何在向全国人大常委会提出法律解释的要求和自己作出司法解释或者协商解决之间抉择。若立

---

〔1〕 有研究者提出，在 2015 年《立法法》修订后，刑法立法解释应当转向以解决“两高分歧”为主要目的，以符合立法应主动、解释应被动的法理规律。参见卫磊：《修正后〈立法法〉与刑法解释的规范化》，载《社会科学辑刊》2018 年第 2 期，第 104 页。

法解释权与司法解释权不存在清晰可辨之界限或者“两高”对于上述界限的理解不准确，将产生两种消极结果，要么司法解释权侵入立法解释权的权限范围，要么“两高”“推卸”责任，加重全国人大常委会作出法律解释的工作负担。

第一，在实践中，“两高”关于立法解释权限范围之理解缺乏明确的判断标准。为了解决有关部门和社会有关方面提出的一些刑法执行中的问题，2014 年 4 月 24 日，全国人大常委会一次性发布了 4 个刑法立法解释和 3 个刑事诉讼法立法解释。但是，有关部门尤其是“两高”提出的法律解释要求远远不止如此。根据时任全国人大常委会法工委副主任郎胜关于《全国人民代表大会常务委员会关于〈中华人民共和国刑法〉、〈中华人民共和国刑事诉讼法〉有关规定的解释（草案）的说明》，对于有关方面提出的一些需要对《刑法》《刑事诉讼法》解释的问题，可通过修改法律、法律解释、法律询问答复、司法解释等方式解决。这说明“两高”、国务院以及拥有法律解释要求权或者建议权的有关机关对于司法解释权与立法解释权界限的理解并非完全准确，有待于全国人大常委会法工委作出裁决。比如，为了明确非法批准征用、占用林地犯罪行为的适用法律依据问题，国务院向全国人大常委会提出了修改《刑法》的建议。经过全国人大常委会法工委的审议，最终采用了立法解释和法律修改同时适用的模式。

第二，立法解释与司法解释的权限范围在规范层面也具有不确定性。根据 2023 年《立法法》第四十八条，全国人大常委会在法律含义需要进一步明确以及明确法律制定后出现的新情况的适用法律依据时，可作出法律解释。无论是明确法律含义还是明确适用法律依据，皆以法律适用为前提，全国人大常委会不可能单纯、抽象地解释某个法律条文之含义。因此，从《立法法》的制度设计分析，解决司法实践的法律解释需求是立法解释制度的主要功能。〔1〕此外，清楚界定司法解释的权力空间是防止司法解释侵入立法领域的方式之一。〔2〕但是，上述努力皆因《立法法》第一百零四条规定之司法解释应符合立法的目的、原则和原意而受阻。无论是立法的目的、原则还是原意皆是不确定性法律概念，其解释性空间极为开阔，有权解释者之自由裁量权较大，对于司法解释权而言，无法形成真实有效之限定。

第三，既然司法解释与立法解释的权限范围界限不清，“两高”在制定司法解释时即存在侵占立法解释权或者立法权的可能，从而产生具有立法化倾向的司法解释，推动“两高”之间司法解释的原则性分歧，加大全国人大常委会的法律解释负担。比如，在“黑社会性质的组织立法解释”和“挪用公款归个人使用的立法解释”的起因上，最高人民检察院皆以最高人民法院的有关司法解释超越权限而向全国人大常委会提出法律解释的请求。司法解释的立

〔1〕 立法解释权与司法解释权的权限范围在规范上的不确定性必然导致实践中立法解释与司法解释内容上的混同，刑法立法解释与司法解释的内容比较参见唐稷尧：《事实、价值与选择：关于我国刑法立法解释的思考》，载《中外法学》2009 年第 6 期，第 892–893 页。

〔2〕 从法教义学角度界定司法解释权力空间的文献参见刘风景：《司法解释权限的界定与行使》，载《中国法学》2016 年第 3 期，第 207–225 页；聂友伦：《论司法解释的权力空间——我国〈立法法〉第一百零四条第一款的法解释学分析》，载《政治与法律》2020 年第 7 期，第 111–122 页；钱炜江：《论最高人民法院司法解释的定位与限制》，载《甘肃政法大学学报》2021 年第 5 期，第 42–56 页。

法化问题受到学界广泛关注,[1]尽管有研究者提出不加区分地怀疑立法性司法解释的法律效力是不妥和不恰当的。[2]但是,批判性观点是学界主流,研究者普遍认为呈现出立法化的司法解释侵入了立法解释的范畴,[3]有悖于法律的本意,[4]违反罪刑法定原则,[5]威胁法律权威,[6]不具有合理性和正当性。[7]尽管缺乏规范基础且正当性也受到质疑,司法解释的立法化倾向却是不容否认的事实。

总之,以裁决"两高分歧"为主要功能的立法解释制度,其启动程序受制于"两高"关于立法解释与司法解释权限范围之理解,此为立法解释制度的启动程序困境。上述困境既有可能表现为全国人大常委会法律解释的机会较少,也有可能表现为机会过多。但是,考虑到立法解释与司法解释权限范围之理论模糊性以及司法解

〔1〕 相关事例参见游伟:《我国刑法司法解释若干问题研究》,载《法律学习与研究》1990年第2期,第43页;袁明圣:《司法解释"立法化"现象探微》,载《法商研究》2003年第2期,第3页;洪浩:《造法性民事诉讼司法解释研究》,载《中国法学》2005年第6期,第122页。

〔2〕 参见曹士兵:《最高人民法院裁判、司法解释的法律地位》,载《中国法学》2006年第3期,第180页。

〔3〕 参见张立堂、张茂:《析"立法解释"与"司法解释"》,载《河南大学学报(社会科学版)》1992年第3期,第79页;田芳:《法律解释如何统一——关于司法解释权的法律统一解释功能的思考》,载《法律科学》2007年第6期,第4页;陈林林、许杨勇:《司法解释立法化问题三论》,载《浙江社会科学》2010年第6期,第35页。

〔4〕 参见苏惠渔、游伟:《完善刑法司法解释若干原则的探讨》,载《中国法学》1992年第2期,第64页。

〔5〕 参见李永升、张飞飞:《最高人民法院刑事司法解释法律渊源地位之证伪》,载《当代法学》2013年第4期,第34页。

〔6〕 参见孟勤国:《论中国的司法解释》,载《社会科学战线》1990年第4期,第112页。

〔7〕 参见刘佳:《司法解释体制中的矛盾梳理》,载《法学杂志》2005年第3期,第126-128页。

释立法化倾向的事实确定性，立法解释制度的启动程序困境主要表现为全国人大常委会作出法律解释的机会偏少，立法解释绝对数量较少即是关键证据。〔1〕

三、司法解释的合法性审查制度之解构

司法解释的合法性审查制度之解构是指当全国人大常委会行使2000年《立法法》第四十二条规定之法律解释权裁决“两高分歧”并间接发挥司法解释的合法性审查功能时，《监督法》第三十二条规定之司法解释的合法性审查制度存在解构风险。根据《1981年决议》，全国人大常委会有权通过法律解释解决“两高分歧”。根据上文所述，体现统一法律适用功能的立法解释往往发挥了间接控制司法解释合法性的功能，有的否定相关司法解释的合法性，比如“黑社会性质的组织立法解释”；有的肯定相关司法解释的合法性并作补充规定，比如“转捕立法解释”。因此，综合《1981年决议》和立法解释实践，立法解释制度具有控制司法解释合法性的功能。根据《监督法》第三十二条，当“两高”作出的具体应用法律的解释同法律规定相抵触时，全国人大常委会应通过司法解释的合法性审查制度予以解决。因此，在规范层面，立法解释制度和合法性审查制度可同时发挥司法解释的合法性审查功能；在实践层面，“两高”和

〔1〕 立法解释绝对数量少的原因是多元化的，除了上述立法解释制度的启动程序困境之外，全国人大常委会法工委以法律询问答复、法律修改等方式而非法律解释的方式解决法律含义或者新情况适用法律依据的实践问题是另外一个主要原因。

全国人大常委会皆采用了立法解释的方式，有意或者无意规避了《监督法》所规定的合法性审查方式。[1]从2000年至2017年，全国人大常委会逐渐加强法律解释工作，虽成果卓著，但是法律解释的实践越多，司法解释的合法性审查制度实践的可能性越少。虽然就统一法律适用的结果而言，无论采用立法解释的方式还是合法性审查的方式，没有本质的区别。但是，这对司法解释的合法性审查制度的正当性无疑是一种无声的拷问。一个可能的追问是：对于司法解释的合法性审查制度的启动而言，除“两高”之外，还存在其他有权提出审查要求和建议的主体，“两高”向全国人大常委会提出法律解释而非合法性审查的请求，对于司法解释的合法性审查制度的实施困境而言，是否微不足道？根据《监督法》第三十二条的规定，国务院，中央军事委员会，省、自治区、直辖市的人大常委会，最高人民法院和最高人民检察院有权向全国人大常委会提出司法解释合法性审查的要求，其他国家机关、社会团体、企事业单位和公民个人有权提出审查建议。但是考虑到如下两个事实，“两高”是最为关键的两个主体。第一，对于司法解释合法性审查程序的启动而言，与审查要求权相比，审查建议权的法律效力较弱。从2000年到2017年，尽管有公民提出过法规、司法解释的合法性审查建议，但是经过全国人大常委会法工委研究后启动审查程序者少之又少。第二，

〔1〕 即使“两高”提出了法律解释的要求，全国人大常委会在解释相关法律的过程中，若发现有关司法解释存在合法性问题，可依据《监督法》的相关规定单独或者附带采用合法性审查的方式，认定相关司法解释的合法性问题。但是，“两高”及全国人大常委会都有意或者无意规避了司法解释的合法性审查制度。

与其他拥有司法解释合法性审查要求权的主体相比,“两高”是司法解释的制定主体,对于司法解释是否与法律相抵触,也更加熟悉。总之,尽管司法解释的合法性审查要求权和建议权主体众多,但是“两高”采用提出法律解释请求的方式而非合法性审查的方式解决司法解释的原则性分歧,事实上解构了司法解释的合法性审查制度。

对于司法解释的合法性审查制度的实施困境而言,虽应强调定位于统一法律适用功能的立法解释制度的消极影响,但不能完全归因于它。第一,随着合法性审查制度之激活,上述问题在实践中已然缓解,但是制度层面的冲突仍然存在。第二,法规、司法解释的合法性审查制度的实施与中国法治发展整体态势相关。1982年宪法实施以来,为树立宪法权威,推动严格执法,学者一直呼吁建立健全宪法监督与立法监督机制。[1]2000年《立法法》建立了法规的合法性审查制度,2007年《监督法》建立了司法解释的合法性审查制度。尽管在审查体制和审查对象上并未完全实现学界之愿景,但是法规、司法解释的合法性审查制度之建立对于保障宪法法律的权威而言,意义重大。然而,从2000年一直到2017年,法规、司法解释的合法性审查制度推进效果不佳。究其原因,中国法治发展的总体趋势是关键所在。党的十一届三中全会确立了“有法可依、有法必依、执法必严、违法必究”的法治发展方针,在法制空白较为普遍的社

〔1〕 参见李步云:《关于起草〈中华人民共和国立法法(专家建议稿)〉的若干问题》,载《中国法学》1997年第1期,第19页。

会背景下，有法可依是基本的目标，加快立法速度并强调立法数量是迫不得已的现实选择。随着中国立法取得举世瞩目的成绩，2011年3月9日，时任全国人大常委会委员长吴邦国向第十一届全国人大第四次会议作全国人大常委会工作报告时指出，截至2010年年底，我国已制定现行有效法律236件、行政法规690多件、地方性法规8600多件，具有中国特色的社会主义法律体系已经形成。然而，我们应该清楚地看到，从数量上，具有中国特色的社会主义法律体系确实已经形成；[1]但在质量上，却前路漫漫。因此，党的十八大提出了"科学立法、严格执法、公正司法、全民守法"的法治发展新方针。从有法可依到科学立法，从强调立法数量到追求立法质量，宪法监督制度实施的社会条件已经具备。正是在这样的背景下，党的十八大以来，包括法规、司法解释的合法性审查在内的宪法监督制度才不断推进。

第四节　统一法律适用功能的转向及其制度保障

根据前文所述，规范上的统一法律适用功能演化为实践中的司法解释的合法性审查功能并表现出实效性不强、启动程序困境、司法解释的合法性审查制度的解构等难题，这表明立法解释制度的统一法律适用功能规范定位的非理性化以及司法解释合法性审查功

〔1〕 即便如此，全国人大及其常委会也未放缓立法步伐，在数量方面持续完善着中国法律体系。截至2023年9月，现行有效法律从2010年的236件增长至298件。

能的现实必要性。为解决上述问题，一方面，在区别两类立法解释制度的基础上，论述了统一法律适用功能转向合法性审查功能的规范基础、理论价值、实践意义与程序保障等主要问题。另一方面，考虑到法律解释体制尤其是司法解释的二元体制是立法解释制度发挥统一法律适用功能的主要原因，为保障立法解释制度统一法律适用功能转向合法性审查功能，应完善我国的法律解释体制。

一、从统一法律适用功能到合法性审查功能

立法解释制度存在独立型和辅助型两种类型，独立型立法解释是指全国人大常委会根据《宪法》第六十七条第四项以及《立法法》第四十八条至第五十三条进行的法律解释，可称为显性立法解释制度，这也是研究者所普遍关注之立法解释的表现形式。同主要发挥统一法律适用功能的独立型立法解释制度不同，辅助型立法解释是指全国人大常委会在合法性审查实践中附带实施的法律解释，产生法规、司法解释合法性审查的功能，[1]不仅能够规避独立型立法解释制度之实践难题，还可化解立法解释制度的正当性难题和实践价值难题。为此，全国人大常委会应主要实施辅助型立法解释制度，减少甚至摒弃为了裁决“两高分歧”而实施独立型立法解释制度，

---

〔1〕 需要作出说明的是，在独立型立法解释制度的实践中，考虑到裁决“两高分歧”是全国人大常委会作出法律解释的主要原因，立法解释制度的合法性审查功能只针对司法解释而不包括行政法规、地方性法规、自治条例、单行条例等；在辅助型立法解释制度的实践中，由于合法性审查对象包括法规和司法解释，立法解释制度的合法性审查功能也表现于法规之上。

统一法律适用功能也因此转向司法解释的合法性审查功能。接下来，我们将主要考察辅助型立法解释制度以及合法性审查功能的规范基础、实践、价值以及程序保障等主要问题。

（一）辅助型立法解释制度及其合法性审查功能的规范考察

根据《宪法》第六十七条第七、八项的规定，全国人大常委会有权撤销同宪法、法律相抵触的行政法规以及同宪法、法律和行政法规相抵触的地方性法规。在此基础上，《立法法》第一百一十条以及《监督法》第三十二条详细规定了法规、司法解释的合法性审查制度，全国人大常委会有权应国家机关、社会团体和个人的要求或者建议，审查法规、司法解释是否与法律相抵触。全国人大常委会在行使该权力时，一方面应确定相关法规、司法解释之含义；另一方面应解释相关法律文本之含义，两相比较，得出法规、司法解释是否与法律相抵触的结论。因此，立法解释是法规、司法解释的合法性审查制度的核心手段，此为辅助型立法解释。换言之，在立法机关宪法监督模式下，立法解释权也是一项附属于合法性审查制度的非独立性权力，可称为隐性立法解释制度。

根据合法性审查对象的不同，辅助型立法解释制度可分为两类，一是附带于司法解释的合法性审查制度的实施模式，二是附带于法规合法性审查制度的实施模式。两者在正当性依据方面有共性也有差别。一方面，二者皆渊源于“下位法不得同上位法相抵触”的基本原则，不管是执行性的法规、创制性的法规还是司法解释，都不得同上位法相抵触，立法解释作为制度性工具维护着法律相对于法规和司法解释的权威性。另一方面，就司法解释的合法性审查制度而言，我国的法律解释体制是其另一个正当性依据。根据《宪法》第六十七条第四项的规定，全国人大常委会是唯一的法律解释机关，因为法律解释工作之纷繁复杂，全国人大常委会通过《1981 年决议》将上述法律解释权分解为立法解释权、司法解释权和行政解释权。解释主体虽多元，但是基于权力的渊源不同，立法解释的效力高于司法解释，后者不得与前者相抵触。此外，授权产生监督义务，全国人大常委会有义务监督司法解释的合法性。因此，司法解释的合法性审查功能亦渊源于中国法律解释体制，其实质是司法解释不得同立法解释相抵触。在此意义上，立法解释制度具有司法解释合法性审查的预设功能。辅助型立法解释制度可规避独立型立法解释制度存在的程序、功能等实施困境，是当前立法解释制度实施的更优路径。

（二）合法性审查功能的实践考察

在规范层面，合法性审查功能只表现于辅助型立法解释制度中，但在两种制度的实践中皆存在合法性审查功能的踪迹。在独立型立法解释的实践中，"黑社会性质的组织立法解释""转捕立法解释"等间接体现出司法解释的合法性审查功能，前文已论，不再赘述。接下来，我们将主要考查辅助型立法解释实践中的合法性审查功能。

党的十八大以来，以习近平同志为核心的党中央高度重视宪法实施与监督，强调加强备案审查工作，这充分体现了党的领导对中国法治发展的决定性意义。受此影响，2017年至2023年，全国人大常委会法工委连续7年向全国人大常委会作备案审查工作报告，这标志着法规、司法解释的合法性审查制度正式激活。考虑到我国的立法审查模式以及法律解释作为合法性审查制度核心手段的事实，立法解释制度通过合法性审查实践发挥控制法规、司法解释合法性的实际功能。分析当前法规、司法解释的合法性审查案例，全国人大常委会法工委普遍采用文义、体系、目的等方法解释作为审查依据的法律条文。第一，运用文义解释方法作立法解释。当前的合法性审查案例大多产生于法规、司法解释与新法的衔接不及时，即法规、司法解释制定之初不存在与法律相抵触的问题，但是随着新法制定或旧法修改，法规、司法解释未及时配套修订，导致出现合法性危机。在此情形中，法规、司法解释的违法性较为清晰，审查机关仅根据法律条文的表面含义即可作出判断。比如，在《最高人民法院关于审理破坏野生动物资源刑事案件具体应用法律若干问题的解释》(现已失效)的合法性审查中，审查机关认为该司法解释制定时间较早，有关“珍贵、濒危野生动物”的范围与原《中华人民共和国野生动物保护法》(以下简称《野生动物保护法》)的范围一致，但是存在与2016年新修订的《野生动物保护法》的衔接问题，需要进行修改。第二，运用体系解释方法作立法解释。在《最高人民法院关于审判人员在诉讼活动中执行回避制度若干问题的规定》关于离任人员职业限制规定的合法性审查中，法规备案审查室通过体系性解释《中华人民共和国公务员法》《中华人民共和国法官法》《中华人民共和国律师法》的相关条文，认为司法解释对不具有公务员身份的法院其他工作人员作出与法官等公务员相同的离任执业限制规定，扩大了法律规定的适用主体范围，存在适当性问题。第三，运用目的解释方法作立法解释。在《物业管理条例》关于业主大会及业主委员会职责范畴规定的合法性审查中，法规备案审查室通过考察《中华人民共和国物权法》第七十六条第一款的立法目的得出了审查结论，体现了目的解释方法在合法性审查实践中的作用。总之，立法解释是法规、司法解释的合法性审查制度的核心手段，借此形式，立法解释制度体现出法规、司法解释的合法性审查功能。

（三）辅助型立法解释制度及其合法性审查功能的价值

相比较于独立型立法解释制度，辅助型立法解释制度的合法性审查功能不仅规避了功能困境与程序困境，有助于化解立法解释制度的双重危机，也与我国宪法监督制度的发展进路相吻合，是立法解释制度发挥推动中国法治实践进步的更优路径。

第一，化解立法解释制度的正当性难题。如前文所述，“有权制定法律即有权解释”或者“立法机关更加了解立法原意”作为立法解释制度的正当性基础已经招致诸多讨论。在上述论证模式下，法律解释权作为独立于立法权的权力而存在，最终由全国人大常委会行使。在现行宪法和法律下，立法解释制度的合法性不容置疑。其面临的正当性难题源于全国人大常委会行使法律解释权的方式及立法解释制度统一法律适用的功能定位。一方面，若立法解释制度的功能转向合法性审查，并附带于法规、司法解释的合法性审查制度，则立法解释制度的正当性基础由抽象的理论论证转向具体的合法性审查。换言之，因为全国人大常委会有权审查司法解释和法规的合法性，所以有权解释法律。另一方面，立法解释权与司法解释权无须再划分权限范围。立法解释无法与司法解释形成真实的权限区分是立法解释制度正当性危机的另外一个重要原因，当立法解释制度实现合法性审查功能转向之后，只要服务于法规、司法解释的合法性审查功能，全国人大常委会可在任何范围内行使法律解释权，无须厘定区别于司法解释的权限范围。因此，在为了法规、司法解释合法性审查目的而附带实施的模式下，立法解释制度具有充分的正当性基础。

第二，推动宪法实施，逐步过渡至完善的宪法监督体系。宪法实施方式具有多元性，比如全国人大常委会可通过宪法解释的方式补充宪法规定。〔1〕但是，规范性文件的合宪性审查始终是宪法监督体系的核心，宪法学界一直致力于探索符合法治逻辑的违宪审查制度。〔2〕在政法体制保持不变的前提下，考虑到中国宪法监督制度的实际运行经验，在过渡至完善的宪法监督体制之前，立法解释制度

〔1〕 据统计，全国人大常委会至少作出过 8 个宪法解释，参见胡锦光、王丛虎：《论我国宪法解释的实践》，载《法商研究》2000 年第 2 期，第 4-7 页。比如 1983 年 9 月，全国人大常委会通过的《全国人民代表大会常务委员会关于国家安全机关行使公安机关的侦查、拘留、预审和执行逮捕的职权的决定》。基于如下理由，该决定并非宪法解释，而是对宪法的补充。“新设立的国家安全机关是国家公安机关的性质”是上述决定的论证核心，也是前提设定。基于此，国家安全机关可以行使宪法和法律规定的公安机关的侦查、拘留、预审和执行逮捕的职权。该决定并没有解释国家安全机关为什么是公安机关的性质，而是以此为前提设定，作出决定。所以，该决定是对国家安全机关宪法地位的补充，而非解释。

〔2〕 参见季卫东：《合宪性审查与司法权的强化》，载《中国社会科学》2002 年第 2 期，第 4-16 页；刘嗣元：《宪法监督司法化若干问题的理论探讨》，载《法商研究》2002 年第 3 期，第 22-29 页；范进学：《宪法解释主体论》，载《中国法学》2004 年第 6 期，第 33-47 页。

的合法性审查功能转向可产生控制法律合宪性的作用。全国人大常委会在法规、司法解释合法性审查实践中附带性行使法律解释权时，首先对作为审查依据的法律作合宪性解释，再据此审查法规、司法解释的合法性，可从文义以及适用范围等方面排除法律的违宪性，在违宪审查制度完整建立之前，实际发挥法律的合宪性控制的功能。[1]

（四）辅助型立法解释制度及其合法性审查功能的程序保障

辅助型立法解释制度及其合法性审查功能是立法解释制度实施的更优方案，但是当前合法性审查实践中不存在真正意义的立法解释，立法解释制度的合法性审查功能尚且处于变迁进程中，其真正实现有赖于合法性审查程序的完善。真正意义上的立法解释是指全国人大常委会对法律进行的解释，当前合法性审查实践中的法律解释主体是全国人大常委会法工委，虽然它在合法性审查实践中作出了具有法律实效的法律解释并体现出合法性审查功能，但此功能尚且不能完全归于立法解释制度。为了推动合法性审查功能之实现，应完善法规、司法解释的合法性审查程序，无论审查结果如何，都应当以全国人大常委会的名义发布审查结论，包含在审查结论中的法律解释才是真正的立法解释，立法解释制度也才能真正发

〔1〕 详细论述参见第六章“全国人大常委会法律解释制度的合宪性解释功能”。

挥合法性审查功能。[1]

二、统一法律适用功能转向的制度保障

二元司法解释体制是导致立法解释制度承担统一法律适用功能的主要因素,[2]鉴于统一法律适用功能的实施困境,有必要以其为重点,完善中国的法律解释体制。研究者提出的改革方案主要有一元多级的法律解释体制、[3]一元二级三层次的审判解释体制、[4]法定主体的一元性和授权主体的二元性的刑法解释体制、[5]以全国人大常委会和最高人民法院为主体的法律解释体制、[6]以最高人民法院为核心的多级审判解释体制、[7]由立法机关和司法机关共同行

---

〔1〕 根据第六章第一节的有关论述,在法规、司法解释的合法性审查程序中,全国人大常委会既可以审查法规、司法解释的合法性,也可以对法律作合宪性解释。因此,本书关于从法规、司法解释的合法性审查程序方面保障合宪性解释功能的论述同样适用于合法性审查功能,详情参见第六章第四节的有关论述。

〔2〕 在《立法法》起草过程中,对于最高人民检察院和国务院能否解释法律一直存在争议,但是并未形成共识,《立法法》仍然维持了《1981 年决议》的相关规定。参见赵娟整理:《关于中国立法法——应松年教授学术报告》,载《南京大学法律评论》2000 年第 1 期,第 222-223 页。

〔3〕 参见赵玉增:《从法律解释内涵析我国法律解释体制》,载陈金钊、谢晖主编:《法律方法》第 2 卷,山东人民出版社 2003 年版,第 46-65 页;丁戊:《法律解释体系问题研究》,载《法学》2004 年第 2 期,第 20-27 页。

〔4〕 参见刘青峰:《论审判解释》,载《中国法学》2003 年第 6 期,第 14-24 页。

〔5〕 参见贾济东:《论刑法立法解释与司法解释的协调》,载《国家检察官学院学报》2004 年第 4 期,第 22 页。

〔6〕 参见张立刚:《论我国法律解释体制的缺陷与冲突》,载《哈尔滨师范大学社会科学学报》2012 年第 2 期,第 35-45 页。

〔7〕 参见游伟、赵剑锋:《论我国刑法司法解释权的归属问题——关于建立多级审判解释体制的构想》,载《法学研究》1993 年第 1 期,第 58-62 页。

使法律解释权的混合解释体制、[1]由最高人民法院统一行使规范性的法律解释权和法官行使个案中的法律解释权的法律解释体制[2]等。综合分析上述研究成果，我们发现研究者在完善中国法律解释体制的过程中，普遍关注立法解释、检察解释、行政解释的存废以及法官的个案解释权等问题。在借鉴已有研究成果的基础之上，我们提出中国应当建立二元一级三层次的法律解释体制，二元是指只有全国人大常委会和最高人民法院才是法律解释机关，拥有法律解释权；一级是指除全国人大常委会和最高人民法院之外的其他人大常委会和人民法院都不拥有法律解释权；三层次之一是指全国人大常委会既可以单独实施法律解释权，也可在法规、司法解释的合宪（法）性审查制度中附带实施法律解释权，三层次之二是指最高人民法院行使规范性司法解释权，三层次之三是指法官可以在个案中解释法律和司法解释。取消最高人民检察院的司法解释权后，“两高分歧”的制度因素不复存在，最高人民检察院可充分发挥法律监督机关的职责，当最高人民法院的司法解释涉嫌与法律相抵触时，应根据《监督法》第三十二条向全国人大常委会提出合法性审查要求，不宜根据 2023 年《立法法》第四十九条以及《1981 年决议》向全国人大常委会提出法律解释要求。这能够充分保障全国人大常委会有效实施辅助型立法解释制度，并促使其发挥法规、司法解释

〔1〕 有研究者主张凡属于法院审判过程中具体应用法律、法令的问题，由全国人大常委会和最高人民法院进行解释，凡属于检察院检察工作中具体应用法律、法令的问题，由全国人大常委会和最高人民检察院共同解释。参见卢勤忠：《关于我国检察机关的司法解释权的探讨——兼谈法律解释工作的完善》，载《法学家》1998 年第 4 期，第 52-58 页。

〔2〕 参见陈金钊：《法律解释的哲理》，山东人民出版社 1999 年版，第 47-49 页。

的合法性审查功能。

（一）最高人民法院规范性司法解释制度之维持

自全国人大常委会授权最高人民法院就审判工作中具体应用法律、法令的问题进行解释之时，研究者就不断进行批判性研究，时至今日，许多曾经存在的问题已经随着中国法制的不断完善得到了解决。[1]但是，司法解释体制至今仍然存在一些问题，比如规范性司法解释的合法性、合理性、民主化动向等问题，有些司法解释甚至低估了法官的素质[2]。

就规范性司法解释权的改革而言，学界主要提出了如下观点。第一，立法化的司法解释已不符合法制现代化的要求，其在我国法制建设中的历史使命已经终结，司法解释应当向具体化的方向发展。[3]第二，基于法理、历史因素、司法解释发挥的功能等诸多原因，主张保留并加强最高人民法院的规范性的司法解释权。[4]第三，建立和完善案例指导制度或者典型判例制度，推动规范性司法解释

〔1〕 比如以1987年最高人民法院通过的《最高人民法院关于地方各级法院不宜制定司法解释性质文件问题的批复》为界，除最高人民法院以外的各级人民法院的规范性司法解释实践经历了从被默认到被禁止的过程，这维护了《1981年决议》的权威性；以1993年最高人民法院印发的《全国经济审判工作座谈会纪要》为界，司法解释经历了从不宜在裁判文书中直接引用到可在法律文书中引用的过程，司法解释的透明性逐渐扩大；最高人民法院于1997年和2007年先后两次发布关于司法解释工作的规定，逐渐规范制定司法解释的起因、程序、备案和修改等问题。

〔2〕 参见陈兴良：《司法解释功过之议》，载《法学》2003年第8期，第53页。

〔3〕 参见王利明：《司法改革研究》，法律出版社2000年版，第237页。

〔4〕 参见周其华：《论刑法司法解释的法律监督》，载《中国刑事法杂志》2003年第2期，第76页。

与适用性(判例)司法解释相辅相成。[1]在如何改革最高人民法院的规范性司法解释权这一问题上,大多数研究者的观点都是慎重的,即使主张建立案例指导制度或者判例制度的研究者,也基于中国当下社会对规范性司法解释的需要,而将其界定为长远目标。就司法解释的权力主体而言,研究者提出的改革方案主要有如下五类。第一,司法解释权应当归最高人民法院所有,这是由其保持国家法治统一和司法创新的功能决定的。第二,建立一元二级的司法解释体制,最高人民法院处于刑法司法解释的核心地位,同时在适当的情况下授权高级人民法院根据本地实际情况制作刑法司法解释。[2]第三,司法解释不是一项独立的权力,而是司法权中不可或缺的一项权能。因此,司法解释权应该由各级法院行使。基于误解而形成的最高人民法院司法解释权缺乏宪法依据,它既侵蚀了下级人民法院的司法权,又对立法机关的立法权构成侵犯。[3]第四,法院和法官(审判组织)应当共享法律解释权。[4]第五,司法解释的主体只能是法官和审判组织,建立以法官为中心的具体应用法律问题的个案解释体制势在必行。[5]

综合分析上述有关司法解释体制的观点,我们发现主张废除

---

〔1〕 参见赵玉梅、张兵:《我国司法解释制度存在的问题及成因》,载《法学》1994 年第 7 期,第 30 页。

〔2〕 参见姜涛:《我国刑法司法解释体制的审视与重构》,载《内蒙古社会科学(汉文版)》2005 年第 6 期,第 38 页。

〔3〕 参见贺日开:《司法解释权能的复位与宪法的实施》,载《中国法学》2004 年第 3 期,第 5-13 页。

〔4〕 参见刘青峰:《论审判解释》,载《中国法学》2003 年第 6 期,第 22-24 页。

〔5〕 参见董白本:《司法解释之管见》,载《政法论坛》1997 年第 6 期,第 5-6 页。

或者限制最高人民法院的规范性司法解释权的研究者主要提出了如下两个理由。第一，规范性司法解释体现出立法化倾向，有违罪刑法定的原则，比如最高人民法院发布的《关于执行〈中华人民共和国行政诉讼法〉若干问题的解释》扩大了可诉行政行为主体的范围。〔1〕第二，因某些抽象性司法解释效果不佳，最高司法机关不得不在出台某个司法解释后，又颁布新的司法解释对前者进行再解释、修改或限制，形成一种恶性循环。〔2〕上述两个问题可以概括为规范性司法解释的合法性和合理性问题，具有较强的说服力，但据此否定规范性司法解释是不恰当的。基于如下理由，笔者认为规范性司法解释应当继续存在且其权力主体只能是最高人民法院而不能包含其他各级人民法院。

第一，规范性司法解释具有历史和现实合理性。首先，在中国法制建设初期，立法相对粗陋，在司法实践中，有关同一法律规范往往存在不同的甚至相互冲突的理解，最高人民法院发布的规范性司法解释发挥了统一法律适用的功能，满足了我国法制相对空白时

〔1〕 参见江必新：《司法解释对行政法学理论的发展》，载《中国法学》2001年第4期，第36页。其他有关司法解释立法化的实证分析参见赵秉志、王勇：《论我国刑法的最高司法解释》，载《法学研究》1988年第1期，第62-65页；王祥珍：《司法解释应属社会主义法的渊源》，载《法学探索》1995年第1期，第23页；万兰茹：《有关"两高"确立罪名的司法解释的思考》，载《河北法学》2000年第2期，第110页；陈裕新、陆健、钱晖：《对"入户抢劫"司法解释的修改建议》，载《中国刑事法杂志》2003年第3期，第61页；李洁：《中国有权刑法司法解释模式评判》，载《当代法学》2004年第1期，第89页；邱兴隆：《一个半公正的司法解释——兼与苏力教授对话》，载《法学研究》2004年第6期，第69-80页。

〔2〕 参见张勇：《规范性司法解释在法律体系实施中的责任和使命》，载《法学》2011年第8期，第27页。

期司法实践对法律规范的需求。其次，审判委员会、个案监督、错案追究、司法机关行政化管理模式等制度抑制了法官在审判活动中所应发挥的主动性和创造性，〔1〕逐渐形成了对规范性司法解释的依赖性。再次，因为立法和修法的难度较大，某些体现出立法化的规范性司法解释往往是司法实践需求的产物。比如鉴于司法实践中大量存在离退休的国家工作人员受贿的现象，“两高”在不违背现行法律基本精神的前提下，颁布了《最高人民法院、最高人民检察院关于执行〈关于惩治贪污罪贿赂罪的补充规定〉若干问题的解答》（现已失效），明确规定已离、退休的国家工作人员可以成为受贿的主体。通过司法解释扩大了受贿罪犯罪主体范围，及时地解决了实践中遇到的新问题。〔2〕最后，随着中国法制逐步发展，依法治国的理念逐步深入传播，尤其是在时任全国人大常委会委员长吴邦国宣布具有中国特色的社会主义法律体系已经建成之后，法制空白逐渐减少。此时一些体现出创造性的规范性司法解释阻碍了法律权威的确立，尽管规范性司法解释仍然在司法实践中发挥着重要作用，但是其实践价值已不能掩盖其在理论上的缺陷，规范性司法解释的立法化问题被提出并不断被放大。尽管如此，鉴于其统一司法适用的实际功能，维持而非废止最高人民法院的规范性司法解释权是更为

〔1〕 参见周其华：《论刑法司法解释的法律监督》，载《中国刑事法杂志》2003 年第 2 期，第 17 页。

〔2〕 参见杨志宏、王守安、李记华：《论加强最高人民检察院的司法解释权——兼与游伟等同志商榷》，载《法学研究》1993 年第 6 期，第 52-53 页。

合理的方案。[1]

第二，规范性司法解释权只能由最高人民法院行使。有研究者认为我国地域辽阔，各地政治、经济、文化发展不平衡，不宜所有具体应用刑法的问题都一律由“两高”搞全国“一刀切”的司法解释。[2]事实上，最高人民法院确实曾经在某些司法解释中授权高级人民法院作司法解释，比如1998年“两高”及公安部联合制定的《最高人民法院、最高人民检察院、公安部关于盗窃数额认定标准问题的规定》授权省级人民法院、检察院和公安厅（局）根据本地区经济发展状况，并考虑社会治安状况，在上述司法解释所规定的数额幅度内，共同研究本地区执行的盗窃罪的具体数额标准，并分别报“两高”和公安部备案。但是，笔者认为据此授权省级人民法院司法解释权并不恰当。首先，最高人民法院之外的各级人民法院行使司法解释权缺乏法律依据。其次，类似上述事例提及的需要高级人民法院作出司法解释的情形不具有普遍性，大多局限于如下情形之中，即最高人民法院已经就相关问题作出司法解释，高级人民法院再根据自身情况具体化。该情形并非高级人民法院需要行使司法解释权的佐证，而仅仅是在最高人民法院规范性司法解释权的权限范围内行使自由裁量权，而且这种自由裁量权的行使需要经过最高人民法院的批准，不具有终局性。最后，规范性司法解释的重要功

---

〔1〕 为解决司法解释的立法化问题，全国人大常委会可加强合法性审查工作，也可在制定法律或者法律修改时吸收具备合理性但缺乏法律依据的司法解释。

〔2〕 参见佘宏荣、尹获菲：《论我国刑法司法解释的完善》，载《法学杂志》1990年第4期，第27页。

能在于统一法律适用，而解释主体的多元化必然造成法律适用中的混乱和不统一，有悖法治精神。[1]

（二）最高人民检察院规范性司法解释制度之存废

关于检察解释的存废问题，学界主要提出了废除说、保留说和限制说。废除说认为人民检察院是国家的法律监督机关，不具有任何行政职能的性质，也不应直接行使定罪和刑罚适用权；检察解释有悖于我国刑事诉讼活动中公检法三机关分工负责、互相配合、互相制约的基本原则；[2]"两高"同时行使刑法司法解释权，必然会导致政出多门。[3]废除说提出之后，研究者提出了如下几类辩护性观点。第一，我国检察机关是专门的法律监督机关，在性质上属于司法机关，与外国检察机关不同，不能因外国最高检察机关没有刑法司法解释权而否定我国最高人民检察院享有刑法司法解释权。最高人民检察院享有刑法司法解释权是检察机关与审判机关互相配合、互相制约的体现。[4]第二，检察机关具有的案件筛选职责必然要求它对刑法规范进行判断，如果废除检察解释，一旦检察机关在具体案件中碰到疑难问题需要解释，就必须等待或者主动要求审判机

---

〔1〕 参见范愉：《法律解释的理论与实践》，载《金陵法律评论》2003年第2期，第29页。

〔2〕 参见游伟、赵剑锋：《论我国刑法司法解释权的归属问题——关于建立多级审判解释体制的构想》，载《法学研究》1993年第1期，第59-60页。

〔3〕 参见罗堂庆：《论刑法司法解释权》，载《政治与法律》1993年第1期，第30页；陈春龙：《中国司法解释的地位与功能》，载《中国法学》2003年第1期，第32页。

〔4〕 参见杨志宏、王守安、李记华：《论加强最高人民检察院的司法解释权——兼与游伟等同志商榷》，载《法学研究》1993年第6期，第53-54页。

关进行解释，这违背了检察机关和审判机关相互独立的司法权配置原则。[1]

除了废除说和保留说之外，有研究者主张对检察解释进行限制。第一，就刑法问题而言，最高人民检察院不该享有刑法司法解释权，但可拥有部分程序司法解释权，其范围包括检察机关就刑事诉讼法中不涉及审判活动的法律问题所作的解释、检察机关就民检以及行检工作中的法律问题所作的解释和检察机关就监所等机关监督工作中的法律问题所作的解释。[2]第二，最高人民检察院可独立作出有关程序法问题的司法解释，但是实体问题应当与最高法联合作出。[3]第三，以职能范围为标准，对司法解释权进行划分，进而区别哪些司法解释职能由最高人民法院作出，哪些职能由最高人民检察院单独作出，哪些双方均可进行解释。[4]上述研究者以划分审判解释和检察解释权限的方式，致力于解决审判解释与检察解释之间的冲突，[5]这种方法困难且不可取，实践中可用联名解释、单独制

〔1〕 参见林维:《刑事司法解释主体二元化研究》，载《江苏社会科学》2007 年第 1 期，第 121 页。

〔2〕 参见卢勤忠:《关于我国检察机关的司法解释权的探讨——兼谈法律解释工作的完善》，载《法学家》1998 年第 4 期，第 53–56 页。

〔3〕 参见季长龙:《司法解释体制概念与结构的法理辨析》，载《苏州大学学报（哲学社会科学版）》2009 年第 4 期，第 46–47 页。

〔4〕 参见赵秉杰、李希慧:《关于完善刑事司法解释的研讨》，载《检察理论研究》1993 年第 4 期，第 45 页。

〔5〕 “两高” 的司法解释相互冲突的实例参见罗堂庆:《论刑法司法解释权》，载《政治与法律》1993 年第 1 期，第 23 页。

定后及时向对方通报、请求立法解释等方式予以解决。〔1〕

在借鉴上述观点的基础上，基于如下两个理由，我们主张废除最高人民检察院的司法解释制度。第一，不管是保留说还是限制说，都依据最高人民检察院在司法实践中所承担的职权为检察解释进行辩护，这也是《1981 年决议》背后的理论依据，将司法解释权按照职能范围在“两高”之间进行分配，当二者发生原则性的分歧时，全国人大常委会作出法律解释或者决定加以消解。这种模式割裂了司法活动的统一性，不管是由法院单独还是法院和检察院共同行使司法权，司法权都应当具有统一性和连续性。不管是程序性的问题还是实体性的问题，检察机关所行使的司法职能都仅仅是司法活动的一个前期部分，法院的审判权才是司法活动的终点，司法权应当统一且终结于审判权。当然这里的终结具有相对性，包括全国人大常委会、检察院在内的其他主体可针对司法权开展不同形式的监督活动。既然司法权应当终结于审判权，那么在司法审判活动中，就法律的解释而言，所有主体对法律的解释结果都应当受到审判权的监督，检察机关对法律的解释也不例外。换言之，即使我们承认检察解释的合法性，其法律效力亦应当低于审判解释。第二，法律解释权作为一种权力应当具有相对的终局性，比如在未被全国人大常委会通过违法审查制度宣布为违法之前，最高人民法院的司法解释在个案当中就具有相对的终局性。基于上面的论述，权力主

〔1〕 参见丁慕英、陆德山：《也论我国刑法司法解释权的归属问题——与游伟、赵剑锋同志商榷》，载《当代法学》1994 年第 2 期，第 28 页；张兆松：《检察解释与审判解释冲突的解决》，载《法学》1997 年第 5 期，第 62 页。

体在行使审判权的过程中可就任何法律的适用问题进行解释，不管这种解释是法院的规范性解释还是法官的个案解释。但是，相对于审判解释而言，检察解释不具有终局性。最高人民检察院有时在作出司法解释之前会征求最高人民法院的意见，比如1957年通过的《最高人民检察院关于人民检察院决定不逮捕而起诉的案件法院应否受理的批复》（2002年失效）就是最高人民检察院在征求了最高人民法院的意见之后作出的。所以，不具有终局性的检察解释并不能成为一种法律解释权。总之，就司法审判领域的法律解释而言，我们主张建立最高人民法院一个权威，由其统一行使法律解释权。当然，即使检察解释被废除，也并不意味着检察机关碰到任何法律解释问题都需要请示最高人民法院，检察机关仍然可以依据自身对法律的理解行使宪法和法律所授予的职权，只不过其对法律的解释最终要受到法院的审查，当其与最高人民法院对法律的解释相冲突时，最高人民法院的司法解释具有更高的法律效力。《刑事诉讼法》中的某些条款体现了上述观点，比如第一百七十六条规定对人民检察院维持不起诉决定的，被害人也可以不经申诉，直接向人民法院起诉。在类似这种情况下，最高人民检察院对是否应当提起公诉的法律条款的解释就受到法院的审查，此时审判解释的效力就优于检察解释。但是，我们还应当看到与之相反的一些情况，比如对于检察机关批准的逮捕决定在提起公诉之前就不会受到法院的审判，此时对于与批捕相关的法律条款的解释，检察解释的效力优于审判解释。废除检察解释之后，检察机关在行使职权的过程中必然会生出许多不便，这也是立法法草案试图将法律解释权统一授予最高人民法院并未成功的原因之一。但是，实用主义考量要让位于理性判断，在废除检察解释之后，最高人民检察院可依据《监督法》第三十二条的授权，对其认为违法的最高人民法院的司法解释向全国人大常委会提出审查的要求，从而推动全国人大常委会在合法性审查实践中附带行使法律解释权，实现司法解释合法性的有效控制。

（三）行政解释制度之废止

行政解释的存废问题直接关系到司法解释甚至是司法权威的建构，对此早有研究者提出论断，由于在法律具体实施过程中全国人大常委会的“撤销权”实际上难以启动，行政解释权就有可能在事实上演化为一种行政法律割据或行政主管部门法律割据的局面。〔1〕研究者普遍注意到了行政解释体制存在的上述问题，纷纷提出改革之道。首先，如果行政机关与行政相对人之间发生纠纷，进入了诉讼领域，按照法治原则行政机关就不能再对法律进行解释，而应由法院或者审案法官确定法律的意义，这是法治原则在行政诉讼领域的具体体现，所以应当取消行政解释权。〔2〕其次，有研究者基于行政管理的需要，主张赋予行政机关一定的行政解释权，但是该解释权并不具有终局性，一旦进入行政诉讼过程，行政机关便不能再作解释，而且其先前所作的解释也要接受法院的审查。〔3〕最后，有

〔1〕 参见张志铭：《法律解释操作分析》，中国政法大学出版社 1999 年版，第 256–257 页。

〔2〕 参见陈金钊：《论法律解释权的构成要素》，载《政治与法律》2004 年第 1 期，第 46 页。

〔3〕 参见赵玉增：《从法律解释内涵析我国法律解释体制》，载陈金钊、谢晖主编：《法律方法》第 2 卷，山东人民出版社 2003 年版，第 64–65 页。

研究者认为行政解释的主体最终还是要回归到行政公务人员。[1]

综合分析上述观点，废除论和改革论存在一个相对共识，即相对于司法解释而言，行政解释不具有终局性。正如前文所述，我们所主张的法律解释权必须具有相对的终局性，行政解释相对于司法解释，就像检察解释相对于审判解释一样，不具有终局性。因此，行政解释不能成为一种法律解释权。但是，我们并不因此否定行政机关以及行政公务人员基于行政管理的需要，在具体的或者抽象的行政行为中，通过自身的理解执行法律，这是与行政执法权相伴相生的，无须再单独授予行政机关法律解释权，一方面没有必要，另一方面也有损法院权威的树立。废除行政解释权之后，还需要就现有行政诉讼制度作出一定的调整，将抽象行政行为纳入司法审查的范围。但是，如果涉及法规的合法性问题时，法院应当中止案件的审理，逐级上报最高人民法院，如果最高人民法院认为该法规并未违法，可通过批复或者其他方式作出解释，下级人民法院应当遵守执行；如果最高人民法院认为该法规有违法的可能，应当上报全国人大常委会，由全国人大常委会通过合法性审查制度作出法规是否违法的判断。此时，附带于法规合法性审查实践的立法解释制度就体现出法规合法性审查的功能。

(四)法官个案解释制度的建构

目前中国的法律解释制度并未赋予法官以法律解释权，其中最

---

〔1〕 参见孙日华:《行政解释的再定位：回归与创造》，载《西部法学评论》2009 年第 3 期，第 3 页。

为重要的原因之一是法官的素质问题。但是随着法官遴选制度以及司法考试制度的健全与完备，我国法官的素质正在不断提高，甚至出现了学者型的法官。在这种情况下，不少研究者呼吁，我们需要向法官适用解释法律过渡。〔1〕这些研究者大多以西方法律解释理论论证法官在法律解释体制中的应然地位。因法律解释的主观性问题，大多数研究者一方面承认法官的法律解释权，另一方面通过各种方式加以限制，认为法官解释法律应尊重立法宗旨与目的，恪守法律条款中的规范意旨，〔2〕不得以扩大解释的方式作出对被告人不利的司法解释。〔3〕我们认为，应当在如下两个层面上建立符合现有法律体系的法官个案解释制度。

第一，承认法官在个案当中解释法律的行为，但是无须专门立法赋予法官以法律解释权。法官在适用法律的过程中，必然需要解释相关法律规范，过去这种解释并没有明确体现在司法文书之中。但是，2009 年 12 月，《最高人民法院关于司法公开的六项规定》明确提出裁判文书应当充分表达当事人的诉辩意见、证据的采信理由、事实的认定、适用法律的推理与解释过程，做到说理公开。因此，法官在个案当中解释法律的行为已经得到了最高人民法院的认可，这是对司法裁判规律的遵守，法官在个案当中解释法律的行为是审判权的一个必然组成部分。既然司法解释已经作出明确规定，

〔1〕 参见陈兴良：《司法解释功过之议》，载《法学》2003 年第 8 期，第 53 页。

〔2〕 参见《全国法解释学研讨会纪要》，载《法学研究》2001 年第 2 期，第 157 页。

〔3〕 参见周蔚、杜文俊、任志中：《法官在刑事司法解释体制中的应然地位》，载《政治与法律》2004 年第 5 期，第 108 页。

那么就没有必要再专门立法授权法官解释法律。有研究者提出，因为法官队伍整体素质参差不齐，其解释法律的自由裁量权应当受到控制，但也有研究者担心控制过度，将会削弱法官解释法律的积极性和主动性。2009 年 10 月，《最高人民法院关于裁判文书引用法律、法规等规范性法律文件的规定》明确提出并列引用多个规范性法律文件时，要坚持“法律及法律解释、行政法规、地方性法规、自治条例或者单行条例、司法解释”的引用顺序。这明确承认了司法解释的规范性法律文件的地位，并且要求法官在裁判文书中予以引用。最高人民法院的规范性司法解释权是对法律规范的具体化，其在本质上已经大大缩减了法官解释法律之时的自由裁量权。当然，某些最高人民法院的规范性司法解释亦非明确，需要法官在适用的过程中再解释，这种再解释即是法官发挥其积极性和主动性的空间。

第二，法官作为法规、司法解释违宪（法）审查的提议主体，间接行使部分法律解释权。法官在援引法规和司法解释裁判案件时，如果发现法规和司法解释有违反法律的情形，应当中止案件的审理，将涉嫌违法的法规和司法解释上报审判委员会，若审判委员会无法确认其合法性，如涉及法规的合法性审查，则逐级上报至最高人民法院，由其作出司法解释或向全国人大常委会提出启动针对该法规的违法审查程序；如涉及司法解释的合法性审查，则由省级人民法院直接上报至全国人大常委会，由其决定是否启动针对该司法解释的违法审查程序。在上述过程中，法官间接地行使了包含在违宪（法）审查制度之中的部分法律解释权，但是法官行使的法律解释权并不具有相对终局性，无须专门立法予以授予，针对司法解释的违法审查建议仅需落实《监督法》第三十二条第二款的规定，针对法规的违宪（法）审查建议仅需落实《立法法》第一百一十条第二款的规定。但是，考虑到截至目前仅存在1例由国家机关提出的合宪性审查建议，如何激励法官就法规和司法解释的合宪（法）性审查提出建议是一个需要进一步研究的问题，这也是本书后续研究的重要内容之一。

第六章　全国人大常委会法律解释制度的合宪性解释功能

同阐释立法原意、补充法律规定、统一法律适用、合法性审查等功能具有规范基础或者建基于立法解释实践不同，合宪性解释功能既没有明确的规范基础，也没有实践支撑，源自我们对如下两个问题的观察和思考。第一，全国人大常委会法工委在法律询问答复中对1991年《民事诉讼法》第六十五条作出过合宪性解释，[1]但由

---

〔1〕为了解决人民法院是否有权检查移动通信用户的通信资料等有关问题，湖南省人大常委会法工委于2003年11月25日向全国人大常委会法工委提出了《关于如何理解宪法第四十条、民事诉讼法第六十五条、电信条例第六十六条规定的请示》，认为公民通信自由和通信秘密是宪法赋予公民的一项基本权利，除宪法明文规定的因国家安全或者追查刑事犯罪的需要并由公安机关或者检察机关依照法律规定的程序对通信进行检查的特定情形外，不受限制。移动用户的通信资料中的通话详单涉及大量个人隐私和秘密，是通信内容的重要组成部分，应属于宪法保护的通信秘密范畴。人民法院依照1991年《民事诉讼法》第六十五条规定调查取证时，应符合宪法的上述规定，不得侵犯公民的基本权利。2004年4月9日，全国人大常委会法工委发布了《全国人民代表大会常务委员会法制工作委员会关于如何理解宪法第四十条、民事诉讼法第六十五条、电信条例第六十六条问题的交换意见》(法工办复字〔2004〕3号)，同意了湖南省人大常委会法工委来函提出的意见。在此事例中，全国人大常委会法工委认为涉及《宪法》保护的公民通信自由和通信秘密时，《民事诉讼法》授权之人民法院的调查取证权不得介入。换言之，全国人大常委会法工委根据《宪法》第四十条限缩了1991年《民事诉讼法》第六十五条的适用范围，排除了其违宪可能性，在规范形式未发生变化的前提下，保全了1991年《民事诉讼法》第六十五条在公民的通信自由和通信秘密之外领域的法律效力。

于其并非宪法解释和法律解释的正式主体，其作出之法律的合宪性解释的效力不足。如果以全国人大常委会作出法律解释的形式完成上述合宪性解释，那么法律的合宪性问题将在既有制度框架内得到部分解决。第二，全国人大常委会同时拥有宪法解释权和法律解释权，分析《宪法》分别授权模式以及实施状况，二者基本处于相互独立且暂无关联的境地。全国人大常委会在法律解释实践中应用合宪性解释方法不仅可解决部分法律的违宪性问题，还可以激活宪法解释制度，实现宪法解释与法律解释的有效互联，推动全国人大常委会职权的体系化实施。

立法解释制度的合宪性解释功能是指，当法律存在多义性且部分解释结论具有违宪可能性时，全国人大常委会对法律作合宪性解释，或者选择符合宪法的解释结论并否定与宪法不符之解释结论，或者将法律限缩在合宪的适用范围内，排除法律之违宪可能性，在规范形式未发生变化的前提下，保全其法律效力。合宪性解释功能既可以通过独立型立法解释制度发挥，也可以附带于法规、司法解释的合法性审查制度展现。在完善的违宪审查制度建立之前，通过发挥合宪性解释功能，立法解释制度能够排除法律的违宪性因素，弥补当下违宪审查对象不能涵盖狭义法律的制度缺陷，健全全国人大及其常委会的宪法监督与实施机制。

接下来，我们将从理论基础、事实基础、规范基础和实践机制四个方面开展研究。首先，作为合宪性解释性质主流学说的法律解释方法说和规范保全手段说皆不支持全国人大常委会应用合宪性解释，在解构前者、批判性继承后者的基础上，笔者提出了合宪性解释性质的法律的合宪性再造说，扫除了全国人大常委会应用合宪性解释的理论障碍。其次，排除法律的违宪性因素是全国人大常委会应用合宪性解释的直接目的，但是我国学界存在全国人大及其常委会制定的法律不可能违宪的论断。为建立全国人大常委会应用合宪性解释的事实基础，我们批判了几种法律不可能违宪的常见观点。再次，尽管合宪性解释功能缺乏明确的规范依据，但通过分析《立法法》《监督法》《法规、司法解释备案审查工作办法》（以下简称《备案审查工作办法》）的相关条文，合宪性解释功能未突破相关法律条文字面含义的可承载范围，具有间接的规范基础。最后，从坚持党的领导、完善宪法实施机制等方面论证合宪性解释功能的必要性和可行性，构建全国人大常委会依托法律解释制度和合法性审查制度对法律作合宪性解释的实践机制与保障机制。

第一节　合宪性解释功能的理论前提

关于合宪性解释的性质，学界没有达成共识，主要提出了法律解释方法说和规范保全手段说两种主流学说。合宪性解释的性质讨论不仅是理论之争，也是应用机制之辩，法律解释方法说是普通法院应用模式的理论基础，契合中国立法机关保障宪法实施的制度现实，却是误读域外理论渊源的学术产物；规范保全手段说仅支持司法审查机关应用模式，但作为其思想基础的司法谦抑论面临事实上不谦抑、应然上无须谦抑的双重难题。总之，在法律解释方法说和规范保全手段说理论框架内，同时作为立法机关和违宪审查机关的全国人大常委会无法适用合宪性解释方法。因此，对于立法解释制度的合宪性解释功能研究而言，重新厘定合宪性解释的性质是关键与基础。在解构法律解释方法说、批判性继承规范保全手段说的前提下，通过梳理四类合宪性解释实践的共性，我们提出了法律的合宪性再造说，主张合宪性解释建基于权利保障和秩序维护，表现出规范保全的形式特征，具有民主合法性基础。在法律的合宪性再造说框架下，包括全国人大常委会在内的所有性质的违宪审查机关皆可通过法律解释制度或者违宪审查制度开展法律的合宪性解释工作。

一、合宪性解释性质的中国争议

2008 年以来，研究者发掘出合宪性解释方法推动宪法实施的功能，集中提出了“合宪性解释是中国当下宪法司法适用可行路径”〔1〕的学术命题，推动形成了持续至今的合宪性解释研究思潮，产生了丰富的学术成果及较大学术影响力。〔2〕然而时至今日，合宪性

〔1〕 参见上官丕亮:《当下中国宪法司法化的路径与方法》，载《现代法学》2008 年第 2 期，第 3–16 页；张翔:《两种宪法案件：从合宪性解释看宪法对司法的可能影响》，载《中国法学》2008 年第 3 期，第 110–116 页；翟国强:《宪法判断的方法》，法律出版社 2009 年版，第 90–91 页；陈金钊等:《法律解释学——立场、原则与方法》，湖南人民出版社 2009 年版，第 464–466 页；姜福东:《法律解释的范式批判》，山东人民出版社 2010 年版，第 304–307 页。

〔2〕 因为性质认识的差异性，合宪性解释研究也产生了一些消极的学术影响，比如马工程《宪法学》(第 2 版)将合宪性解释误解为宪法解释。马工程《宪法学》(第 1 版)将宪法解释分为违宪解释和合宪解释，合宪解释是指宪法解释机关通过解释宪法用以判断法律等规范性文件符合宪法；马工程《宪法学》(第 2 版)将合宪解释的定义更改为合宪性审查机关审查法律等规范性文件，既可以作出合宪也可以作出违宪的解释时，作出其符合宪法的解释。马工程《宪法学》(第 2 版)将学界研究之合宪性解释等同于教科书中之合宪解释是错误的，合宪解释的本质是解释宪法而非解释法律，合宪性解释的本质是解释法律而非解释宪法，二者性质迥异，不能混同。参见《宪法学》编写组:《宪法学》(第 1 版)，高等教育出版社、人民教育出版社 2011 年版，第 37 页；《宪法学》编写组:《宪法学》(第 2 版)，高等教育出版社、人民教育出版社 2020 年版，第 33 页。

解释的概念表达和话语体系仍未形成共识，即便使用同一概念，研究者所定义之内涵和外延也存在较大区别。合宪性解释概念表达和话语体系不统一的原因主要有三：第一，合宪性解释的中国研究具有德国的合宪性解释、日本的合宪限定解释与美国的合宪性推定等多元理论渊源，这是概念不统一的直接原因。第二，翻译问题。就德文中 verfassungskonforme Auslegung 的翻译而言，多数研究者称之为合宪性解释，〔1〕也有研究者称之为符合宪法的法律解释、〔2〕合宪法律解释、〔3〕法律合宪解释、〔4〕合宪性限缩解释〔5〕等。第三，理论渊源和翻译问题是表面理由，性质认识不统一是根本原因。在宪法监督体制差异性以及中国实践可能性等因素综合作用下，加上域外尤其是德国学界关于合宪性解释的正当性基础亦存在一定分歧，中国研究者形成了合宪性解释可区分为违宪审查机关在规范审查时所作之合宪性解释与普通法院在法律适用中所作之合宪性解释

〔1〕 参见柳建龙：《合宪性解释原则的本相与争论》，载《清华法学》2011 年第 1 期，第 110–113 页；杨仁寿：《法学方法论》，中国政法大学出版社 2013 年版，第 177–178 页；王锴：《合宪性解释之反思》，载《法学家》2015 年第 1 期，第 45 页；李念祖：《法官为司法审查的点石成金术：从释字第 177、371、407 及 617 号解释论审判中的合宪性解释的功能》，载《月旦裁判时报》第 82 期（2019 年），第 79–93 页。

〔2〕 参见吴庚：《宪法的解释与适用》，三民书局 2004 年版，第 585 页；谢维雁：《论合宪性解释不是宪法的司法适用方式》，载《中国法学》2009 年第 6 期，第 169 页。

〔3〕 参见苏永钦：《合宪法律解释原则——从功能法上考量其运用界限与效力问题》，载《宪政时代》第 19 卷第 3 期（1994 年），第 52 页。

〔4〕 参见黄昭元：《宪法》，载《台大法学论丛》第 39 卷第 2 期（2010 年），第 12 页。

〔5〕 参见连孟琦：《扩大利得没收之合宪裁判——德国联邦宪法法院裁定 BVerfG 2 BvR 564/95（BverfGE 110，1）译介》，载《月旦裁判时报》第 48 期（2016 年），第 164 页。

的相对共识。[1]但是，二者性质迥异，前者是一种规范效力保全手段，后者是一种法律解释方法，中国研究呈现两种性质不同的合宪性解释相互交织的局面。

系统梳理合宪性解释学术史是界定合宪性解释性质的关键，原因有二：一是我国的合宪性解释研究在形式上表现为“西方宪法学在中国”，德国的合宪性解释、日本的合宪限定解释以及美国的合宪性推定的历史渊源与性质定位已基本阐释清楚，但是研究者在此过程中所作之“西方宪法学的中国化”却未经系统梳理。二是我国大陆的合宪性解释研究受到台湾地区的实质影响，[2]尤其在合宪性解释的性质认定方面，但是二者之间的联系至今未引起学界重视。合宪性解释的中国学术史可划分为引入、转介、推进、转向四个阶段。[3]第一，自 20 世纪 70 年代以来：我国台湾地区学者的

〔1〕 参见张翔：《合宪性解释的两个面向——答蔡琳博士》，载《浙江社会科学》2009 年第 10 期，第 60 页。

〔2〕 我国台湾地区相关研究对我国大陆的影响主要有四个方面。第一，梁慧星教授受到我国台湾学者杨仁寿和黄茂荣的直接影响，最早在大陆地区提出了合宪性解释概念。第二，大陆地区有关合宪性解释性质的主流学说皆由台湾学者率先提出。第三，我国台湾学者苏永钦有关瑞士学者所论合宪性解释的三规则是大陆研究者普遍引用的文献资料。第四，在研究方法上，大陆研究者也受到台湾研究者的广泛影响。研究者以吴庚介绍之德国联邦宪法法院合宪性解释的两大技巧（转换文义和择一适用）为标准，对中国法院的合宪性解释实践作类型化研究。

〔3〕 有研究者认为合宪性解释研究经历了从引入到复兴的发展阶段，参见黄卉：《合宪性解释及其理论检讨》，载《中国法学》2014 年第 1 期，第 289-291 页。如果考虑到我国台湾地区的研究成果，实则经历了从引入、转介、推进到转向的过程。第一，我国台湾地区受到德国合宪性解释理论的影响，早在 20 世纪 80 年代即开始了相关研究；第二，2008 年宪法学者推动下的合宪性解释研究不是对 20 世纪 90 年代以来部门法学者研究的复兴而是推进与深化，因为部门法学者主要在法律解释方法层面研究合宪性解释，宪法学者则主要将其定性为规范控制手段。

引入阶段。我国台湾地区学者较早受到德国合宪性解释理论的影响，基础理论与个案研究等也更深入、系统。[1]第二，20世纪90年代以来：大陆部门法学者的转介阶段。受到我国台湾地区学者研究的直接影响，大陆部门法学者较宪法学者更早产生了合宪性解释研究的理论自觉，民法学者较早提出了法律解释方法意义上的合宪性解释，[2]刑法学者也普遍在刑法解释方法体系内开展合宪性解释研究。[3]第三，2008年以来：大陆宪法学者的推进阶段。在“合宪性解释是中国当下宪法司法适用可行路径”学术命题提出之后，围绕合宪性解释的性质与功能等核心问题，宪法学者批判了作为法律解释方法的合宪性解释，提出了作为规范保全手段的合宪性解释，形成了两类合宪性解释并存的相对共识。第四，2015年以来：实践研究转向阶段。随着上述相对共识的达成，实现了从合宪性解释本体论研究向方法论研究的学术转向，促进了宪法学与民法、行政法、刑法

〔1〕 代表性文献参见黄茂荣：《法律解释学基本问题（Ⅰ）》，载台北，《台大法学论丛》第5卷第2期（1976年），第49-79页；吴庚：《论宪法解释》，载台北，《法令月刊》第41卷第8期（1990年），第3-6页；杨仁寿：《法学方法论》，台北，三民书局1986年版；林金吾：《合宪性之法律解释原则——以德国之发展为观察中心》，台北，台湾政治大学1993年硕士学位论文等。近来合宪性解释个案研究的代表性文献参见张嘉尹：《人性尊严的重量评析大法官释字第656号解释》，载台北，《世新法学》第2卷第2号（2009年），第1-33页；梁弘孟：《一夫二妻何以合法？论释字第362号解释的适用结果》，载台北，《月旦法学教室》第171期（2017年），第47-52页。

〔2〕 参见梁慧星：《论法律解释方法》，载《比较法研究》1993年第1期，第56-57页。

〔3〕 关于这一时期刑法学者开展合宪性解释研究的综述参见苏永生：《刑法合宪性解释的意义重构与关系重建——一个罪刑法定主义的理论逻辑》，载《现代法学》2015年第3期，第137-138页；黄晓亮：《刑法合宪性解释界定的另条路径》，载《国家检察官学院学报》2015年第5期，第22-24页。

等部门法的交叉研究。[1]

纵观合宪性解释的中国学术史，性质问题贯穿始终且争论犹存，它是转介与推进阶段的核心论题，主要形成了法律解释方法说和规范保全手段说等两种理论。法律解释方法说是实践研究转向的理论前提，规范保全手段说是法律解释方法说的最有力批判者，二者皆由我国台湾地区学者在引入阶段率先提出。如果说规范保全手段说是“西方宪法学在中国”，那么法律解释方法说则是“西方宪法学的中国化”。法律解释方法说虽然契合中国立法机关保障宪法实施的制度现实，却是误读西方合宪性解释理论的产物，规范保全手段说仅注意到合宪性解释的西方表象，未挖掘其实质，又因中国缺乏司法审查制度基础，其实践价值至今未受重视。法律解释方法说和规范保全手段说同时存在于中国学界，合宪性解释成为一个包含两种性质迥异方法的概念集合体。在系统考察合宪性解释性质中国学说史的前提下，在解构法律解释方法说、批判性继承

〔1〕 宪法与民法的交叉研究成果参见杜强强：《论民法任意性规范的合宪性解释——以余丽诉新浪网公司案为切入点》，载《华东政法大学学报》2014年第6期，第30-41页。宪法与行政法的交叉研究成果参见李忠夏：《农村土地流转的合宪性分析》，载《中国法学》2015年第4期，第123-141页；杜强强：《论合宪性解释的法律对话功能——以工伤认定为中心》，载《法商研究》2018年第1期，第12-21页；谭清值：《行政处罚规范的合宪性解释——基于行政处罚案例的实证考察》，载《交大法学》2019年第1期，第125-142页。宪法与刑法的交叉研究成果参见白斌：《宪法价值视域中的涉户犯罪——基于法教义学的体系化重构》，载《法学研究》2013年第6期，第131-146页；杜强强：《论宪法规范与刑法规范之诠释循环——以入户抢劫与住宅自由概念为例》，载《法学家》2015年第2期，第15-27页；张翔：《“近亲属证人免于强制出庭”之合宪性限缩》，载《华东政法大学学报》2016年第1期，第56-69页；杜强强：《入户犯罪、牵连犯处断与比例原则——兼论合宪性解释对刑法释义学命题的尊重》，载《首都师范大学学报（社会科学版）》2016年第1期，第58-66页。

规范保全手段说的基础上，我们尝试对法律的合宪性再造说进行实践考察与理论证成，建立全国人大常委会应用合宪性解释的理论基础。

二、法律解释方法说的两种类型及其解构

两种类型的法律解释方法说皆由我国台湾地区学者提出并转介至大陆学界，由于符合推动宪法司法适用的学术目标，在我国台湾地区影响甚微的法律解释方法说受到大陆学者的青睐，作为法律解释方法说两种类型之一的“符合宪法的法律解释方法说”至今仍处于主流学说地位。法律解释方法说虽然符合我国立法机关保障宪法实施的制度现实，却是误读德国基本权利的客观价值秩序理论的学术产物。法律解释方法说是研究者在域外合宪性解释理论框架内，根据我国国情所作之理论创造，却一定程度上忽略了西方合宪性解释与违宪审查制度紧密关联的理论品格。

（一）法律解释方法说的两种类型

合宪性解释性质的法律解释方法说存在两种类型，一种是“基于宪法的法律解释方法说”，另一种是“符合宪法的法律解释方法说”。两类法律解释方法说皆由我国台湾地区学者率先提出，前者主要经由民法学者转介至大陆学界，后者主要经由刑法学者转介至大陆学界。2008 年以来，二者相继进入宪法学者研究视野，成为合宪性解释学术争鸣的核心议题之一。

1. 基于宪法的法律解释方法说的提出与发展

基于宪法的法律解释方法说经历了我国台湾地区学者提出（20世纪80年代）、〔1〕大陆民法学者转介（20世纪90年代）、大陆宪法学者推进并引发辩论（2008年以来）的历程。在基于宪法的法律解释方法说理论框架下，合宪性解释是一种“依宪法及阶位较高的法律规范，以解释阶位较低的法律规范的一种法律解释方法”〔2〕。研究者一般主张法律秩序是一个逻辑严密的阶层结构，宪法具有最高的法律效力，在法律解释过程中，应当贯彻宪法的精神、原则以及规范，以维护法律秩序的统一性。〔3〕受此影响，民法学教科书大多明确将合宪性解释认定为与文义、体系、历史、目的解释等并列的法律解释方法。〔4〕

2008年以来，宪法学者将基于宪法的法律解释方法说引入宪法学界，主张法官在司法裁判中应当根据宪法解释法律。反对者认为德国宪法学理论中的合宪性解释是违宪审查机关保全规范效力的手段，而非贯彻宪法价值的法律解释方法，推动中国宪法司法适用性的合宪性解释的本质是基于宪法的（法律）解释，〔5〕支持者认可

---

〔1〕 我国台湾学者杨仁寿于1986年提出“合宪解释”系指以较高或“宪法”规范之意旨，而为解释位阶较低法规之方法。参见杨仁寿：《法学方法论》，中国政法大学出版社1999年版，第129页。

〔2〕 梁慧星：《论法律解释方法》，载《比较法研究》1993年第1期，第56页。

〔3〕 参见梁慧星：《民法解释学》，中国政法大学出版社1995年版，第230-231页。从刑法教义学角度论证合宪性解释立基于法秩序一致性的观点参见姜涛：《法秩序一致性与合宪性解释的实体性论证》，载《环球法律评论》2015年第2期，第142-144页。

〔4〕 参见王利明、杨立新、王轶、程啸：《民法学》，法律出版社2008年版，第20页。

〔5〕 参见王锴：《合宪性解释之反思》，载《法学家》2015年第1期，第46-50页。

该观点，但主张合宪性解释具有合宪性审查和普通司法两个面向，可划分为合宪性审查机关在规范审查中所作合宪性解释与普通法院在司法裁判中所作之合宪性解释，即基于宪法的法律解释是合宪性解释的一种类型。总之，尽管存在名不符实之虞，但是基于宪法的法律解释方法说至今仍存。

2. 符合宪法的法律解释方法说的提出与发展

符合宪法的法律解释方法说经历了我国台湾地区学者提出（20世纪70年代）、大陆刑法学者转介（20世纪90年代）、大陆宪法学者推进并引发辩论（2008年以来）的历程。在符合宪法的法律解释方法说理论框架下，宪法的基本价值不仅参与决定法律解释之内容，还具有控制法律解释结果的功能，〔1〕当存在多种解释结论时，应优先选择符合宪法的解释结论，摒弃违宪的解释结论。〔2〕合宪性解释以宪法原则和精神检验其他法律解释方法所得结论的合宪性，是法律解释的终极方法，〔3〕其实质可理解为普通法院在司法裁判中所

〔1〕 参见黄茂荣：《法律解释学基本问题（Ⅰ）》，载台北，《台大法学论丛》1976年第5卷第2期，第77–78页。

〔2〕 参见舒国滢、王夏昊、梁迎修等：《法学方法论问题研究》，中国政法大学出版社2007年版，第390–391页。

〔3〕 参见梁根林：《罪刑法定视野中的刑法适用解释》，载《中国法学》2004年第3期，第130页；苏彩霞：《刑法解释方法的位阶与运用》，载《中国法学》2008年第5期，第101页。尽管宪法精神、原则、规范可以作为论理解释中限缩解释或者目的解释的标准之一，凡与之相抵触的法律解释应摒弃，从而实现论理解释实质性包括合宪性解释的理论推演，但刑法学教科书普遍未明确提及合宪性解释却是不争的事实，仅有少数刑法学教科书提出合宪性解释是论理解释的具体方法之一。参见曲新久：《刑法学原理》，高等教育出版社2009年版，第58页。究其原因，我国法律解释方法论研究深受德国影响，德国理论中的符合宪法的法律解释方法往往包含在目的解释中，在根据法律目的进行解释时，法官总是将宪法的价值判断放在首位，尝试在法律规定的范围内与宪法规范保持一致。参见［德］汉斯·海因里希·耶塞克、［德］托马斯·魏根特：《德国刑法教科书》（上），徐久生译，中国法制出版社2017年版，第215–216页。

作之法律文义的合宪性限缩或者部分违宪宣告。总之，符合宪法的法律解释方法说的核心观点是普通法院法官也有权作违宪审查机关或释宪机关在规范审查程序中所作之合宪性解释。2008年以来，在批判基于宪法的法律解释方法说的进程中，支持法律解释方法说的宪法学者逐渐转向符合宪法的法律解释方法说，围绕法官是否拥有宪法解释权这个核心问题，研究者就合宪性解释是不是一种普通法院可适用的法律解释方法展开了持续至今的广泛研讨。

3. 两类法律解释方法说的共识与区别

基于宪法的法律解释方法说主张保全规则属于合宪性审查层面，中国无实践可能性，只有在单纯解析规则和冲突规则方面，中国法官才能通过解释法律将宪法精神纳入法律解释活动中。[1]符合宪法的法律解释方法说不仅主张法官可作基于宪法的法律解释，而且可作保全规则意义上的合宪性解释并与全国人大常委会的违宪审查制度相衔接，实现规范合宪性控制的实际效果。[2]两类法律解释方法说的共识有三：一是在理论依据上皆以法规范效力的层级结构理论为基础；二是在目标指向上皆追求解释法律而非解释宪法；三是在适用主体上皆主张普通法官可在司法裁判过程中运用合宪性解释方法。

同共识相比，二者的分歧更加突出。第一，适用前提：解释结

〔1〕 参见张翔：《两种宪法案件：从合宪性解释看宪法对司法的可能影响》，载《中国法学》2008年第3期，第112页。

〔2〕 参见上官丕亮：《当下中国宪法司法化的路径与方法》，载《现代法学》2008年第2期，第10-15页。

果的不确定性还是复数性？基于宪法的法律解释方法说一般主张抽象法律概念等导致的规范含义的不确定性是合宪性解释的适用前提，研究者甚至根据法律规范含义抽象度之不同，提出了合宪性解释作为体系解释、目的解释、法外续造方法的应用方案。[1]符合宪法的法律解释方法说一般主张法律规范含义的复数解释与部分解释结果的违宪可能性是合宪性解释的适用前提，以宪法的原则、价值和规则为依据，确定文本的含义，得出与宪法相一致的法律解释结论。[2]第二，宪法功能：宪法含义的积极输入还是法律含义的消极评价？宪法在两类法律解释方法说的功能定位不同，基于宪法的法律解释方法说主张合宪性解释是与传统法律解释并列的解释方法，可以独立适用，强调宪法含义向法律解释活动的单向积极输入，宪法含义影响了法律含义的解释过程，符合宪法的法律解释方法说主张法官应首先适用传统法律解释方法，若解释结论具有复数性与违宪可能性，应在多数可能的解释中，“始终优先选用最符合宪法原则者”[3]，宪法仅仅发挥了消极选择合宪法律解释结果和积极排斥违宪法律解释结果的功能，宪法的含义并未影响法律含义的解释过程。

（二）法律解释方法说之解构

通过系统梳理合宪性解释性质的中国学说史，我们发现基于宪

〔1〕 参见张翔：《两种宪法案件：从合宪性解释看宪法对司法的可能影响》，载《中国法学》2008年第3期，第115–116页。

〔2〕 参见王利明：《法学方法论》，中国人民大学出版社2012年版，第456页。

〔3〕［德］卡尔·拉伦茨：《法学方法论》，陈爱娥译，商务印书馆2003年版，第217页。

法的法律解释方法说是对德国基本权利的客观价值秩序以及合宪性解释理论的误读，不是真正意义上的合宪性解释。德国普通法院可作合宪性解释不能成为符合宪法的法律解释方法说的正当理由，符合宪法的法律解释方法说无法解决普通法官不具有宪法解释权的制度难题，作为其限缩性方案的非解释性适用或者失之于狭窄的适用范围，或者失之于宽泛的自由裁量权。

1. 基于宪法的法律解释方法说之解构

根据前文所述，基于宪法的法律解释方法说一定程度上误解了德国基本权利的客观价值秩序理论。吕特案以后，德国普通法院基于基本权利作为客观价值秩序的要求，于个案裁判中解释与适用一般法时，必须观照并考量基本法规定的基本权利之意旨与内涵，以作成合于宪法基本权利保障的个案裁判。〔1〕宪法基本权利及其客观价值渗入法律解释领域，成为普通法院裁判案件的拘束性条件。受此影响，我国台湾地区学者在主要研究“违宪审查”意义上的“合宪性解释”的前提下，也普遍承认普通法官也受到“法律解释应合乎宪法的基本价值决定”的约束。〔2〕在此意义上，我国台湾地区学界明确区分了“释宪机关”的“合宪性解释”与普通法院的“符合宪法的法律解释”。但两者存在本质区别，前者是一种具体的规则，后者

〔1〕 参见杨子慧：《司法权护宪之制度性分工》(上)，载《中正大学法学集刊》第65期(2019年)，第128–130页。

〔2〕 参见王泽鉴：《法律思维与民法实例》，中国政法大学出版社2001年版，第196–198页。

是一种抽象的原则;[1]前者强调“宪法”价值向法律解释活动的积极单向输入,后者强调“宪法”价值作为法律解释结果的消极选择标准。就学术影响力而言,“合宪解释”在我国台湾地区并未引起过多关注。究其原因,一方面是对德国基本权利客观价值秩序理论的误解,另一方面缺乏实践中的可操作性,或者导致适用范围狭窄,或者加剧法律解释的主观性。比如德国学者 Bettermann 认为“位阶最高的宪法自应为解释一切法令的基础”过于空洞不具有可操作性,没有一本德国方法论教科书肯定这种解释方法。欠缺可操作性之外,普通法院普遍适用合宪性解释还可能加剧法律解释的主观性,宪法规范极为抽象、空洞,法官可将其主观价值理念通过灵活的宪法解释方法融入宪法精神、原则、规范之中,并借助合宪性解释方法,作出符合解释者主观价值判断的解释结论。

2. 符合宪法的法律解释方法说之解构

第一,基于德国普通法院作合宪性解释原因的解构。德国普通法院可作保全规则意义上的合宪性解释是符合宪法的法律解释方法说的最主要论据。在德国文献中,上述观点并非少见,但是不能仅仅基于德国普通法院可作合宪性解释的表面现象即作南橘北枳式僵化的理论移植,厘清德国普通法院作合宪性解释的义务渊源与制度功能是关键所在。《德国联邦宪法法院法》规定的宪法法院的规范审查判决形式包括违反基本法宣告、不违反基本法宣告以及无

〔1〕 法理学者一般将梁慧星所谓之合宪性解释方法称为法律解释的合法性原则,即对下位法及其规范的解释必须符合上位法及其法律规范,并最终符合宪法规范、宪法原则和宪法精神。相关论述参见张文显主编:《法理学》,高等教育出版社 2018 年版,第 295 页。

效宣告，对于法律的合宪解释是宪法法院的创造，至今没有规范渊源。普通法院作合宪性解释是宪法法院违宪审查程序中的一个组成部分，其义务源于宪法法院的要求而非基本法或宪法法院法的规定。“提出法律解释请求的法院必须在其依据基本法第一百条第一款形成的提出法律解释请求裁定中说明，其为什么认为不能通过一个合宪解释来避免对于宪法的违反”〔1〕。尽管具有完善违宪审查程序、减轻宪法法院案件负担的制度功能，但是也存在“立法权转移到各级法院法官身上的问题”〔2〕。因为我国宪法法律并未规定普通法院有权作合宪性解释，全国人大常委会也未要求最高人民法院提出法律解释要求或者合宪性审查要求时必须先作合宪性解释，上述论点误解了德国普通法院作合宪性解释的制度基础与义务渊源且疏于考察中德两国的制度差异性。

第二，基于法官没有宪法解释权的解构，该批判可同时适用于基于宪法的法律解释方法说。普通法院是否有权解释宪法是法律解释方法说的支持者与批判者争论的焦点，存在否定说、肯定说、折中说三类学说，〔3〕既有研究主要围绕《宪法》第六十七条和第一百三十一条开展规范解释或理论推演。我们拟从全国人大常委

〔1〕［德］克劳斯·施莱希、［德］斯特凡·科里奥特：《德国联邦宪法法院——地位、程序与裁判》，刘飞译，法律出版社2007年版，第448页。

〔2〕［德］Christian Starck：《宪法解释》，李建良译，载台北，《台大法学论丛》第26卷第4期（1997年），第253页。

〔3〕三类学说的概括性描述参见王书成：《论合宪性解释方法》，载《法学研究》2012年第5期，第54页；范进学：《人民法院的“审判权”是否蕴涵着宪法解释权》，载陈金钊、谢辉主编：《法律方法》第7卷，山东人民出版社2008年版，第45-54页。

会区别对待宪法解释体制和法律解释体制的视角，对法院是否有权解释宪法进行体系解释。在宪法明确授权全国人大常委会宪法解释权和法律解释权的规范前提下，全国人大常委会对宪法解释权和法律解释权的实施机制作出了不同的制度安排。对于法律解释权而言，全国人大常委会分别通过《1955 年决议》和《1981 年决议》将之分解为立法解释权、司法解释权和行政解释权；对于宪法解释权而言，全国人大常委会并未作出同样的决议。因此，即使宪法文本明确授权全国人大常委会宪法解释权的立宪原意不是全国人大常委会独占宪法解释权，基于全国人大常委会并未授权其他国家机关行使宪法解释权的事实，普通法院在规范和实践层面都无法行使宪法解释权。如果普通法院作合宪性解释以具有实效的宪法解释权为前提，法律解释方法说将无法逻辑自洽。

在意识到普通法院作合宪性解释必然需要宪法解释权且宪法明确授权全国人大常委会解释宪法的前提下，研究者提出了一些曲线救国的方案。有研究者区分了全国人大常委会专享的规范审查意义上的宪法解释和作为司法技艺内含于司法过程中的宪法解释权，提出宪法并未禁止第二种宪法解释，也不妨碍全国人大常委会的专属宪法解释权，普通法院可结合司法过程中的宪法解释作合宪性解释。〔1〕第二种意义上的宪法解释可归为宪法理解而非宪法解

〔1〕 参见黄明涛：《两种“宪法解释”的概念分野与合宪性解释的可能性》，载《中国法学》2014 年第 6 期，第 281 页。

释，属于非解释性宪法适用的范围，[1]因此法院可借助合宪性解释方法以非解释性适用的方式运用宪法。上述两种方案是对法律解释方法说的限缩，将其限定在无须解释且理解无争论的宪法精神、原则、规范上，即只有依据上述类型的宪法精神、原则、规范，普通法院才可作成合宪性解释。但是该类妥协方案面临适用范围有限、可操作性不足的难题。非解释性适用方案要求不同主体通过阅读宪法文本，无须解释即可达成理解上的共识，抛开宪法精神与原则不谈，即使对于抽象性以及解释空间相对有限的宪法规范而言，上述要求也过于苛刻，导致符合条件的宪法规范不足，进而影响合宪性解释的适用范围及其方法价值。

三、规范保全手段说之批判性继承

2008年以来，法律解释方法说之反思成为合宪性解释学术争鸣的核心议题之一，规范保全手段说是最有力的批判者。相较于法律解释方法说，规范保全手段说体现出更高的理论一致性。研究者认为只有违宪审查机关才有权在规范审查程序中作合宪性解释，基于尊重立法机关的原则以及规范效力得以保全的结果，将合宪性解释界定为一种保全规范效力的手段。规范保全手段说存在理论渊源不清和正当性基础不实等两个问题，在厘清德日双轨理论渊源的

〔1〕 参见范进学：《"运用宪法"的逻辑及其方法论》，载《政法论丛》2019年第4期，第22-25页。

基础上，通过反思作为合宪性解释正当性基础的司法谦抑论，我们认为规范保全手段说正确认识到合宪性解释与违宪审查制度之关系，但是规范保全仅仅是合宪性解释的结果而不是本质，尊重立法机关也仅是假象，掩盖了违宪审查机关通过合宪性解释所作法律含义或适用范围之合宪性再造的实质。因此，宜在批判性继承规范保全手段说的基础上，进一步探索合宪性解释的性质。

（一）规范保全手段说的提出及其理论溯源

1. 规范保全手段说的提出

规范保全手段说由我国台湾地区学者首先提出，2008 年以来进入大陆宪法学者研究视野。尽管我国台湾地区学者关于“合宪性解释”的概念表达也未达成统一认识，也存在狭义的法律解释方法说，但是规范保全手段说一直是我国台湾地区学界主流学说。如果说合宪性解释三规则中的单纯解释规则是法律解释方法说的理论渊源，那么规范保全手段说则源自对合宪性解释历史脉络的整体考察以及三规则关系的重新解读。从其欧洲发展史分析，合宪性解释主要是一种规范控制的手段，并非独立的解释方法。[1]德国与奥地利、意大利一样，虽然较早就把宪法论点用于法律解释上，但直到宪法法院做法律违宪审查时，才经常运用合宪解释来避免违宪认

〔1〕 参见柳建龙：《合宪性解释原则的本相与争论》，载《清华法学》2011 年第 1 期，第 108 页。坚持规范保全手段说的研究者有时也使用规范控制这一概念，考虑到合宪性解释的结果（规范效力得以维护）以及理论基础（违宪审查机关在规范审查中应尊重立法机关所作之政治判断），规范保全手段说比规范控制手段说更能反映这一学说的核心主张。

定。[1]从瑞士学者提出的合宪性解释三规则关系看，三者具有内在实质关联，并非孤立的存在。合宪性解释同时具有解释规则、冲突规则、保全规则的属性，通过选择合宪的法律解释，合宪性解释保全了规范的法律效力，与基于宪法的法律解释不同。

总之，规范保全手段说将合宪性解释理解为违宪审查程序中的一种特殊制度，其目的是保全规范的法律效力。正如德国联邦宪法法院所言，“如果一个规范可以容纳多种解释，部分会导致合宪、部分会导致违宪的结果，那么这一规范即是合宪的，而且必须对其进行合宪性解释”。[2]

2. 规范保全手段说的理论溯源

合宪性解释具有德、日、美三重性理论渊源是当前学界通说，德国的合宪性解释与日本的合宪限定解释是中国研究者普遍引用的理论渊源，二者在思想源头上可追溯至美国司法审查理论中的合宪性推定，都体现了司法权对立法权的谦抑。[3]

第一，德国的合宪性解释与日本的合宪限定解释性质相同，皆是规范保全手段说的理论渊源。几乎在合宪性解释作为中国宪法司法适用可能路径学术命题提出的同时，日本宪法学上作为回避违

〔1〕 参见苏永钦：《合宪法律解释原则——从功能法上考量其运用界限与效力问题》，载《宪政时代》第19卷第3期（1994年），第50页。

〔2〕 ［德］斯特凡·科里奥特：《对法律的合宪性解释：正当的解释规则抑或对立法者的不当监护？》，田伟译，载《华东政法大学学报》2016年第3期，第7-8页。

〔3〕 参见韩大元：《论宪法解释程序中的合宪性推定原则》，载《政法论坛》2003年第2期，第4-5页；夏引业：《合宪性解释是宪法司法适用的一条蹊径吗——合宪性解释及其相关概念的梳理与辨析》，载《政治与法律》2015年第8期，第104-114页。

宪判断方法的合宪限定解释的国内研究也已开展。如果将合宪性解释的性质限定为违宪审查程序中的规范保全手段，那么日本宪法学上的合宪限定解释与德国宪法学上的合宪性解释实质相同，[1]是指通过限定依字面意思解释有可能构成违宪的那种宽泛法律条文的含义，排除其构成违宪的可能性，从而对法令的效力加以救济的解释，原则上以该法令的合宪性判断为前提。[2]

第二，美国的合宪性推定与德国的合宪性解释以及日本的合宪限定解释性质相异，不是规范保全手段说的理论渊源。首先，合宪性推定与合宪性解释的目标不同，前者主要是一种规范审查立场，后者主要是一种规范审查结果。美国法上的合宪性推定是一种违宪审查机关进行规范审查时的立场，主要涉及规范违宪证明责任的分配问题，合宪性推定将举证负担分配给提出制定法违宪的当事人，要求提供充足的证据使宪法审查机关相信应该从有利于他们的角度审查制定法。[3]尽管对于一些疑难案件而言，违宪审查机关往往尊重立法机关的政治抉择并作合宪性推定，但是合宪性推定仅仅是一种立场，无关乎违宪审查的结果，对于合宪性推定的案件，也有可能作出立法违宪的裁决。比如，尽管美国征收问题中的个体权利

---

〔1〕 合宪解释的外延大于合宪限定解释，合宪解释可以包含合宪限定解释。所谓合宪限定解释是属于保全规则意义上的合宪解释。参见翟国强：《宪法判断的方法》，法律出版社2009年版，第52页。

〔2〕 参见[日]芦部信喜：《宪法》，林来梵、凌维慈、龙绚丽译，北京大学出版社2006年版，第334页。

〔3〕 参见王书成：《合宪性推定论：一种宪法方法》，清华大学出版社2011年版，第128页。

保护主要采用立法控制而非司法限制，即联邦最高法院高度尊重议会以公共用途为理由的征收决定，[1]也存在联邦最高法院依据确定性规则审查议会关于公共利益界定的案例。[2]其次，合宪性推定和合宪性解释的适用前提不同，不存在逻辑上的递进关系。有研究者基于宪法裁判过程中合宪性推定先于合宪性解释的逻辑上的递进关系提出合宪性推定不是合宪性解释。[3]与合宪性推定主要作为一种规范审查立场不同，合宪性解释主要作为一种规范审查结果。合宪性推定不以规范合宪为必然追求也没有特定的适用前提，合宪性解释不以规范合宪推定为前提但要求规范合宪的必然结果。如果穷尽所有法律解释方法，仍然不能得出符合宪法的解释结论，那么合宪性解释则失去适用基础。换言之，合宪性解释不仅要求规范合宪的审查结果，还以规范含义解释结论的多元性以及部分违宪可能性为前提，这也是德国联邦宪法法院主要采用文义转换和择一适用方式达到合宪性解释目标的原因。最后，司法谦抑性不能担负起合宪性推定与合宪性解释具有实质关联性的理论使命。即便批评者也认为合宪性推定和合宪性解释都体现出一定程度的司法谦抑性，[4]但是正如下文所述，作为规范保全手段，合宪性解释无法建基

〔1〕 参见张千帆：《“公共利益”的困境与出路——美国公用征收条款的宪法解释及其对中国的启示》，载《中国法学》2005年第5期，第36页。

〔2〕 参见林来梵：《美国宪法判例中的财产权保护》，载《浙江社会科学》2003年第5期，第76–83页。

〔3〕 参见柳建龙：《合宪性解释原则的本相与争论》，载《清华法学》2011年第1期，第47页。

〔4〕 参见柳建龙：《合宪性推定原则：一个被误解的概念》，载《浙江社会科学》2009年第10期，第47页。

于司法谦抑性，即使美国的合宪性推定与德国的合宪性解释具有实质关联性，司法谦抑性也无法在理论上承担起串联沟通的功能。

（二）规范保全手段说的正当性批判

1. 作为规范保全手段说正当性基础的司法谦抑论

学界一般认为，作为规范保全手段的合宪性解释主要以司法谦抑性为正当性基础，[1]因为不管德国的合宪性解释还是日本的合宪限定解释，实施主体主要是具有司法性质的违宪审查机关，所以司法谦抑性主要表现为违宪审查机关在规范审查程序中对立法机关所作政治判断之尊重。

司法谦抑性作为合宪性解释的正当性基础主要有两个理由。第一，基于分权原则与民主理论的分析。司法审查模式中的违宪审查机关欠缺民主性基础，行使违宪审查权时应极其慎重，对立法机关应保持高度尊重，除非立法机关存在明显错误，否则不宜宣告法律违宪无效。[2]换言之，“当合宪解释被理解为根据实际可能性来维护法律的效力时，那么这一基本原则在功能法意义上，就将表现为一种法官对立法者的退让以及在宪法具体化过程中立法者优先的原则”。[3]第二，基于法律文化的分析。前日本最高法院法官伊藤正

---

〔1〕 参见王锴：《合宪性解释之反思》，载《法学家》2015年第1期，第46页；王书成：《论合宪性解释方法》，载《法学研究》2012年第5期，第52页；翟国强：《宪法判断的方法》，法律出版社2009年版，第50页。

〔2〕 关于这一观点的系统性评价参见许志雄：《司法消极主义与司法积极主义》，载《月旦法学杂志》第2期（1995年），第40–41页。

〔3〕［德］康拉德·黑塞：《联邦德国宪法纲要》，李辉译，商务印书馆2007年版，第57页。

己认为“在重视调和的日本精神风土中，最高法院不只是内部‘和’的尊重，还存在着对政治部门礼让的意识。因此立法部门或行政部门的判断往往受到司法部门的尊重”。〔1〕尽管宪法赋予日本最高法院决定法律、法规、命令、官方行为合宪性的权力，最高法院却很少运用该权力推翻立法或行为，在审查政府法案合宪性时，日本最高法院经常扮演次要角色。〔2〕日本最高法院坚持严格的司法消极主义，通过合宪限定解释方法尽量避免作出宪法判断，比如全递东京中邮案件、惠庭判决〔3〕等。尽管如此，也不能忽略“日本最高法院的违宪审查实践可能正在变得积极”这一事实。随着导致日本最高法院过于保守的政治社会因素的转变与机能改良，形塑司法积极化方法论的司法政治学逐渐形成，2000 年以后日本最高法院的违宪审查实践表现出逐渐积极化的趋势。〔4〕仅从违宪裁决数量看，日本最高法院成立后的 50 年内仅宣告 5 件规范违宪，21 世纪前 15 年已作出 5 件法令违宪裁决。〔5〕总之，作为中国合宪性解释研究理论渊源的德国合宪性解释以及日本合宪限定解释都以司法谦抑性为正当

〔1〕 李仁森：《日本宪法诉讼之特质与问题点（下）——战后日本违宪审查制度六十年之回顾与展望》，载《月旦法学杂志》第 172 期（2009 年），第 161 页。

〔2〕 See Jun-ichi Satoh, *Judicial Review in Japan: An Overview of the Case Law and An Examination of Trends in the Japanese Supreme Court' s Constitutional Oversight*, 41 Loyola of Angeles Law Review 603-604 (2007-2008).

〔3〕 参见［日］芦部信喜：《宪法》，林来梵、凌维慈、龙绚丽译，北京大学出版社 2006 年版，第 243、354-355 页。

〔4〕 参见简玉聪：《日本违宪审查制度之课题与展望——以审查方式与基准之论争为中心》，载《宪政时代》第 37 卷第 3 期（2012 年），第 305-307 页等。

〔5〕 日本最高法院作出的违宪宣告统计参见李孝悌：《日本最高法院宪法判决效力之研究——以违宪判决与判决先例为中心》，载《南台财经法学》第 3 期（2017 年），第 163 页。

性基础。

2. 司法谦抑论之批判

基于分权原则、民主理论与法律文化的分析属于纯粹理论思辨的模式，当分析视角转向合宪性解释的界限及其实践，司法谦抑论不再是合宪性解释的正当性依据。

第一，超越界限的合宪性解释不是司法谦抑而是对立法权的侵入。合宪性解释的出发点是违宪审查机关对具有民主合法性基础的立法机关的尊重，如果逾越文义以及立法的基本价值决定或者规范核心，强行赋予法律明显非立法者所欲之内容，再宣告其合宪，实质是司法者对立法者的善意强暴。[1]换言之，“法院对于立法者纠正得越多，它也就越接近合宪解释的功能法的界限”。[2]

第二，如果超越界限的合宪性解释的实质是侵入立法权，那么界限之内的合宪性解释是不是尊重立法者的表现？德国宪法法院以及学者们提出的合宪性解释的界限主要有两类，一类是消极标准，包括不能逾越法律字义及其意义脉络划定的界限，不能触及立法的基础性决定、法律规范的价值评价和内在目的等。[3]另一类是积极标准，包括合宪解释的结果须在传统解释方法容许的范围，[4]能够确定立法者在知晓宪法状况的情况下，有选择该合宪解释结果

〔1〕 参见吴信华：《宪法审判机关与立法者》，载《东吴法律学报》2009年第4期，第79–80页。

〔2〕 [德]康拉德·黑塞：《联邦德国宪法纲要》，李辉译，商务印书馆2007年版，第58页。

〔3〕 参见[德]卡尔·拉伦茨：《法学方法论》，陈爱娥译，商务印书馆2003年版，第217–218页。

〔4〕 参见[德]Christian Starck：《宪法解释》，李建良译，载台北，《台大法学论丛》第26卷第4期（1997年），第253页。

的可能性。[1]分析上述合宪性解释的界限，以规范文义是否清晰可分为两个阶段，在文义清晰的前提下，只能做违宪宣告或者合宪宣告，不能作合宪性解释；在文义模糊且传统法律解释方法存在解释结论多元性的前提下，违宪审查机关应在立法目的或者立法者原意范围内选择不违宪的解释结果。在文义不确定的情况下，违宪审查机关应受限于立法目的，作出符合立法者意愿的选择。但是，不管是立法目的还是立法者意愿都具有强烈的主观性，无法形成客观性的法律解释结果，无异于给违宪审查机关一项宽泛的授权，不能产生真实拘束力。[2]即使在规范文义清楚的前提下，德国宪法法院也存在一些通过转换文义作成合宪性解释的事例，这表明违宪审查机关事实上具有是否突破合宪性解释界限的决定权。因此，违宪审查机关的自我设限无法保证其在不侵入立法权的前提下作出符合立法者意愿的合宪性解释，不管是界限内还是界限外的合宪性解释都侵入了立法者的形成自由权。

上述结论可以在德国联邦宪法法院违宪审查的裁决形式体系内予以进一步论证。德国联邦宪法法院违宪审查的裁决形式主要包括违宪宣告、不一致宣告、吁请裁判和合宪性解释等类型。[3]从联邦最高法院对立法者形成自由权的侵入程度分析，四种裁决形式

---

〔1〕 参见［德］克劳斯·施莱希、［德］斯特凡·科里奥特：《德国联邦宪法法院——地位、程序与裁判》，刘飞译，法律出版社2007年版，第460页。

〔2〕 在法律解释活动中，确立立法目的、立法者意图极其困难，既受限于立法史料之匮乏又困扰于文献解读过程中的主观性。

〔3〕 参见［德］克劳斯·施莱希、［德］斯特凡·科里奥特：《德国联邦宪法法院——地位、程序与裁判》，刘飞译，法律出版社2007年版，第397-398页。

呈现出递增趋势。一般而言，规范被宣告因违宪而自始无效后，立法者拥有充分的规范形成自由权，可决定废止、修改旧规范或制定新规范。[1]不一致宣告和吁请裁判皆代表规范存在与宪法不一致的情况但尚未达到违宪程度，所不同者，不一致宣告适用于规范当下即存在与宪法不一致的情况；吁请裁判则适用于未来情势变更时，规范可能存在与宪法不一致的情况。在此两种情况下，尤其在吁请裁判中，德国联邦宪法法院充当了立法者导师的角色，对于立法者的形成自由权构成了一定程度的限制。当德国宪法法院采用转换文义或者择一适用的方式作出合宪性解释时，或者将自身所理解之规范文义替换原先之文义，或者排斥违宪的适用范围，规范形式和效力虽然没有变化，但是含义或适用范围已经发生改变并且固定下来，立法者无法通过立改废等方式对规范形式和文义产生影响，其形成自由权受到较大程度的限制。因此，从德国联邦宪法法院规范审查裁决形式体系分析，合宪性解释表面上是尊重立法者，实质则干预了立法者形成自由权，是一种实质意义上的立法权。

第三，违宪审查机关拥有是否突破合宪性解释界限的决定权，

[1] 就违宪宣告的效力而言，美国联邦最高法院的判决也具有同样的效力，比如美国联邦最高法院在 1973 年的罗伊案[Roe v.Wade，410 U.S.113（1973）]中推翻了州禁止堕胎的法律，确立了妇女的自由堕胎权。但是州立法机关仍拥有较大程度的规范形成自由权，很多州都制定了《堕胎控制法》，利用 24 小时等待期、通知配偶、父母同意、堕胎手术的州资助等方式限制堕胎权。美国联邦最高法院在 1992 年的凯西案[Planned Parenthood of Southeastern Pennsylvania v.Casey，505 U.S.833（1992）]中也基本承认各州对堕胎权的限制符合宪法。相关问题参见任东来：《司法权力的限度——以美国最高法院与妇女堕胎权争议为中心》，载《南京大学学报（哲学·人文科学·社会科学版）》2007 年第 2 期，第 67–76 页；赵雅琦：《论堕胎权的合理限制》，载《北京航空航天大学学报（社会科学版）》2011 年第 2 期，第 40–44 页。

立法者只能承受其法律后果。在此意义上，司法谦抑性仅仅是违宪审查机关作合宪性解释的出发点，不能作为其正当性基础。根据学界通说，美国的合宪性推定是德国合宪性解释的理论渊源，司法谦抑性是二者的共同思想基础和正当性前提，但是司法谦抑性不是美国合宪性推定的正当性基础，也无法证成德国合宪性解释的正当性。首先，合宪性推定并非适用于所有立法审查，违宪审查机关有时会作违宪推定。美国联邦最高法院在规范审查中发展出最小审查标准（minimal scrutiny）、中度审查标准（intermediate scrutiny）和严格审查标准（strict scrutiny）三重审查标准，[1]在最小审查标准模式下，最高法院一般对立法作合宪性推定，表现出对立法机关的顺从，当事人推翻立法的证明责任较重。在严格审查标准模式下，最高法院一般对立法作违宪推定，政府负担的维护立法合宪性的证明责任较重。在中度审查标准模式下，最高法院一般持中立立场。[2]其次，从美国联邦最高法院司法审查的历史看，合宪性推定一般仅适用于事实方面而非法律解释方面，效力也呈现减弱趋势。[3]最后，同一类立法的审查标准可从违宪推定转向合宪性推定，反之亦然。

---

〔1〕 See Jeffrey M.Shaman, *Cracks in the Structure: The Coming Breakdown of the levels of Scrutiny*, 45 Ohio State Law Journal 161–183（1984）.

〔2〕 关于美国联邦最高法院三重审查标准的适用范围及历史发展参见马洪伦：《论美国联邦最高法院宪法解释的创造性》，载《现代法学》2011 年第 3 期，第 167 页。我国台湾地区“司法院大法官”解释审查标准的发展史参见黄昭元：《大法官解释审查标准之发展（1996–2011）：比例原则继受与在地化》，载台北，《台大法学论丛》第 42 卷第 2 期（2013 年），第 215–258 页。

〔3〕 关于合宪性推定的适用范围以及效力趋势的详细论述，See Edward C.Dawson, *Adjusting the Presumption of Constitutionality Based on Margin of Statutory Passage*, 16 University of Pennsylvania Journal of Constitutional Law 97–152（2013）。

比如，在洛克纳时代，美国联邦最高法院基于契约自由原则推翻了所有经济领域内的议会立法。换言之，在此期间，美国联邦最高法院认为经济立法是对宪法规定的契约自由的违背，在审查经济立法时，坚持违宪推定。但是，罗斯福填塞法院计划提出之后，最高法院及时转向，放弃了契约自由是宪法规定的唯一经济原则的理念，经济立法的合宪性得以维护。既然联邦最高法院能够决定何时作合宪性推定，也能够决定何时作违宪推定，司法谦抑性作为合宪性推定的正当性基础就失去了说服力。

四、法律的合宪性再造说之考证

规范保全手段说在违宪审查或者宪法诉愿制度框架内分析合宪性解释的性质，正确认识到合宪性解释的结果是被审查规范的效力得以保全，但基于司法谦抑论不能为规范保全手段说提供逻辑统一的正当性基础。正确认识合宪性解释的性质，还需要揭开规范保全的表象，发现违宪审查机关作合宪性解释的最终目的以及不同类型的合宪性解释实践存在的共性。分析合宪性解释的四种实践类型，其共性是法律含义或者适用范围的合宪性再造，以权利保护为最终目的，表现出规范保全、侵入立法权等形式特征，在布鲁斯·阿克曼（Bruce Ackerman）的二元民主理论意义上，具有民主合法性基础，产生秩序维护与权利保障的实际功能。在法律含义或者适用范围合宪性再造意义上，合宪性解释实质上产生了立法权的法律效力。

（一）法律的合宪性再造说之实证考察

1. 合宪性解释的四种实践类型

如果按照德国联邦宪法法院提出的合宪性解释的适用条件，[1]合宪性解释只存在“特定法律解释结果的合宪确认”一种类型，研究者往往据此主张规范保全说。如果将德国联邦宪法法院所作合宪性解释实践纳入考察视野，至少还存在特定法律解释结果的违宪宣告、特定适用范围的违宪宣告、法律文义的转换三种类型，研究者往往据此批判作为规范保全手段说思想基础的司法谦抑论。

第一，特定法律解释结果的合宪确认。当规范文义不确定并具有多重解释可能时，违宪审查机关确认其中一种法律解释结果的合宪性，维护了规范效力，实质上也宣告了其他法律解释结果的违宪性，可以称为违宪审查机关所作之合宪性限缩解释，比如德国联邦宪法法院所作扩大利得没收之合宪裁判[2]即属此类。第二，特定法律解释结果的违宪宣告。德国联邦宪法法院有时不确认某种可能法律解释结果的合宪性，而是宣告特定可能法律解释的违宪性，规范的解释可能性被施加了“负面清单”，但是规范的法律效力仍然得以保全，此类合宪性解释的实质是“不缩减规范文本的部分自始

〔1〕“如果有一种解释可使一项法律与宪法相符，该项法律并不违宪，则此一法律便可依这一解释继续存在。”转引自吴庚：《宪法的解释与适用》，三民书局 2004 年版，第 363 页。

〔2〕该案原文译评参见连孟琦：《扩大利得没收之合宪裁判——德国联邦宪法法院裁定 BverfG 2 BvR 564/95（BverfGE 110，1）译介》，载台北，《月旦裁判时报》第 48 期（2016 年），第 162–183 页。

无效性宣告”[1]。同特定法律解释结果的违宪宣告相比，特定法律解释结果的合宪确认是合宪性解释的主要类型，二者之共性是法律文义的合宪性限缩，所不同者，前者采用负面排除方式，后者采用正面确认方式。第三，特定适用范围的违宪宣告。前面两类合宪性解释以规范含义的不确定性为适用前提，特定可能适用范围的违宪宣告以规范含义明确以及部分适用范围涉嫌违宪为前提。换言之，此类合宪性解释对法律适用进行审查，排除违宪的适用可能，规范文本及其含义未发生变化，适用范围受到限缩，是合宪解释的一种从属类型或特殊类型。第四，法律文义的转换。合宪性解释一般应受到法律文义范围的约束，但是德国联邦宪法法院并非总是固守界限，以已之意愿替代立法者意愿的情形时常出现，比如德国联邦宪法法院对于《德国刑事诉讼法》第一百一十二条以及第一百一十六条所作之合宪性解释。[2]

2. 四类合宪性解释的共性

上述四种合宪性解释可以进一步概括为两大类，一类是法律文义清楚确定时的合宪性解释，包括特定适用范围的违宪宣告和法律文义的转换。另一类是法律文义模糊时的合宪性解释，包括特定法律解释结果的合宪确认和特定法律解释结果的违宪宣告。我们首先分析第一类合宪性解释的共性，然后再分析能否将其适

[1] [德]克劳斯·施莱希、[德]斯特凡·科里奥特：《德国联邦宪法法院——地位、程序与裁判》，刘飞译，法律出版社 2007 年版，第 453 页。

[2] 参见[德]克劳斯·施莱希、[德]斯特凡·科里奥特：《德国联邦宪法法院——地位、程序与裁判》，刘飞译，法律出版社 2007 年版，第 457–458 页。

用于第二类。

第一，法律文义清楚确定类合宪性解释的性质是法律含义或适用范围的合宪性再造。在规范文义清楚确定时，违宪审查机关根据宪法精神、原则、规范等，通过转换文义或者限缩适用范围的方式，避免宣告法律违宪，〔1〕改变了法律的含义或者适用范围，明显是一种合宪性再造。至于合宪性再造是否与立法者意图一致是一个难以确定的主观性问题，立法者表达在规范文本字面含义中的意愿被违宪审查机关所作之合宪性解释取代则是客观性事实。尽管通过转换文义和限缩适用范围作成之合宪性解释在性质上都属于合宪性再造，但二者仍存在细微的差别。在限缩适用范围类合宪性解释中，违宪审查机关肯定立法者关于宪法的具体化，即质疑立法者没有考虑到特殊情况下的正当利益或者价值保护，所作之合宪性解释相当于为立法者所作之规范增加了一个但书条款。而在转换文义类合宪性解释中，违宪审查机关虽未改变相关规范的形式以及法律效力，但实质上否定了立法者关于宪法的具体化，并将之替换为违宪审查机关自身对宪法的具体化。尽管存在上述差异，但两类合宪性解释的本质都是法律的合宪性再造，一个表现在法律的含义上，另一个表现在法律的适用范围上。

第二，法律含义模糊类合宪性解释的性质是法律含义的合宪性再造。当规范含义模糊时，违宪审查机关一般通过两种方式作合宪

〔1〕 转换文本的意义是德国联邦宪法法院作合宪性解释的两大技巧之一，根据宪法精神扭转法条的通常理解，避免宣告其违宪。参见吴庚：《宪法的解释与适用》，三民书局2004年版，第363页。

性解释，或者认定一种依据传统法律解释方法所得解释结果的合宪性间接排斥其他解释结果的合宪性，或者认定一种解释结果的违宪性间接肯定其他解释结果的合宪性。有研究者认为此种意义上的合宪性解释的性质是“不缩减规范文本的部分自始无效性宣告”〔1〕，这种观点正确认识到违宪审查机关通过合宪性解释排除了规范的违宪性，但是忽略了排除违宪性的同时，也使规范含义从不确定状态转变为确定状态。在此意义上，规范含义模糊类合宪性解释的性质也是法律含义的合宪性创造。当然，需要指出的是，不管是某种可能法律解释的合宪确认还是违宪宣告，都限制了法律适用者的解释可能性，区别在于限制程度不同，某种可能解释结果的合宪确认意味着规范含义完全固定化了，其他法律解释都属于违宪范畴，某种可能解释结果的违宪宣告意味着普通法院可以在此之外解释法律，其受限程度较低。

3. 法律的合宪性再造与法的续造之关系

合宪性解释与法的续造之关系是合宪性解释理论中最为困难的问题之一，〔2〕法律解释与法的续造并非本质截然不同之事，毋宁是同一思考过程的不同阶段，超越狭义的解释之界限（可能的字义范围），仍在立法者原本的计划、目的范围内之法的续造，属于法律内的法的续造；逾越此等界限，仍在整体法秩序的基本原则范

〔1〕［德］克劳斯·施莱希、［德］斯特凡·科里奥特：《德国联邦宪法法院——地位、程序与裁判》，刘飞译，法律出版社2007年版，第453页。

〔2〕参见张翔：《合宪性解释的两个面向——答蔡琳博士》，载《浙江社会科学》2009年第10期，第62页。

围内者，属于超越法律的法的续造。[1]就法律含义或者适用范围的实际效果而言，在法律的合宪性再造说理论框架内，特定法律解释结果的合宪确认与违宪宣告可归属于法律内的法的续造，特定适用范围的违宪宣告与法律文义的转换可归属于超越法律的法的续造。尽管存在上述共同点，合宪性解释与法的续造的区别也不容忽视。第一，适用主体不同，法的续造一般由普通法官在司法裁判中适用，合宪性解释一般由违宪审查机关在规范审查程序中适用。第二，适用条件不同，法的续造往往以客观上存在法律漏洞以及原则上法官不得拒绝裁判为前提，合宪性解释往往以部分法律解释结果或者适用范围的违宪性为前提。第三，再造或续造的依据不同。违宪审查机关作合宪性解释时，只能根据宪法精神、原则、规范等对法律含义或者适用范围作合宪性再造，普通法官作法的续造的依据不限于此。总之，虽然在结果上具有一定程度的相似性，但是法律的合宪性再造意义上的合宪性解释与法的续造存在本质区别。

（二）法律的合宪性再造说理论框架下合宪性解释之功能

在法律解释方法说理论框架下，合宪性解释发挥了推动宪法实施的功能；在规范保全手段说理论框架下，合宪性解释发挥了保全规范效力的功能；在法律的合宪性再造说理论框架下，合宪性解释的功能定位于权利保障与秩序维护，权利保障是主要功能，秩序维

〔1〕 参见［德］卡尔·拉伦茨：《法学方法论》，陈爱娥译，商务印书馆2003年版，第246页。

护附带性产生。第一，从他国的违宪审查实践看，其违宪审查的内容经历了从权限争议裁决为主到权利保障为主的转变。维护宪法、保障基本权利不仅是立法机关之义务，也是违宪审查机关的宪法责任。因此，作为违宪审查裁决形式之一的合宪性解释自然也与权利保护密切相关，在特定情形下，与违宪宣告、合宪宣告等违宪审查裁决形式相比，合宪性解释更有利于权利保障。换言之，合宪性解释有助于解决违宪宣告导致的多数人权利受损以及合宪宣告导致的少数人权利保护不足等问题，是特定情形下基于权利保障的价值基础所作之最合理的制度安排。第二，除了权利保障的主要功能，合宪性解释还具有维护法律秩序与社会秩序的功能。一方面，通过合宪性再造法律含义或限缩适用范围，法律含义得以确定，法律适用得以明确，法律效力得以保全，实现了法律秩序的最优解。另一方面，如果违宪审查机关不作合宪性解释而采用违宪宣告，在立法者制定新法或修改旧法之前，势必存在一段法律真空时期，社会秩序受到影响。此外，在违宪审查机关再次审查之前，立法机关通过之替代性新法的合宪性将一直处于待定状态。因此，合宪性解释能够最大程度缓解违宪宣告导致的法律秩序和社会秩序的混乱状态。

（三）合宪性解释的民主基础

虽然具有权利保障和秩序维护的价值，但是法律的合宪性再造意义上的合宪性解释是否具有民主合法性基础是一个应当反思的问题。在司法审查制度框架内，基于分权原则，违宪审查机关推翻议会立法时，面临反多数主义难题。[1]当违宪审查机关通过合宪性解释对法律文义或适用范围作合宪性再造时，同样面临反多数主义难题。为了规避上述难题，违宪审查机关作合宪性解释时，一方面自我设限于立法者意愿，另一方面利用司法谦抑和规范保全的表象掩盖法律含义或适用范围合宪性再造的本质。换言之，虽然司法谦抑和规范保全掩盖了合宪性解释实质是合宪性再造的真相，却是违宪审查机关应对反多数主义难题的无奈选择。除了通过自我设限、增强民主合法性等消极策略以应对反多数主义难题之外，如果能够从根本上解构反多数主义难题，违宪审查机关作违宪宣告或合宪性解释的民主合法性危机也将随之消解，也可驱散规范保全、司法谦抑的迷雾。

第一，反多数主义难题的消极应对策略。消极应对策略主要有两类，一是转变违宪宣告的法律效力，主张立法并非自违宪审查机关宣告违宪之日才无效，实则自制定之初即因违宪而无效，违宪审查机关仅仅宣告违宪事实，并不产生立法无效的实质后果，此为初始无效理论。[2]初始无效理论将违宪审查机关定性为宪法守护者，看似解决了司法审查制度的反多数主义难题，却引发了很多难以解

---

〔1〕 反多数主义难题最早由美国学者比克尔提出，他认为“当最高法院宣布立法机构通过的一部法案或选举产生的总统的某一行动违宪的时候，它妨碍了真实的、此时此地的人民所选出的代表们的意志；它行使了控制权，但却不是为了占据优势的多数的利益，而是与之唱对台戏”。详细论述参见［美］亚历山大·比克尔：《最小危险部门——政治法庭上的最高法院》，姚中秋译，北京大学出版社2007年版，第17页。

〔2〕 参见［德］汉斯·凯尔森：《立法的司法审查——奥地利和美国宪法的比较研究》，张千帆译，载《南京大学法律评论》2001年第1期，第9页。

决的理论悖论与实践难题,并未成为学界共识。尽管德国联邦最高法院的违宪自始无效宣告坚持了初始无效理论,但是也不得不通过限定违宪自始无效宣告的溯及力维持法律秩序的稳定性。[1]二是承认反多数主义难题的批判力,在违宪审查机关法官的任职资格与程序中寻找间接民主基础,增强违宪审查机关的民主合法性。因为总统和参议员具有民主选举基础,美国联邦最高法院的大法官基于总统提名、参议院批准间接获得了民主合法性。在增强宪法法院法官民主合法性方面,德国的制度设计更为明显。也许意识到包括合宪性解释在内的违宪审查权实质上是一种立法权,《德国联邦宪法法院法》规定宪法法院法官应具有联邦众议院议员之候选资格并由联邦众议院和参议院各选出半数,以此补强其民主合法性,抵抗反多数主义难题的威胁。间接民主合法性方案本身即是其最大问题,即使上述论证能够成立,违宪审查机关之民主合法性仍然是间接的,无法与代议机关之直接民主合法性相匹配。

第二,反多数主义难题的积极解构方案。上述理论或者实践对策是研究者在承认司法审查制度存在反多数主义难题的背景下弱化或者消解其不利影响的有益尝试,尽管各自都有一定的优势,但是局限性也非常明显。阿克曼的二元民主理论提供了一个彻底

〔1〕《德国联邦宪法法院法》第七十九条规定,确定之刑事判决的所依据之法规业经宣告为违反基本法或依本法第七十八条之规定宣告无效者,又确定之刑事判决以联邦宪法法院宣告为违反基本法之法规之解释为依据者,均得依刑事诉讼法之规定对之提起再审。其他根据依第七十八条被宣告为无效之法规所为不得再行争执的裁判,除第九十五条第二项的规定或其他法律有特别规定者外,不受影响。因此,德国联邦宪法法院违宪无效宣告的溯及力一般仅及于刑事判决。

解决反多数主义难题的方案，他认为“一元论者推定任何司法审查行为都是反民主的，并竭尽全力通过各种巧妙的论点试图把最高法院从反多数难题中解救出来。二元论者把法院承担维护者功能这一职责看成秩序良好的民主政体的关键内容”。〔1〕在这个意义上，违宪审查是民主制度的应有之意，不存在反多数主义难题，违宪审查机关是宪法守护者，无须刻意尊重或顺从立法机关。比如美国联邦最高法院在与其他机构的竞争合作中动态地表达民意，它受制于民主过程，也塑造民主过程，〔2〕不仅不应是带有负面评价的困境，反而应该是其制度的正面价值所在。〔3〕总之，违宪审查机关作合宪性解释虽然表现出侵入立法权的形式，但以秩序维护或者权利保障为目的，是宪法守护者地位的必然要求，具有民主合法性基础。

综上所述，合宪性解释是违宪审查机关在违宪审查程序中，通过对法律含义或者适用范围的合宪性再造，排除法律的违宪可能性，以达到权利保护与秩序维护的价值的一种方法。基于合宪性解释性质的合宪性再造说，不管违宪审查机关在性质上是司法机关还是立法机关，都可以在违宪审查程序中应用法律的合宪性解释。因此，合宪性解释性质的合宪性再造说是全国人大常委会应用合宪性

〔1〕［美］布鲁斯·阿克曼：《我们人民：奠基》，汪庆华译，中国政法大学出版社 2013 年版，第 9 页。

〔2〕参见何海波：《多数主义的法院：美国联邦最高法院司法审查的性质》，载《清华法学》2009 年第 6 期，第 103 页。

〔3〕参见黄昭元：《司法违宪审查的正当性争议——理论基础与方法论的初步检讨》，载台北，《台大法学论丛》第 32 卷第 6 期（2003 年），第 126 页。

解释的理论基础。同司法机关性质的违宪审查机关应用合宪性解释相比，全国人大常委会应用法律的合宪性解释方法具有独特优势。一方面，全国人大常委会既是违宪审查机关又是国家立法机关，反多数主义难题不复存在；另一方面，法律的合宪性解释是对法律含义或者适用范围的合宪性再造，本质上属于补充法律规定。根据第四章所论，全国人大常委会通过法律解释制度发挥补充法律规定功能具备充分的理性基础。

第二节　合宪性解释功能的事实基础

合宪性解释的主要作用是排除法律的违宪性因素，不管是全国人大常委会还是其他任何国家机关应用合宪性解释都必须解决一个前置的中国式问题，即法律是否存在违宪可能性？如果全国人大制定的基本法律以及全国人大常委会制定的非基本法律皆不存在违宪可能，那么合宪性解释即失去发挥作用之空间。在绝大多数成文宪法国家，尤其是奉行权力分立原则的西方国家，法律必定存在违宪可能，违宪审查制度即为此而设置。但是，部分研究者认为中国法律不存在违宪可能性。在论证全国人大常委会应用合宪性解释的具体机制之前，有必要首先反思法律不可能违宪的观点。研究者提出的法律不可能违宪的理由主要有如下四类。

第一，张友渔从我国根本制度的角度出发，提出全国人大绝不可能违宪，否则是对我国根本制度的怀疑，即使全国人大常委会违宪了，全国人大也可以修改或者撤销它的不适当的决定，[1]但是他并未详细分析为什么全国人大及其常委会违宪有悖于我国的根本制度。社会主义制度是我国的根本制度，人民代表大会制度是我国的根本政治制度，不管从社会主义制度还是人民代表大会制度的角度出发进行推论，都无法推出全国人大及其常委会不会违宪的必然结论。有研究者提供了一个可能的解释，他认为全国人大常委会有权解释宪法，也可以提议修改宪法，若全国人大常委会意图制定违宪之法律，为避免违宪的指责，可提议修改宪法；若已制定的法律有违宪嫌疑，它可以解释宪法。因此，全国人大及其常委会不存在违宪与否的问题。[2]与此相关，还有另外一种以全国人大常委会的职权体系为基础的推论。一般而言，全国人大及其常委会以宪法为根据制定法律，考虑到全国人大常委会还拥有宪法解释权，全国人大常委会根据对宪法的理解制定法律，那么法律不可能违宪即是一种合理的推论。上述观点看似合理，实则存在如下问题：首先，全国人大及其常委会在制定法律时对相关宪法条文之理解并非真正意义上的宪法解释，尽管我国尚未制定宪法解释程序法，但是参考全国人大常委会作出的立法解释，上述二者在形式上以及实质上皆不能等同。其次，全国人大及其常委会制定法律时，不一定考虑到所有与之相关的宪法精神、原则、条文等，此时可能产生法律违宪的情况。比如前文提及的《全国人民代表大会常务委员会法制工作委

〔1〕 参见张友渔：《加强宪法理论的研究——在全国新宪法理论讨论会上的讲话》，载中国法学会编：《宪法论文选》，法律出版社 1983 年版，第 14 页。

〔2〕 参见翟小波：《论我国宪法的实施制度》，中国法制出版社 2009 年版，第 62–63 页。

员会关于如何理解宪法第四十条、民事诉讼法第六十五条、电信条例第六十六条问题的交换意见》，立法者在制定 1991 年《民事诉讼法》第六十五条时，可能并未意识到该条与《宪法》第四十条的潜在冲突。〔1〕最后，即使承认全国人大及其常委会在制定法律之时对相关宪法条文之理解属于具有法律效力的宪法解释，亦不能得出法律不可能违宪之结论。因为随着社会的变迁以及宪法之发展，过去不违宪的法律，现在可能违宪；现在不违宪的法律，将来可能违宪。社会变迁可能导致社会整体观念发生变化，社会整体观念是宪法解释的重要影响因素，宪法含义可能因此而发生变化，导致先前不违宪的法律现在违宪，比如美国联邦最高法院关于宪法第八修正案涉及死刑问题上的解释即属于此类事例。20 世纪 70 年代，美国联邦最高法院先后对死刑是否违宪作出了截然相反的判决。死刑是否属于宪法第八修正案规定的残酷且异常的刑罚是作出判断的核心问题。〔2〕18 世纪 90 年代，包含第八修正案的权利法案通过之时，奴隶制尚且流行，死刑也未被认定为残酷异常之刑罚。但是，随着社会

〔1〕 2018 年《刑事诉讼法》第二百零一条是另外一个因立法者预见不足导致的法律规范可能违宪并能够作合宪性解释的事例。《刑事诉讼法》第二百零一条规定了认罪认罚案件中检察院的量刑建议对法院的原则性拘束力，除该条明确列举的特殊情形外，人民法院裁判认罪认罚案件时，一般应当采纳人民检察院指控的罪名和量刑建议。该条之规定存在检察机关侵犯法院审判权的风险，有研究者提出可对“一般应当采纳”条款进行合宪性限缩，法检机关可充分利用“互相配合”原则，在工作制定和工作方式上协调法检关系，让量刑建议无须权力化也能取得良好效果。参见陈明辉：《认罪认罚从宽制度中法检权力的冲突与协调》，载《法学》2021 年第 11 期，第 67–69 页。

〔2〕 美国联邦最高法院所作之相关判例，See Oliver Wendell Holmes, *Constitutional Adjudication and the Death Penalty: A View from the Court*, 100 Harvard Law Review 313–331 (1986)。

不断发展，人们的刑罚观念不断变化，尤其是对未成年人、孕妇等特殊人群施加死刑已逐渐演变为残酷异常之刑罚。据此，死刑制度是否违宪需根据社会背景作出具体判断。当然，需要注意的是，与上述事例不同，大多数宪法规范具有广义性与包容性，立宪者往往有意运用抽象的概念以达到宪法含义与时俱进的制宪目的。因此，多种类型的法律规制皆符合宪法是常态，比如我国《宪法》第二十五条规定的计划生育政策。随着社会不断发展，人口政策亦相应调整，但不管是独生子女、双独二孩、单独二孩、全面二孩还是全面三孩政策都是计划生育政策，都符合《宪法》第二十五条之规定。

第二，有研究者从全国人大高票率通过法律的事实角度提出，考虑到几乎所有全国人大制定的法律皆以远远超过修改宪法所需要的全体全国人大代表三分之二以上的高票率通过，法律事实上具有了“等宪法”的地位，故法律无所谓合不合宪法。〔1〕换言之，法律是否具有违宪可能性是一个伪命题。在法律与宪法的实然关系层面，“法律修改宪法的潜在预设”与“法律的等宪法地位”具有同样的理论内涵。有研究者基于奥地利经验的比较研究，提出我国未规定宪法典之外的其他宪法渊源，所以“等宪法”论断虽具有比较法基础，但无法适用于我国。〔2〕此外，高票率（三分之二以上多数）通过的法律具有“等宪法”的地位，不具有违宪可能性，那么低票率

〔1〕 参见洪世宏：《无所谓合不合宪——论民主集中制与违宪审查制的矛盾及解决》，载《中外法学》2000年第5期，第598-600页。

〔2〕 参见谢立斌：《经济法与宪法的交互作用》，载《中国法律评论》2020年第2期，第90页。

（过半数但低于三分之二）通过的法律则不具有“等宪法”的地位，存在违宪可能性。

“法律修改宪法的潜在预设”论断存在如下主要问题。首先，部分宪法条文确实可由法律赋予新含义，多数宪法条文则不容“修改、发展、完善”。根据前文所述，立法者有时故意使用较为模糊的概念以达到宪法含义随时代变迁不断变化的制宪目的，比如《宪法》第十九条并未明确规定家庭教育，但是随着社会之发展，法律介入家庭教育的时机已经成熟，2021 年 10 月 23 日，第十三届全国人大常委会通过了《中华人民共和国家庭教育促进法》，完善了我国《宪法》第十九条规定的教育法律体系。但是，此类宪法条文并非多数，主要存在于社会生活领域中，立宪者往往于宪法文本中规定一个方针条款，其实质是委托立法机关于时机成熟时，立法予以规制。〔1〕与上述方针条款不同，多数宪法规范之含义较为固定，法律不得抵触，比如《宪法》第三十七条至第四十条，这几个条文同其他比较抽象之宪法条文截然不同。不仅内容非常具体，而且宪法直接规定了相关权利之界限，若法律介入并予以不同之规范，则存在违宪的可能性，比如根据《宪法》第四十条，除因国家安全或者追查刑事犯罪的需要，由公安机关或者检察机关依照法律规定的程序对通信进行检查外，任何组织或者个人不得以任何理由侵犯公民的通信自由和通信秘密。《中华人民共和国监狱法》（以下简称《监狱法》）第四十七

〔1〕 关于方针条款与宪法委托的有关理论参见陈新民：《德国公法学基础理论》（上册），山东人民出版社 2001 年版，第 139-180 页。

条规定了罪犯在服刑期间具有通信权，但是来往信件应当经过监狱检查。《监狱法》介入了公民通信自由领域，应当符合《宪法》第四十条之规定，但是监狱并非《宪法》规定的有权检查公民通信的合法主体，检查罪犯之通信的主要目的是帮助其改造，亦与国家安全或者追查刑事犯罪无关。因此，不管在权限还是目的方面，《监狱法》第四十七条都面临违宪质疑，不可能将其认定为是对《宪法》第四十条的修改或者完善。当然，《监狱法》第四十七条是否违宪仍存在争论。有研究者为了论证《监狱法》第四十七条符合宪法，从符合法律的宪法解释的角度，提出既然《监狱法》第四十七条规定的作为罪犯通信检查主体的监狱的概念极为明确，无解释空间，那么可反向解释较为抽象的《宪法》第四十条，将“公安机关”解释为“警察机关”。根据《监狱法》第五条，监狱的人民警察依法对罪犯进行教育改造，那么监狱的人民警察即有权检查罪犯的通信。〔1〕符合法律的宪法解释与“法律修改宪法的潜在预设”具有异曲同工之处。但是上述论断看似合理，实则经不起推敲。即使《宪法》第四十条规定的公安机关可理解为警察机关，《监狱法》第四十七条之立法目的也与《宪法》第四十条相悖，前者的目的是改造罪犯，后者的目的是维护国家安全或追查刑事犯罪。其次，即使所有宪法条文皆可由立法机关通过制定法律予以完善，立法机关也应坚守界限而非肆意修改宪法文本。根据《宪法》第五条第三、四款之规定，

〔1〕 参见杜强强：《符合法律的宪法解释与宪法发展》，载《中国法学》2022年第1期，第123-124页。

一切法律都不得同宪法相抵触，一切国家机关都必须遵守宪法和法律，除非宪法明确授权立法机关通过立法修改宪法，否则立法机关在通过立法实施宪法时至少应坚持“不抵触”原则。〔1〕最后，“法律修改宪法的潜在预设”以及“符合法律的宪法解释”可能对某些应当严格解释的宪法条款误用扩大解释方法。《宪法》第三十七条至第四十条规定了广义上的公民人身自由权，是在总结“文化大革命”严重教训基础上〔2〕的宪法规范回应。与前三部宪法相比，在包括通信自由和通信秘密在内的广义人身自由权的规范上，1982 年《宪法》明确提出了限制人身自由权的法律界限。〔3〕这使《宪法》第三十七条至第四十条摆脱了宪法条文普遍的抽象性、模糊性与应由立法具体化等特点，变得具体、明确且具有可直接适用性。一般而言，宪法仅规定公民享有的基本权利和自由，至于基本权利和自由的界限则交给立法机关通过法律予以规制。公民基本权利的严格保护是宪法直接规定其界限的主要目的，立法机关通过法律具体化时不能超越宪法文本明定之界限，否则即构成违宪。因此，在宪法解释方法及其限度上，对于《宪法》第四十条，应坚持严格解释立场与方法。符合法律的宪法解释违背了上述立场，不利于公民通信自由和通信秘密权利的特殊保护，不宜坚持。

---

〔1〕 关于不抵触原则的详细论述参见门中敬：《不抵触宪法原则的适用范围：规范差异与制度逻辑》，载《法学论坛》2022 年第 1 期，第 55–63 页。

〔2〕 参见蔡定剑：《宪法精解》，法律出版社 2006 年版，第 259 页。

〔3〕 比如 1982 年《宪法》第三十七条第一款在前三部宪法中都有规定，1982 年《宪法》增加了第二款和第三款的规定，明确提出了限制人身自由的法律界限；前三部宪法仅规定通信秘密和自由受法律保护，1982 年《宪法》增加了限制通信自由和通信秘密的法律界限。

第三，有研究者从实在法秩序的角度提出，在当前法制框架内无从判断全国人大是否违宪，主张全国人大的包括立法在内的行为违宪的观点也就失去了意义。对于这种观点，有研究者从《宪法》第五条第三款的规范分析出发，提出尽管没有哪个国家机关能够审查全国人大制定的法律是否合宪，但并不因此免除一切法律不得同宪法相抵触的义务，全国人大及其常委会有义务保障法律与宪法相一致。〔1〕在现实规范层面，合宪性审查对象没有涵盖全国人大及其常委会制定的法律，这是立法机关审查制度的内在弊端，不能作为法律不可能违宪的理由。当前法治框架无法解决全国人大及其常委会的违宪行为是一个事实判断，全国人大及其常委会的行为是否有违宪可能性也是一个事实判断，两个事实判断之间没有必然联系，不能从一个事实判断推导出另外一个事实判断。此外，前一个事实判断也并非一定为真，虽然《立法法》没有规定法律作为违宪审查的对象，但是《宪法》第四十一条规定的公民针对国家机关或者国家工作人员的批评建议权、申诉、控告、检举权可作为支持审查法律合宪性的宪法规范。〔2〕宪法、法律没有直接规定法律的合宪性审查规则，加之立法机关审查模式无法审查自身立法之合宪性的制度弊端，似乎能够在规范层面得出"即使法律违宪，也只能寄希望于立法机关自行修改"的必然结论。但是，正如下文所述，全国人大常委会对法律作合宪性解释的推论能够包含于《监督法》第三十三条以及《备案

〔1〕 参见谢立斌:《经济法与宪法的交互作用》，载《中国法律评论》2020年第2期，第90-91页。

〔2〕 参见赵玄:《宪法实施机制的规范解读》，载《南都学坛》2013年第3期，第86页。

审查工作办法》第四十四条的文义范围，在完善的合宪性审查制度建立之前，可作为解决法律合宪性争议的暂行机制。总之，当前法律秩序以及立法机关审查模式不能解决法律的合宪性争议是中国法治面临的问题与挑战而非法律不可能违宪的正当性基础。

第四，有研究者认为尽管在理论上全国人大及其常委会制定的法律有违宪可能，但在实践中，可予以规避。如果全国人大及其常委会制定的法律与宪法不一致，可通过修改宪法的方式，使两者保持一致。基于全国人大常委会有宪法解释权以及全国人大制定的法律事先皆由常委会审议，如果法律只是对宪法条文的含义作些扩展与限定，则大可不必动用修宪权，可以视为全国人大常委会以立法形式对宪法进行解释。〔1〕这种方案综合考虑了全国人大及其常委会的立法权、宪法解释权、宪法修改权，实现了最高国家权力机关职权体系的有效实践，具有可操作性，但存在如下问题。一方面，综合分析我国的宪法修改史，通过修改宪法消除与宪法不一致的法律条文的违宪性不是宪法修改的主要类型。我国的宪法修正案往往不是对改革方案的引领而是对改革成果的确认，这也是世界各国普遍采用之模式。正如毛泽东同志所言："世界上历来的宪政，不论是英国、法国、美国，或者是苏联，都是在革命成功有了民主事实之后，颁布一个根本大法，去承认它，这就是宪法。"〔2〕宪法修正案也是同样的道理，是对法治改革成果的确认。许多宪法修正案旨在确

〔1〕 参见陈斯喜：《宪法的生命力在于实施》，载翟小波：《论我国宪法的实施制度》，中国法制出版社 2009 年版，第 4 页。

〔2〕 毛泽东：《新民主主义的宪政》，载《毛泽东选集》第 2 卷，人民出版社 1991 年版，第 735 页。

认某些突破宪法规定但实践成功的试点方案，比如 1988 年《宪法修正案》通过土地可依法转让的规定之前，深圳市等经济特区已率先突破了《宪法》关于土地不得转让的规定。又如 1982 年《宪法》规定我国实行计划经济，在 1993 年《宪法修正案》确立市场经济宪法地位之前，国家领导人已多次提出我国经济体制改革的目标是建立社会主义市场经济。关于宪法修正案与法律之关系，法律落实宪法修正案而非宪法修正案确认突破宪法之法律是常态。[1]另一方面，法律对宪法的扩展或者限缩确实存在，但不能算作以立法的方式对宪法进行解释。如果宪法修正案确认了此种扩展或者限缩，则法律无违宪性问题；[2]反之，则存在违宪可能性。全国人大常委会的宪法解释权和立法权是两类不同性质的独立权力，各自具有不同的程序。尽管我国尚未制定宪法解释程序规范，但是立法就是立法，宪法解释就是宪法解释，不能混为一谈。

总之，上述四类法律在理论上或实践中不可能违宪的观点看似合理，实则经不起推敲。不管是全国人大制定的基本法律还是全

---

〔1〕 比如《宪法修正案》(1993 年 3 月 29 日实施)规定国家实行计划经济之后，《中华人民共和国农业法》(1993 年 7 月 2 日实施)规定发展农村社会主义市场经济；《宪法修正案》(1988 年 4 月 12 日实施)规定土地的使用权可以依照法律的规定转让以后，《中华人民共和国土地管理法》(1988 年 12 月 29 日实施)作出了相应修改，规定国有土地和集体所有的土地的使用权可以依法转让。

〔2〕 比如，在 1982 年《宪法》规定农村实行家庭联产承包为主的责任制的前提下，《中华人民共和国农业法》(1993 年 7 月 2 日实施)规定农村实行家庭联产承包为主的责任制，完善统分结合的双层经营体制，这是对宪法条文的扩展；1999 年《宪法修正案》将家庭联产承包为主的责任制修改为农村集体经济组织实行家庭承包经营为基础、统分结合的双层经营体制，这是对扩展宪法的法律条文的宪法确认。

国人大常委会制定的非基本法律皆存在与宪法不一致的可能，这是全国人大常委会应用合宪性解释方法排除法律违宪性因素的事实前提。

第三节　合宪性解释功能的规范基础

尽管合宪性解释功能缺乏明确的规范基础，但通过分析与立法解释制度有关的法律条文，我们将尝试建立全国人大常委会在法律解释实践中应用合宪性解释的间接规范基础。根据《监督法》第三十三条和《备案审查工作办法》第四十四条，司法解释合法性审查的强制性终结方式需要全国人大常委会作出法律解释，假如专门委员会、法工委因作为审查依据的法律存在合宪性问题导致相关司法解释的合法性不易判断而提请全国人大常委会作法律解释，全国人大常委会根据宪法对法律作合宪性解释，排除作为审查依据的法律的违宪可能性，立法解释制度即发挥了合宪性解释的功能。为了验证上述假设，我们从立法原意、法律文义等方面系统考察《监督法》第三十三条和《备案审查工作办法》第四十四条，以期获得确切结论。

一、基于立法原意的考察

《备案审查工作办法》与《监督法》系统规定了司法解释合法性

审查程序的三种终结方式，强制性终结方式涉及全国人大常委会的法律解释。我们首先考察司法解释合法性审查程序的三种终结方式，然后再挖掘强制性终结方式的立法原意，以确定强制性终结方式是否赋予立法解释制度以合宪性解释功能。

（一）司法解释合法性审查程序的三种终结方式

第一，沟通后审查终结方式。审查机关认为司法解释存在合法性问题，可在提出书面审查意见之前，与制定机关沟通，要求其及时修改或者废止，若制定机关同意修改并提出书面处理计划与时限的，可不再提出书面审查意见，审查中止。“沟通协商的做法操作灵活、便利、高效，有利于调动制定机关的积极性，提高工作效率，促使规范性文件中存在的问题得以尽快解决。”〔1〕尽管具有上述优势，沟通后审查中止的监督是一个不容忽视的问题，制定机关能否在规定时限内修正或者废止涉嫌违法之司法解释更是关键问题。2017年8月，全国人大常委会法工委备案审查室收到公民关于《最高人民法院关于审理破坏野生动物资源刑事案件具体应用法律若干问题的解释》（以下简称《解释》）的审查建议，审查机关认为《解释》制定时间较早，有关“珍贵、濒危野生动物”的范围与原《野生动物保护法》的范围一致，但是存在与2016年新修订的《野生动物保护法》衔接的问题。经过沟通，制定机关声称《解释》正在修订过程中，审查机关督促最高人民法院尽快完成司法解释的修订工作后，

〔1〕　全国人大常委会法工委法规备案审查室：《〈法规、司法解释备案审查工作办法〉导读》，中国民主法制出版社2020年版，第118页。

终止了审查程序。[1]但是，直到2022年4月，“两高”才联合发布了《关于办理破坏野生动物资源刑事案件适用法律若干问题的解释》，修订了原有《解释》的有关内容。从2017年8月到2022年4月，制定机关是否怠于履行修订义务，审查机关是否尽到了督促制定机关修订的义务不得而知，但是将近5年的时间，肯定超出了修订违法司法解释的合理时限。第二，制定机关审查后终结方式。如果“两高”根据审查机关提出的书面审查意见主动修改、废止了相关司法解释，那么审查程序终止。审查后终结程序突出了审查机关的权威以及审查的效率，较为及时地修改或者废止了合法性存疑的司法解释，但是该类方式仍然存在监督不足之风险。制定机关根据审查意见修改后的司法解释仍然可能与法律相抵触，审查机关对于修改后的司法解释继续开展专项审查是较为稳妥的方式。第三，强制性终结方式。当最高人民法院或最高人民检察院未按照全国人大专门委员会、法工委提出的书面审查意见修改或者废止司法解释时，专门委员会、法工委可以向委员长会议提出要求最高人民法院或者最高人民检察院修改、废止有关司法解释的议案、建议，也可以向委员长会议提出由全国人大常委会作出法律解释的议案、建议。假如专门委员会、法工委提出全国人大常委会作法律解释的议案、建议，那么全国人大常委会的法律解释将是司法解释合法性审查程序的终点。立法解释出台后，与之相抵触的司法解释自然无效。

---

〔1〕 参见全国人大常委会法工委法规备案审查室编著：《规范性文件备案审查案例选编》，中国民主法制出版社2020年版，第82-84页。

（二）强制性终结方式的立法原意

接下来，我们将从两个方面考察司法解释合法性审查强制性终结方式的立法原意。第一，强制性终结方式的立法目的。法规、司法解释合法性审查的强制性终结方式是落实党中央提出的“有错必纠”要求的具体制度，也是体现备案审查制度刚性的根本举措。但是作为制定机关，应在审查机关通过沟通、提出审查意见后，积极采取措施，纠正法规、司法解释的不合法、不适当等问题，尽量不要发展到由备案审查机关撤销或者要求修改、废止的地步。[1]从全国人大常委会法工委已经公开的合法性审查案例观之，几乎所有案例皆以沟通后终结或审查后终结的方式结案，尚未出现以强制性终结方式结案之合法性审查案例。因此，从强制性终结方式的立法目的考察，立法者无意通过强制性终结方式解决法律的合宪性问题。第二，两种议案的设置初衷。根据《备案审查工作办法》第四十四条第一款，在制定机关拒绝根据审查意见修改、废止法规时，专门委员会、法工委可向委员长会议提出撤销的议案；对于司法解释而言，可提出要求修改、废止的议案或者请求全国人大常委会作法律解释的议案。对于法规而言，仅有一种强制性终结方式；对于司法解释而言，则有两种强制性终结方式，立法者是否有特殊的目的？综合考察《监督法》和《备案审查工作办法》的立法史料，我们没有发现相

〔1〕 参见全国人大常委会法工委法规备案审查室：《〈法规、司法解释备案审查工作办法〉导读》，中国民主法制出版社 2020 年版，第 123–124 页。

关文献。[1]因此,全国人大常委会作法律解释是司法解释合法性审查程序强制性终结方式之一,但是在立法原意上,其与法律的合宪性解释没有关联。

二、基于法律文义的考察

从《监督法》第三十三条以及《备案审查工作办法》第四十四条的字面含义考察,不能得出全国人大常委会可据此开展合宪性解释的结论。法律表面文义未体现,立法原意也不支持,这是否意味着全国人大常委会作合宪性解释缺乏规范基础?在法律字面含义能够包含的情况下,如果其他解释方法能够支持全国人大常委会作合宪性解释,那么也可以得出全国人大常委会作合宪性解释具有规范基础的结论。尽管立法者在设置司法解释合法性审查的强制终结方式时,并没有赋予全国人大常委会通过对法律作合宪性解释消除作为审查依据的法律的违宪性因素的目的。但是,专门委员会、法工委在要求修改、废止议案与要求作法律解释议案之间选择时,应当坚持一些确定的标准,这是法律理性的必然要求。在如下两种情形中,专门委员会、法工委可能向全国人大常委会提出作法律解释而非要求修改、废止的议案。

第一,专门委员会或者法工委与“两高”关于司法解释是否与

〔1〕 参见全国人大常委会法工委国家法室编著:《〈中华人民共和国各级人民代表大会常务委员会监督法〉释义及实用指南》,中国民主法制出版社 2013 年版,第 108-109 页。

法律相抵触产生争议时，专门委员会、法工委向全国人大常委会提出作法律解释的议案，以裁决二者之争议。这种观点看似合理，实则既没有厘清作为合法性审查机关工作部门的专门委员会、法工委与作为被审查机关的“两高”之间的权责关系，也不符合《监督法》第三十三条以及《备案审查工作办法》第四十四条的法律文义。专门委员会、法工委是合法性审查机关的工作部门，“两高”是被审查对象的制定机关，无论就合法性审查制度设置还是人民代表大会制度的内在逻辑而言，“两高”都应当接受专门委员会、法工委的书面审查意见，二者之间不可能发生争议。

第二，作为司法解释合法性审查的工作机构，专门委员会、法工委虽然认为司法解释存在合法性或明显不适当的问题，但也认同“两高”未根据其书面审查意见修改、废止司法解释具有正当理由，二者达成了共识关系而非冲突关系。那么，上述关键问题即转变为：“两高”提出的哪些拒绝按照书面审查意见修改或者废止司法解释的理由能够获得专门委员会、法工委的认可，使其放弃提出要求修改、废止的议案而代之以请求全国人大常委会作出法律解释的议案？一是基于司法解释权限的考量。根据《立法法》第一百零四条，司法解释是审判、检察工作中具体应用法律的解释，应当主要针对具体的法律条文，并符合立法的目的、原则和原意。但是正如前文所述，司法实践中确实存在司法解释的立法化现象。在司法解释突破界限侵入立法权限范围时，明显属于《备案审查工作办法》第三十八条规定的“超越权限，违法设定公民、法人和其他组织的权利与义务，或者违法设定国家机关的权利与责任”情形，依法应当予以修正或废止。但是修正或者废止司法解释后，在法律修改之前，相关领域必然存在一段时间的法制空白期，社会秩序会受到一定程度的影响。此时，全国人大常委会作出法律解释替代涉嫌超越权限之司法解释是一个妥协方案，待未来修法之时，可将全国人大常委会的法律解释上升为法律。〔1〕我们以上文提及的文物犯罪量刑环节的折算规则为例予以说明，折算规则有效打击了日益猖獗的文物犯罪活动，但它完全是最高人民法院的创造，不是对某一个具体的刑法条文的解释。文物是不可再生资源，严厉打击文物犯罪一直是实践中的主要做法，〔2〕在文物犯罪发生率居高不下的背景下，折算规则确实具有现实必要性，但却存在合法性问题。假如有权主体提出针对折算规则的合法性审查建议或要求，专门委员会、法工委将面临两难境地，要么默许具有现实合理性但缺乏合法性基础的《2015 年解释》持续存在，要么面临文物犯罪打击力度降低导致的文物损害风险。两难抉择之下，提请全国人大常委会作法律解释也许是一个折中但有效的解决方案。此时，全国人大常委会可在相关

〔1〕“姓氏选择权立法解释”是一个并非完全典型的事例。在讨论《婚姻法》第二十二条是否支持公民自由选取第三姓氏时，最高人民法院内部形成了截然相反的两派观点，故而向全国人大常委会提出作法律解释的要求。因此，就第三姓氏而解释《婚姻法》第二十二条属于全国人大常委会法律解释的职权而非司法解释职权范围。但是，假如最高人民法院内部能够形成一致意见，将通过司法解释的方式解决第三姓氏的法律适用问题。此时专门委员会、法工委审查最高人民法院关于第三姓氏的司法解释时，可向全国人大常委会提出作法律解释的请求，既解决了有关司法解释的合法性问题又避免了相关领域的法制空白。《民法典》第一千一百一十五条几乎完全吸收了“姓氏选择权立法解释”是上述推论具有合理性的证据之一。

〔2〕2020 年 9 月 28 日，习近平总书记在十九届中央政治局第二十三次集体学习时指出，要加强执法督察，规范举报流程，严厉打击文物犯罪。

司法解释规范经验的基础之上作出更加完善的法律解释，既解决了司法解释的合法性问题又避免了相关领域的法制空白期。二是基于法律违宪可能性的考量。根据《立法法》第一百零四条，司法解释应当符合立法的目的、原则和原意，一般而言不可能发生司法解释与法律不一致但法律存在违宪可能性的问题。但是考虑到司法解释的立法化问题，上述问题也有发生的可能性。此时，作为审查机关的专门委员会、法工委如果认同制定机关提出的“相关司法解释虽违法但合宪”的拒绝依据书面审查意见修改或废止相关司法解释的理由时，可向全国人大常委会提出作法律解释的议案。通过法律的合宪性解释，全国人大常委会的法律解释既可消除作为审查依据的法律的违宪性，又能解决相关司法解释的合法性危机，可谓一举两得。

总之，虽然《监督法》第三十三条以及《备案审查工作办法》第四十四条的立法原意不支持立法解释制度在司法解释的合法性审查程序中发挥合宪性解释的功能，但其字面文义却能够涵盖上述功能。在此意义上，全国人大常委会应用合宪性解释具有一定的规范基础。不过稍显遗憾的是，《备案审查工作办法》第四十四条并没有将全国人大常委会的法律解释作为法规的合法性审查的强制终结方式之一，这导致全国人大常委会在法规的合法性审查程序中作合宪性解释缺乏规范基础。但是，正如下文所述，基于法律解释是法规、司法解释合法性审查核心手段的理论预设，全国人大常委会在法规的合法性审查程序中作合宪性解释也具有制度基础。

第四节　合宪性解释功能的实践机制

上文论述了合宪性解释功能的理论基础、事实基础和规范基础，这一部分继续分析全国人大常委会应用合宪性解释的实践机制，主要包括制度基础、程序保障、必要性与可行性等主要问题。

一、合宪性解释功能的制度基础

在法律的合宪性再造说理论框架下，合宪性解释实践只能依托于违宪审查制度，由于狭义上的法律不是我国违宪审查的对象，作为合宪性审查权力机关的全国人大常委会不能在针对法律的违宪审查程序中通过转换文义、择一适用等方式，消除被审查法律之违宪性因素。在严格意义上，我国尚不具备全国人大常委会应用合宪性解释的制度基础。但是，基于我国特殊的法律解释体制以及合宪性审查制度，全国人大常委会可依托立法解释制度和法规、司法解释的合法性审查制度，变通适用合宪性解释。全国人大常委会所作法律解释是法规、司法解释的合法性审查制度的核心手段，也即是说，附带于法规、司法解释的合法性审查制度的立法解释是判断法规、司法解释是否违法的关键，所以二者皆体现为立法解释制度的合宪性解释功能。

（一）基于全国人大常委会法律解释制度的合宪性解释功能

根据《立法法》第四十八条，当法律的规定需要进一步明确具体含义的，全国人大常委会有权解释法律。法律含义模糊的类型与原因具有多样性，第一，法律规范存在漏洞，需要通过法律解释活动填补法律漏洞；第二，法律文字的模糊性导致的法律含义的不确定性；[1]第三，法律的含义虽确定但具有多元性，存在至少两种以上的合理解释，此时可能有一种解释是违宪的，也可能所有解释都合宪，只是合理性存在差异。根据前文所述，部分解释结论的违宪性是合宪性解释的应用前提，在最严格意义上，全国人大常委会只能在部分解释结论违宪导致的法律含义应进一步明确的情况下，才有权适用合宪性解释方法选择合宪的解释结论并排斥违宪的解释结论。全国人大常委会拥有宪法解释权和法律解释权，具备适用广义合宪性解释的制度基础。除了上述狭义上的合宪性解释应用机制之外，全国人大常委会还可以作基于宪法的法律解释，即在法律含义模糊或者不确定时，根据宪法的精神、原则、规则予以确定化，实现宪法价值向法律文本的单向输入。

分析立法解释实践，狭义上的合宪性解释功能没有出现过，最为接近者当属全国人大常委会法工委关于人民法院调取公民通话记录是否侵犯《宪法》第四十条规定的通信自由和通信秘密的法

〔1〕 有研究者认为模糊性是法律不确定性的典型来源，因模糊性而产生的不确定性是法律的基本特征，参见［英］蒂莫西·A.O. 恩迪科特：《法律中的模糊性》，程朝阳译，北京大学出版社 2010 年版，第 1–8 页。

律询问答复。就根据宪法解释法律或符合宪法的法律解释意义上的合宪性解释而言，立法解释实践已体现出合宪性解释功能，比如“豁免规则立法解释”。该立法解释起源于香港终审法院审理的刚果金案，[1]事关香港特区法院对于刚果金的国家债务争议是否具有管辖权。尽管中国当时也在一些国内立法和国际条约中体现了不同的态度，但在涉外法律实践中总体坚持绝对豁免立场。[2]与之不同，英国遗留的普通法却支持限制豁免主义，因此香港特区法院应受国务院外交部主张的绝对豁免主义之约束还是亦可根据普通法采取限制豁免机制成为本案的核心争议？因为香港终审法院内部存在争议，遂根据《香港基本法》第一百五十八条之规定向全国人大常委会提出法律解释的请求。香港终审法院提出两个关联性问题，国务院是否有权决定国家豁免政策？如果有，香港应否遵守？根据《宪法》第八十九条第九项，国务院有权管理对外事务，同外国缔结条约和协定，当然有权决定国家的豁免政策。所争议者乃是国务院决定国家的豁免政策属不属于《香港基本法》第十三条规定的中央人民政府负责管理的与香港特区有关的外交事务？换言之，《香港基本法》第十三条中的“外交事务”和《宪法》第八十九条第九项中的“对外事务”是什么关系？根据《全国人民代表大会常务委员会关于〈中华人民共和国香港特别行政区基本法〉第十三条第

〔1〕 关于该案的详情介绍及评论参见秦前红、黄明涛:《对香港终审法院就“刚果金案”提请人大释法的看法》，载《法学》2011 年第 8 期，第 63-65 页；李纬华:《关于香港特别行政区终审法院适用提请释法规则状况的检讨》，载《政治与法律》2014 年第 4 期，第 23-33 页。

〔2〕 参见何志鹏:《主权豁免的中国立场》，载《政法论坛》2015 年第 3 期，第 64 页。

一款和第十九条的解释（草案）的说明》,《香港基本法》第十三条第一款中的“外交事务”包含于《宪法》第八十九条第九项中的“对外事务”,中央人民政府有权决定我国的国家豁免规则或政策,并在全国范围内统一实施。《香港基本法》第十三条第一款规定之处理外交事务不属于香港特别行政区高度自治权范围。这种理解与我国宪法规定的中央人民政府在这方面的权力完全一致。因此,“豁免规则立法解释”将《宪法》第八十九条第九项之精神融入了《香港基本法》第十三条第一款,属于符合宪法的法律解释。

（二）基于合法性审查制度的合宪性解释功能

全国人大常委会的法律解释基于合法性审查制度发挥合宪性解释功能,是指当作为法规、司法解释合法性审查依据的法律存在违宪可能性时,全国人大常委会对法律作合宪性解释,排除其违宪性,再据此审查法规、司法解释的合法性。合法性审查制度能够作为全国人大常委会法律解释发挥合宪性解释功能的原因主要有如下两种。第一种理由仅支持全国人大常委会在司法解释的合法性审查实践中应用合宪性解释方法,第二种理由可同时支持全国人大常委会在法规、司法解释的合法性审查实践中应用合宪性解释方法。

第一,基于司法解释合法性审查程序终结方式的考察。根据前文所述,全国人大常委会的法律解释是司法解释合法性审查程序强制性终结方式之一,当“两高”未根据专门委员会、法工委的书面审查意见修改、废止被审查的司法解释时,专门委员会、法工委可向委员长会议提出由全国人大常委会作法律解释的请求。如果法律存在违宪可能性是“两高”不予修改、废止司法解释的主要原因，全国人大常委会可通过法律解释的方式排除法律的违宪可能性并肯定司法解释的合法性或者肯定法律的合宪性并否定司法解释的合法性。但是，《监督法》《备案审查工作办法》没有规定全国人大常委会的法律解释是法规的合法性审查程序强制性终结方式之一，所以这种论证思路只能适用于司法解释的合法性审查制度，不能适用于法规的合法性审查制度。差异化的制度设置源自立法体制和法律解释体制，根据《宪法》第六十七条第四项，全国人大常委会有权解释法律，由于司法实践对法律解释的需求极大，在2015年《立法法》赋予“两高”司法解释权之前，全国人大常委会通过《1955年决议》和《1981年决议》将宪法授予的法律解释权拆分为立法解释权、司法解释权和行政解释权。因此，在2015年之前，“两高”的司法解释权源自全国人大常委会的授予。因为全国人大常委会决议的效力低于宪法，全国人大常委会拆分法律解释权的行为并不影响《宪法》第六十七条第四项的效力，尽管存在行政解释权、司法解释权，但是全国人大常委会仍然是宪法规范层面唯一的法律解释主体。所以，司法解释的权限范围包含于全国人大常委会的法律解释权限范围，司法解释的效力低于全国人大常委会法律解释的效力，全国人大常委会可通过法律解释修改、废止“两高”作出的司法解释。但是，法律解释体制中全国人大常委会和最高人民法院以及最高人民检察院之间的特殊关系与立法体制中全国人大常委会和国务院以及设区的市以上地方人大常委会的关系不同，在后面这对关系中，尤其是全国人大常委会和设区的市以上的地方人大常委会之间，地方人大常委会具有相对独立的立法权。在法规合法性问题上，二者之间仅具有监督与被监督的关系，全国人大常委会仅能够撤销与宪法法律相抵触的法规而无权修改。总之，基于合法性审查程序终结方式的考察，全国人大常委会的法律解释仅能够基于司法解释的合法性审查制度发挥法律的合宪性解释功能，无法在法规的合法性审查制度中发挥同样功能。

第二，基于法律解释与合法性审查关系的考察。全国人大常委会同时具有法律解释权和法规、司法解释的合法性审查权，二者之间既有区别又存在共性。就区别而言，二者皆为独立之权力，具有不同的运行程序，产生不同的法律效力；就共性而言，法律解释是合法性审查制度的核心手段，全国人大常委会审查法规、司法解释的合法性时，应首先解释作为审查依据之法律的含义，然后据此审查法规、司法解释之合法性。此即为前文所界定之独立型立法解释制度和辅助型立法解释制度。从世界上主流的违宪（法）审查制度及其实践看，宪法（法律）解释也是违宪（法）审查制度的核心手段，在宪法（法律）解释主体多元的情况下，谁具有违宪（法）审查权，谁就拥有效力更高的宪法（法律）解释权，即使司法机关是分立的三权中最弱的一个，[1]但是只要美国联邦最高法院掌握了违宪（法）审查权，即具有终局意义上的宪法（法律）解释权。因此，从法律解释是合法性审查制度核心手段的角度分析，全国人大常委会的法律解释

〔1〕 参见［美］汉密尔顿等：《联邦党人文集》，程逢如、在汉、舒逊译，商务印书馆 1980 年版，第 391 页。

可基于法规和司法解释的合法性审查制度发挥合宪性解释的功能。

二、合宪性解释功能的程序保障

尽管具有制度基础，但是由于程序配置上的不健全，立法解释实践以及基于合法性审查制度的实践尚未充分发挥合宪性解释的功能。我们将主要从如下两个方面论述合宪性解释功能的程序保障。

第一，完善法律询问答复制度与立法解释制度的程序衔接。在法治实践中，法律询问答复是指全国人大常委会法工委对有关部门与地方提出的法律询问予以答复并指导其工作的活动。法律询问答复虽然不具有法律效力，但其对法律的理解比较权威，对于各部门执法发挥了重要指导作用。为加强监督，法律询问答复必须报全国人大常委会备案，全国人大常委会发现不正确的答复时，可予以纠正。[1]尽管应用频繁，但直到2000年《立法法》的颁布，法律询问答复才具有了法律基础。《立法法》也统一了之前有关国家机关对法律询问答复性质与权限范围的不同认识。“全国人大常委会办公厅采取措施认可法律询问答复的合法性并且使之规范化，使其起到填补正式法律解释缺位的作用。”[2]《第八届全国人大常委会工作要点》曾

〔1〕 参见全国人大常委会法工委国家法室编著：《中华人民共和国立法法释义》，法律出版社2015年版，第196–198页。

〔2〕 周伟：《宪法解释方法与案例研究——法律询问答复的视角》，法律出版社2007年版，第186页。

提出常委会要进一步完善宪法和法律解释的程序和制度，对各地、各部门提出的一些宪法和法律问题作出解释，属于人大工作等方面有关法律的具体适用问题，由常委会有关部门拟出答复意见，按照一定的程序作出统一的答复。这在本质上区别了全国人大常委会的法律解释与法工委的法律询问答复之间的权限范围，将法律询问答复类比为司法解释、行政解释，只能针对人大工作方面的法律适用问题予以答复。但是根据《立法法》第六十九条，法律询问答复不具有全国人大常委会办公厅曾经主张过的法律效力，其权限范围也未限缩于人大工作有关的法律适用问题。正因如此，法律询问答复的数量才比较大，据不完全统计，仅在 1983 年至 1997 年 5 月间，全国人大常委会法工委即针对《立法法》《选举法》《刑法》《刑事诉讼法》《环境保护法》等法律作出了 700 件左右的法律询问答复，有的是直接援引宪法规定作出的。〔1〕

尽管法律询问答复在事实上分担了很多本应由立法解释承担的回应法律解释现实需求的责任，但是法律询问答复不具有法律的效力，导致其在规范层面不能承担立法解释制度的功能。因此，关于法律询问答复制度的正当性，学界普遍持批判性态度。〔2〕尽管存在正当性问题，但是在短期内法律询问答复制度还具有现实必要性

---

〔1〕 参见周伟:《宪法解释方法与案例研究——法律询问答复的视角》，法律出版社 2007 年版，第 155-156 页。

〔2〕 代表性文献参见梁洪霞:《论法律询问答复的效力》，载《重庆理工大学学报（社会科学版）》2010 年第 4 期，第 66-71 页；褚宸舸:《论答复法律询问的效力——兼论全国人大常委会法工委的机构属性》，载《政治与法律》2014 年第 4 期，第 87-94 页；林彦:《法律询问答复制度的去留》，载《华东政法大学学报》2015 年第 1 期，第 54-63 页。

的前提下，应建立法律询问答复制度与全国人大常委会的法律解释制度之间的有效衔接机制。建立二者之间的衔接机制，需要首先厘清法律询问答复权限范围的规范与实践并与全国人大常委会的法律解释权限进行比较。从规范层面看，二者之区别比较明显，全国人大常委会的法律解释主要针对法律规定需要进一步明确具体含义以及明确法律适用依据等情形，全国人大常委会法工委的法律询问答复主要针对具体问题。但是在实践层面，二者之间的界限不明显，有关具体问题的法律询问往往源自法律含义模糊或者不确定。〔1〕

上述两个事例皆起源于具体问题并归结于法律含义，但是解决方式却截然不同。这充分说明了法律询问答复和法律解释界限之模糊。根据全国人大常委会法工委答复法律询问实践，法律询问答复与全国人大常委会的法律解释之间的界限取决于全国人大常委会法工委对《立法法》第四十八条规定的全国人大常委会法律解释权限的理解。尽管在实践中，法律询问答复的范围相对固定，〔2〕但

〔1〕 比如人民法院能否向通信公司调取民事案件当事人的通话记录属于具体问题，但涉及2021年《民事诉讼法》第七十条规定的人民法院的调查取证权与《宪法》第四十条规定的公民的通信自由和通信秘密的具体含义，最终由全国人大常委会法工委以法律询问答复的形式予以解决；父母是否有权根据个人意愿为子女选择父姓母姓之外的第三姓氏属于具体问题，但涉及《婚姻法》第二十二条"子女可以随父姓，可以随母姓"的具体含义，最终由全国人大常委会以法律解释的形式予以解决。

〔2〕 在实践中，法律询问答复的范围主要有三类，第一，国务院所属机构、"两高"的工作机构、省、自治区、直辖市人大常委会工作机构提出的工作中的具体法律问题；第二，向全国人大常委会提出法律解释要求，经研究不需要进行法律解释，可以采取法律询问答复的问题；第三，全国人大常委会交办的其他需要研究答复的问题。参见全国人大常委会法工委国家法室编著：《中华人民共和国立法法释义》，法律出版社2015年版，第197页。

是由于数量众多，全国人大常委会法工委很难严格遵守法律询问答复的界限，有时会侵入全国人大常委会法律解释的界限，比如上述关于公民通信自由的法律询问答复。因此，全国人大常委会法工委关于立法解释权限的理解对于区分法律询问答复与立法解释而言至关重要。准确区分法律询问答复与立法解释的权限非常困难，仅就全国人大常委会的法律解释制度发挥法律的合宪性解释功能而言，当全国人大常委会法工委在法律询问答复中发现相关法律规定存在违宪性争议或者需要根据宪法解释法律时，应提请全国人大常委会通过法律解释予以解决，此时立法解释制度的合宪性解释功能即得以发挥。若无法通过法律解释消除法律的违宪性因素，全国人大常委会宜适时启动法律修改程序，从而彻底解决法律的违宪性问题。当然，需要指出的是，尽管只有少数法律询问答复涉及法律的合宪性争议，但是全国人大常委会法工委在法律询问答复中援引宪法解释法律却是比较常见的情形。〔1〕

第二，完善法规、司法解释的合法性审查程序，强化全国人大常委会应用合宪性解释的程序保障。分析已公开的法规、司法解释合法性审查案例，几乎全部以全国人大常委会法工委法规备案审查

〔1〕 比如关于自治区地方立法程序规定中能够规定较大的市制定的地方性法规不得同本自治区的自治条例和单行条例相抵触的询问答复，详情参见全国人大常委会法工委主编:《法律询问答复汇编》(第2辑)，中国民主法制出版社2002年版，第8-9页；某省人大常委会选举任免联络工作委员会关于如何纠正乡镇设立人大常委会的做法的法律询问，详情参见全国人大常委会法工委主编:《法律询问答复(2000-2005)》，中国民主法制出版社2006年版，第87-89页；某自治区人大常委会人事代表选举工作委员会关于如何办理代表提出的“人民代表人身保护权条例的立法案”议案的法律询问，详情参见全国人大常委会法工委主编:《法律询问答复(2000-2005)》，中国民主法制出版社2006年版，第101-102页。

室与制定机关的口头或者书面沟通为主，最终产生法规、司法解释合法或者制定机关主动废止、修改有关法规、司法解释的结果，尚未出现由常务委员会会议决定并以全国人大常委会之名义作出的法规、司法解释合法性审查结论，自然也不存在全国人大常委会对作为审查依据的法律作合宪性解释的情况。这种现象的产生虽然与合法性审查实践过少、未出现制定机关不尊重法规备案室出具的审查意见的情况有关，但归根结底还是与合法性审查程序设计有关。

2017 年之前，法规、司法解释的合法性审查制度面临的最大问题是“有规范无实践、多备案少审查、有实质无形式”。全国人大常委会在法规、司法解释的备案环节做了大量工作，发现的一些合法性、正当性问题，往往通过与制定机关沟通的方式予以解决，未呈现出形式意义上的合法性审查。法规、司法解释合法性审查的程序问题尤其表现在启动程序上，《立法法》和《监督法》规定了法规、司法解释合法性审查的建议权主体和要求权主体，但是实践中的现状却是“要求权主体从未提要求、建议权主体的建议从未被真正采纳”。2017 年以来，随着党中央对备案审查工作的重视，法规、司法解释的合法性审查实践逐渐增多，尤其是建议权主体的建议逐渐被采纳。但是，为保障全国人大常委会在合法性审查制度中作合宪性解释，还应继续完善合法性审查程序。最为紧要者当属完善合宪性审查权力机关和合宪性审查工作机构的职权配置，每个案件都应当以全国人大常委会之名义作出书面审查决定，包含在书面审查决定中的立法解释即是合宪性解释的实践场域。根据前文所述，我国的合法性审查制度存在沟通后终结、审查后终结和强制性终结三种终止方式。在沟通后终结程序中，不存在作为立法解释载体的书面审查意见与审查结论。在审查后终结方式中，如果最终审查结论以全国人大常委会而非法规备案审查室之名义作出，可以推定为全国人大常委会默认了法规备案审查室在合法性审查中所作之法律解释，从而间接产生立法解释制度的合宪性解释功能。但是，由于《立法法》以及《备案审查工作办法》仅规定专门委员会、常委会工作机构应当将开展备案审查工作的情况以适当方式向社会公开，未明确要求公布合法性审查个案的审查结论，目前还无法作出上述推论。即使作出上述推论，也不能改变法律解释权归属于全国人大常委会而非全国人大常委会法工委的制度现实，后者之“法律解释”不能代替前者之法律解释，亦不能发挥事实上的法律效力。只有强制性终结方式才包含法规、司法解释的合法性审查结论，这是立法解释的载体，或者由全国人大常委会在审查司法解释的合法性时直接作出法律解释替代相关司法解释，或者以全国人大常委会的名义作出修改、废止司法解释的议案。因此，不管是沟通后终结、审查后终结还是强制性终结方式，只有每一件合法性审查案例都以全国人大常委会之名义作出的书面审查结论终结，才能够推动全国人大常委会积极行使法律解释权，合宪性解释的应用场域才会逐渐宽广。考虑到合宪性审查工作机构的所有审查报告皆由全国人大常委会审议的巨大工作量，可设定一个近期目标，凡涉及法律的合宪性解释的审查意见皆由全国人大常委会审议决定。法律的合宪性解释涉及法律违宪可能性之消除以及法律含义之变动，全国人大常委会作出审查决定更加慎重，也符合2023年《立法法》第四十八条有关立法解释权限的规定。但是，工作量因素是历史遗留问题，不能成为阻碍合宪性审查制度科学设置与充分实践的理由，待合宪性审查实践趋于规范化之后，全国人大常委会应当审议合宪性审查工作机构的所有审查意见。

三、合宪性解释功能的必要性与可行性

（一）合宪性解释功能的必要性

在当前制度框架内，立法解释制度单独发挥或者附带于法规、司法解释的合法性审查制度发挥法律的合宪性解释功能，可有效解决法律的违宪性问题，推动宪法实施。

第一，合宪性解释功能可以解决法律的违宪性问题。根据前文所述，全国人大及其常委会制定的法律也存在违宪可能性，但是我国当前的合宪（法）审查的对象只包括法规和司法解释，不能涵盖狭义上的法律。若法律存在与宪法不一致，甚至相冲突情形，只能通过法律修改一种方式予以解决。合宪性解释功能提供了一种通过法律解释消除法律违宪可能性的方案，相较于法律修改而言，便捷高效且节约立法成本，这是当前制度框架内的最优选择。对于无法通过法律解释排除违宪可能性的法律规范，全国人大常委会可择机启动法律修改程序。基于此，法律解释和法律修改构成了我国当前制度框架内法律合宪性事后控制的系统方案。

合宪性解释功能消除法律违宪可能性的两种方式既存共性也有差异。就共性而言,不管是基于独立型立法解释制度还是附带于合法性审查制度实施,全国人大常委会根据宪法解释法律并排除法律的违宪可能性是二者的共同核心。就差异而言,主要表现在法律类别与启动主体方面。一是法律类别上的差异,从法律与宪法以及法规、司法解释的关系方面,可能违宪之法律可以分为自身可能违宪但存在与之冲突的法规或者司法解释以及自身可能违宪但不存在与之相冲突的法规、司法解释等两种类型。对于前者而言,可以通过法律解释程序和基于法规、司法解释合法性的审查程序发挥合宪性解释功能;对于后者而言,只能通过法律解释程序发挥合宪性解释功能。二是启动主体上的差异主要表现在参与主体的范围方面。根据《立法法》第四十九条,除了全国人大常委会自主启动法律解释程序之外,国务院、中央军事委员会、国家监察委员会、最高人民法院、最高人民检察院和全国人民代表大会各专门委员会以及省、自治区、直辖市的人民代表大会常务委员会可以向全国人民代表大会常务委员会提出法律解释要求,但是除此之外的国家机关、企事业单位、社会团体、公民个人无权提出法律解释建议。因此,对于涉嫌违宪但不存在与之抵触的法规、司法解释的法律,只能由上述国家机关提出法律解释要求或者全国人大常委会自主启动法律解释程序予以解决。分析既往立法解释实践,“两高”是最活跃的法律解释要求主体,若它们在提出法律解释议案时,能够明确阐明法律含义的多元性以及部分解释结论的违宪性,无疑将推动全国人大常委会对法律作合宪性解释,解决其违宪性争议。根据《立法法》

第一百一十条以及《监督法》第三十二条，上述有权提出法律解释要求的主体也有权向全国人大常委会提出法规、司法解释的合法性审查要求，除此以外的其他国家机关和社会团体、企业事业组织以及公民个人可以向全国人大常委会提出书面审查建议。因此，对于涉嫌违宪但存在与之相抵触的法规、司法解释的法律而言，即使社会团体、公民个人也可以通过提出合宪（法）性审查建议的方式参与立法解释制度的合宪性解释功能的启动程序。

第二，合宪性解释功能可以推动宪法实施。一直以来，宪法实施都是宪法学的核心议题，尽管所有国家机关都有义务实施宪法，但是违宪审查体制始终是中国宪法实施研究的焦点。2008 年以前，研究者提出了委员会、宪法法院、普通法院、复合型违宪审查机构等多种体制机制。[1]在意识到司法审查制度暂时不具可行性后，研究者于 2008 年提出了"合宪性解释作为中国宪法司法适用可行路径"的学术命题。根据前文所述，普通法院应用合宪性解释缺乏制度依据，但是全国人大常委会应用合宪性解释不仅与人民代表大会制度相融洽，还能建立起全国人大常委会的立法权、法律解释权、法律修改权之间的有机联系，与法规、司法解释的合宪（法）性审查制度形成法律的合宪性控制体系，推动宪法实施。

（二）合宪性解释功能的可行性

中国共产党领导是中国特色社会主义的最本质特征，构建符合

〔1〕 关于违宪审查体制争论的综述性文献参见韩大元主编：《共和国六十年法学论争实录（宪法卷）》，厦门大学出版社 2009 年版，第 213-236 页。

中国国情的宪法监督体制离不开党的领导，立法解释制度发挥合宪性解释功能符合中国共产党完善全国人大及其常委会宪法监督制度的顶层设计。此外，合法性审查实践之蓬勃发展为全国人大常委会应用合宪性解释方法提供了实践支撑。总之，在政治基础和实践基础方面，立法解释制度发挥合宪性解释功能具有可行性。

第一，合宪性解释功能的政治基础。分析中国共产党有关宪法监督体制以及宪法实施机制的意志，有助于引导宪法实施体制的研究方向。2014 年 10 月 20 日至 23 日召开的十八届四中全会是中国共产党首次以“依法治国”为主题的中央全会，会议通过的《中共中央关于全面推进依法治国若干重大问题的决定》是中国未来法治改革的顶层设计，提出了完善全国人大及其常委会宪法监督制度、健全宪法解释程序机制的方针。2021 年 10 月 13 日至 14 日党中央召开了中央人大工作会议，这在党的历史上和人民代表大会制度的历史上都是第一次。习近平总书记在中央人大工作会议上的讲话提出，全面贯彻实施宪法是建设社会主义法治国家的首要任务和基础性工作，也是坚持和完善人民代表大会制度的必然要求。要以宪法为根本活动准则，用科学有效、系统完备的制度体系保证宪法实施，加强宪法监督，弘扬宪法精神，切实维护宪法的权威和尊严。因此，根据中共中央有关宪法实施的意志，学界应着力于当前制度框架内全国人大及其常委会宪法实施体制的完善研究。至于宪法法院模式或者其他宪法监督模式，可能符合某些国家的国情，但至少当前不适用于我国。从违宪审查制度发展的世界经验分析，任何国家都应当建立符合本国国情之宪法监督体制，而不能完全移植外国制度。[1]因此，在全国人大及其常委会宪法监督体制内寻求更完善的宪法实施机制符合坚持中国共产党领导的总体要求。第二，合宪性解释功能的实践基础。合法性审查制度已经激活，全国人大常委会的法律解释制度发挥合宪性解释功能具有坚实的实践基础。立法解释制度和法规、司法解释的合法性审查制度是全国人大常委会的法律解释发挥合宪性解释功能的两大制度基础。总体而言，立法解释实践不多，建基于立法解释制度的合宪性解释功能发挥作用的场域有限。但是，自 2017 年起，为贯彻党中央加强合宪性审查实践的总体要求，全国人大常委会加强了法规、司法解释的合法性审查实践，这为全国人大常委会在法规、司法解释合法性审查程序中，通过对法律作合宪性解释排除作为法规、司法解释合法性审查依据的法律的违宪可能性奠定了坚实的实践基础。

---

〔1〕 比如 1920 年奥地利尝试建立违宪审查体制时，美国的普通法院审查模式是世界上主流的宪法监督体制。作为奥地利宪政之父的凯尔森认为如果将建基于普通法法系的美国违宪审查模式移植入奉行大陆法系的奥地利，将无法解决法律违宪争议的持续性、违宪立法效力认定等难题。最终，奥地利建立了宪法法院审查模式。在传播范围上，奥地利首创的宪法法院审查模式已经超过了美国的普通法院审查模式。参见[美]汉斯·凯尔森：《立法的司法审查——奥地利和美国宪法的比较研究》，张千帆译，载《南京大学法律评论》2001 年第 1 期，第 4–8 页。

第七章　结　　语

行文至此，有必要做个总结，回顾研究脉络并凝练研究结论。此外，在研究过程中，我们进行了一些与本书相关的延伸性思考，也一并记录于此。

第一节　研究结论

“在合宪性审查制度的话语和实践大行其道的当下，国内外的宪法学者们关注最多的莫过于法院或者其他专门审查机关对宪法的理解，但对于作为民主代议制的组织形式，自近代以来便被寄予厚望的立法机关，却似乎被宪法学研究有意无意地忽略了。”[1]其实，对于中国的法律解释研究而言，也是同样的处境，研究者普遍关注司法解释，相对忽视立法解释。在为数不多的立法解释研究成果中，批判性观点占据主导地位。研究者往往基于西方法律解释的经

〔1〕 陈鹏：《立法机关的宪法解释机能——比较法视野中的体系性研究》，清华大学出版社2021年版，第163页。

典理论、立法解释的消极结果等主张全国人大常委会应少作法律解释，甚至解构立法解释制度。[1]内置于全国人大常委会职权体系的立法解释是推动中国法治进步的制度性动力，不应成为某种程度上的阻力。功能研究是立法解释既有学术成果的核心论题，但研究者普遍坚持规范分析、理论反思的进路，相对忽略了立法解释制度功能的规范与实践之间的冲突问题，导致理论、规范与实践的逻辑断裂。本书以结构功能主义为指导，依托于全国人大常委会的职权体系以及法律解释体制等制度架构，通过立法解释制度功能的规范定位的实践异化以及实践功能的理论证成等两条主要进路，系统分析了立法解释制度的阐释立法原意、补充法律规定、统一法律适用、合宪性解释等功能，形成了如下两类主要结论。

一、全国人大常委会法律解释制度功能的历史演进

以史为鉴可以知兴替，厘清立法解释制度功能的历史变迁经验是探索其新时代定位的前提。对比分析立法解释制度功能的规范与实践，立法解释制度的功能经历了如下两类变迁历程。

---

〔1〕 有研究者认为“功能主义的保守主义倾向在于它对社会制度的功能解释是维持（现存的）社会的。当把制度和社会本身解释为能力的发展（这种能力的发展战胜抗拒它的社会形态）时，就不存在保守主义”。参见［英］G.A. 柯亨：《卡尔·马克思的历史理论：一个辩护》，岳长龄译，重庆出版社 1989 年版，第 302 页。关于立法解释制度功能的既有研究说明了功能主义研究的非保守主义倾向。本书的研究既是解释性的，也是建构性的。一方面，就阐释立法原意、补充法律规定、统一法律适用功能而言，我们重点论述了其规范基础、实践状况、存在的问题以及未来的发展趋势等，这主要是解释性研究。另一方面，就合宪性解释功能而言，我们重点论述了其正当性基础与实施机制，这主要是建构性研究。

第一，立法解释制度功能的规范定位在实践中发生异化。一方面，从《1955 年决议》到 2000 年《立法法》，补充法律规定功能在规范层面经历了从隐含、明示到废止的演进历程，但在立法解释实践中，其至今仍存。另一方面，根据《1981 年决议》和 2000 年《立法法》，明确法律规定的含义与立法后出现的新情况的适用法律依据是立法解释制度的主要功能，以裁决“两高分歧”为主的统一法律适用是次要功能，但在立法解释实践中，后者演变为主要功能，前者是实现后者的主要方法。

第二，立法解释制度的部分功能具有实践根基但缺乏规范依据。一方面，包括全国人大常委会在内的实践各方普遍认为立法解释制度具有阐释立法原意的功能，但是该功能缺乏明确的规范依据，它源自正当化立法解释制度的理论使命。另一方面，部分裁决“两高分歧”的立法解释表现出缺乏规范基础的司法解释合法性审查功能，比如《全国人民代表大会常务委员会关于〈中华人民共和国刑法〉第二百九十四条第一款的解释》否定了《最高人民法院关于审理黑社会性质组织犯罪的案件具体应用法律若干问题的解释》关于黑社会性质的组织必须具有“保护伞”的规定的合法性。

二、合宪性审查时代背景下全国人大常委会法律解释制度的功能体系

立法解释制度身处不同的法律结构，既属于法律解释体制，又内含于全国人大常委会的职权体系，与法律制定、法律修改、宪法解

释、备案审查等制度存在实质关联性。基于此，立法解释制度的功能不是单一型的，而是一个多元化的体系，不同的功能既存在独立发挥作用的空间，也有机联系在一起，满足了社会对法律规范的及时性需求。接下来，我们将首先阐述每一项功能的研究结论，然后再总结立法解释制度的功能体系。

（一）关于阐释立法原意功能的结论

阐释立法原意功能是指相比于“两高”、国务院等其他法律解释主体，作为立法机关的全国人大常委会最清楚立法原意，是立法原意的最佳阐释者，蕴含在立法解释中的立法原意即法律文本之含义，产生法律拘束力。尽管阐释立法原意功能是包括全国人大常委会、“两高”在内的法律解释实践各方主体的共识，但却缺乏明确的规范基础，它源自其承担之正当化立法解释制度的理论使命。我国法律解释实践中的立法原意是指立法机关的主观意图，既表现为立法机关的原初意图与一般意图，也表现为立法机关的现代意图与具体意图。鉴于立法原意概念的不确定性，阐释立法原意功能的上述理论使命很难实现。在世界范围内，立法机关并非仅仅是规则的制定者，可通过作为制定法解释主体、立法意图作为制定法解释目标、立法史料作为制定法解释手段等方式影响法律解释活动。尽管阐释立法原意功能具有正当性基础并产生民主价值和社会效益，但也存在范围、前提与方法上的实施界限。在范围方面，最高人民法院在司法解释实践中尊崇立法原意，香港终审法院则坚持平义规则，二者对待立法原意的不同态度决定了阐释立法原意功能将主要局限于港澳基本法解释领域。在前提方面，足以证明清晰的立法原意的立法史料是阐释立法原意功能的前提，而非文义解释无法适用。在方法方面，法律制定之时存在的权威性立法史料、港澳筹委会制定的规范性文件、立法的过程性资料、同立法相关的中国共产党的政治主张、我国签署或批准的国际公约都可以在一定程度上作为确定立法原意的佐证性史料。但是，不同立法史料的可靠性存在差异，有权机关的审议或批准是权威性立法史料的主要特征，所包含的立法者的数量是区别非权威性立法史料证明力的关键标准。

（二）关于补充法律规定功能的结论

补充法律规定功能是指全国人大常委会通过法律解释的方式对法律条文作补充规定。在规范层面，补充法律规定功能经历了从确立到废止的演进历程；在实践层面，即使在《立法法》明确废止之后，它依然存在。发挥了补充法律规定功能的立法解释实践可划分为填补法律漏洞与扩大法律适用范围两类。就立法解释实践中的法律漏洞而言，有的源自新旧法律的衔接，有的归因于立法者疏忽或者预见不足。类推解释是全国人大常委会通过法律解释方式扩大法律适用范围的主要方法。规范上的废止源自学界关于法律解释有别于立法的理论批判，实践中的长存植根于本体论诠释学关于"理解不只是一种复制的行为，而始终是一种创造性的行为"的理性判断。补充法律规定功能具有隐性的规范基础，也符合立法解释权双重属性的理论定位。因此，补充法律规定功能在立法解释实践中将持续存在。尽管如此，全国人大常委会通过法律解释补充法律规定时应当恪守内容上的重要性、规范上的紧迫性与程度上的轻微性等要求，既充分发挥立法解释的制度优势，又不侵入司法解释、法律修改的权限范围。

（三）关于统一法律适用功能的结论

在人民代表大会制度框架下，基于全国人大常委会的地位以及立法解释的法律效力，立法解释制度能够解决其他法律解释主体之间的原则性分歧，实现统一法律适用的功能。在立法解释实践中，全国人大常委会在裁决“两高分歧”时，表现出间接审查司法解释合法性的功能。有的立法解释间接认定了司法解释违法，有的立法解释间接认定司法解释合法并作出了补充规定。统一法律适用功能是我国法律解释主体多元化的必然要求，但存在消解司法解释的合法性审查制度或阻碍其实践、再解释之必要性等诸多弊端。随着合宪性审查制度之激活与持续实践，立法解释制度的统一法律适用功能可由合宪性审查制度替代。在独立型立法解释制度与辅助型立法解释制度分野的前提下，立法解释制度的统一法律适用功能可转向法规、司法解释的合法性审查功能。为此，应完善我国的法律解释体制，维持最高人民法院的规范性司法解释制度，废除最高人民检察院规范性司法解释制度与行政解释制度，建立法官个案解释制度。经此制度性重构，既可消除“两高分歧”的制度性诱因，又可增强法官提出法规、司法解释的合法性审查建议的积极性。

（四）关于合宪性解释功能的结论

立法解释制度的合宪性解释功能是指，当法律存在多义性且部分解释结论具有违宪可能性时，全国人大常委会对法律作合宪性解释，或者选择符合宪法的解释结论并否定与宪法不符之解释结论，或者将法律限缩在合宪的适用范围内，排除法律之违宪可能性，在规范形式未发生变化的前提下，保全其法律效力。同阐释立法原意、补充法律规定、统一法律适用、合法性审查等功能或者具有规范基础或者建基于立法解释实践不同，合宪性解释功能既没有明确的规范基础，也没有实践支撑，源自我们对法律询问答复实践中的合宪性解释的观察以及全国人大常委会职权体系化实施的思考。第一，厘清合宪性解释的性质是立法解释制度发挥合宪性解释功能的理论基础。合宪性解释的性质讨论不仅是理论之争，也是应用机制之辩。法律解释方法说和规范保全说是学界提出的关于合宪性解释性质的主流学说，前者是普通法院应用模式的理论基础，后者仅支持司法审查机关应用模式，二者皆不能作为全国人大常委会适用合宪性解释的理论基础。法律的合宪性再造说拓展了法律解释方法说的适用范围，消除了作为规范保全说思想基础的司法谦抑论的迷雾，奠定了立法解释制度合宪性解释功能的理论基础。第二，全国人大制定的基本法律以及全国人大常委会制定的非基本法律都可能与宪法相抵触是全国人大常委会应用合宪性解释方法消除法律违宪可能性的事实基础。第三，通过考察《监督法》第三十三条以及《备案审查工作办法》第四十四条的立法原意以及法律文义，合宪性解释功能具有间接的规范依据。第四，合宪性解释功能既可以通过独立型立法解释制度发挥，也可以附带于法规、司法解释的合法性审查制度展现。但是，应当健全法律询问答复制度与立法解释制度的衔接机制并完善合法性审查的程序建设，强化全国人大常委会应用合宪性解释的程序保障。

（五）关于全国人大常委会法律解释制度功能体系的结论

在中国法律体系中，存在独立型和辅助型等两类立法解释制度，独立型立法解释是全国人大常委会根据《立法法》第四十八条至第五十三条所作之法律解释，辅助型立法解释是指全国人大常委会在法规、司法解释的合法性审查实践中所作之法律解释。根据前文所述，除统一法律适用功能不宜继续实施外，阐释立法原意、补充法律规定、合法性审查与合宪性解释构成了两类立法解释制度的功能体系。第一，独立型立法解释制度主要发挥阐释立法原意功能和补充法律规定的功能，根据最高人民法院与香港终审法院在法律解释活动中对待立法原意的差异化态度，阐释立法原意功能主要在涉港澳立法解释实践中实施，补充法律规定功能主要在非涉港澳立法解释实践中实施。第二，全国人大常委会所作法律解释是合宪（法）性审查实践的核心手段，决定着法规、司法解释是否同法律相抵触，也决定着法律是否同宪法相抵触。因此，辅助型立法解释制度主要发挥法规、司法解释的合法性审查功能和法律的合宪性解释功能。第三，在合宪性审查制度已激活且普遍实施的时代背景下，相比于阐释立法原意功能和合法性审查功能，补充法律规定功能和合宪性解释功能是立法解释制度的主要价值所在。一方面，全国人大常委会可通过法律解释补充法律的轻微不足，为社会提供具有充分民主性基础的及时性法律规范，防范或者化解社会风险。另一方面，我国当前的合宪性审查制度的对象不能涵盖法律，尚显不足。全国人大常委会在法规、司法解释的合法性审查实践中，首先对作为审查依据的法律作合宪性解释，排除其违宪可能性，然后再开展合宪性审查工作。这有助于完善法律合宪性的事后控制机制，解决部分法律的合宪性问题，弥补我国合宪性审查对象不能涵盖法律的制度缺陷。

第二节 关于合宪性审查制度实施问题的延伸性思考

独立型立法解释制度与辅助型立法解释制度的分野是本书的一个重要理论基础，后者是法规、司法解释合法性审查功能与法律的合宪性解释功能的制度载体。因此，上述两类功能的充分发挥离不开我国法规、司法解释合宪（法）性审查制度的有效实施。为了保障上述两类功能，我们已经对合宪（法）性审查制度实施中的合宪性审查与宪法解释、立法解释的贯通机制以及合宪性审查工作机构与权力机关职权配置的优化进行了论述。一方面，法律的合宪性解释是实现合宪性审查与宪法解释、立法解释相贯通的重要途径。另一方面，法规、司法解释的合宪（法）性审查结论应该以全国人大常委会而非全国人大常委会法工委的名义书面作出，包含在合宪（法）性审查结论中的宪法解释和立法解释才能发挥真正的法律效力，立法解释制度也才能真正发挥法规、司法解释的合法性审查功能与法律的合宪性解释功能。此外，我们还分析了合宪性审查制度实施中的其他两个问题，它们与本书的关联度较上述两个问题略低，作为延伸性思考，我们将其记录于此。[1]在以后的研究中，我们也将持续关注立法解释制度与合宪性审查制度的实质关联性以及系统实施的问题。

一、合宪性审查工作机构与审查要求权主体的协商机制

2023年《立法法》完善了合宪性审查制度的启动机制，新增了主动审查和专项审查方式，强化了应要求审查方式，形成了主动审查、专项审查、依申请审查与应要求审查的方式体系。分析2013年以来的合宪性审查经验，依申请审查和主动审查应用较多，专项审查的实践频率也逐步提高，但是应要求审查方式却实施不畅。[2]有研究者认为这有助于激活一直处于搁置状态的合宪性审查要求机制，审查要求权主体可以无须十拿九稳获得“相抵触”程度的认识

〔1〕 有关合宪性审查制度实施问题的系统阐释参见马洪伦:《我国合宪性审查衔接联动机制的构建》，载《当代法学》2023年第3期，第84–93页。

〔2〕 2013年以来公民、组织提出的属于全国人大常委会职权范围的合宪（法）性审查建议数量统计：62件（2013年）、43件（2014年）、246件（2015年）、92件（2016年）、1084件（2017年）、1229件（2018年）、226件（2019年）、3378件（2020年）、5741件（2021年）、4067件（2022年）。2017年法工委首次向全国人大常委会作备案审查工作报告后，公民、组织提出的合宪（法）性审查建议增长明显，这充分体现了合宪性审查实践与公民、组织审查建议之间的良性促进关系。但是，有权提出合宪性审查要求的国家机关依法行使职权的主动性不强，合宪性审查工作机构也未将有关主体的审查要求权视作发现合宪性审查线索的主要途径。全国人大常委会法工委主任沈春耀在《全国人大常委会法工委关于十三届全国人大以来暨2022年备案审查工作情况的报告》中提出，2023年的备案审查工作将加强主动审查与专项审查，未提及督促有权机关积极行使合宪性审查要求权等。合宪（法）性审查实践越火热，越能映照出审查要求权的受冷落事实与必要性不足。

才提出审查要求。[1]同普遍性的依申请审查方式相比，应要求审查方式为什么会被有权机关束之高阁？究其实质，建立健全合宪性审查要求权主体与合宪性审查工作机构之间的先行协商机制，是当前制度框架内激活应要求审查方式的关键所在。

（一）有权机关提起合宪性审查要求的现实困境

合宪性审查要求权实施不畅的原因主要有二，一是制度设置与衔接问题，二是法律文化问题，二者相互交织，共同作用。

第一，有权机关提起合宪性审查要求的制度壁垒。为了解决国务院、中央军事委员会、最高人民法院、最高人民检察院在法律执行过程中发现的规范性文件的合宪性问题以及省、自治区、直辖市人大常委会在日常工作中遇到的法律、行政法规在本行政区域内的实施问题，2000 年《立法法》赋予上述主体提起合宪性审查要求的权力。[2]但是，当面临上述问题时，提起合宪性审查要求不是有权机关的唯一选择，更不是最佳选择。一是除了提起合宪性审查要求之外，上述主体还可以通过立法解释、法律询问答复等制度途径解决规范性文件的合宪性问题。由于法律并没有明确规定上述三种方式的适用范围与实践逻辑，有关主体可自由选择不同方式解决上述

〔1〕 2022 年 11 月，受全国人大常委会法工委委托，中国法学会研究部组织召开了立法专家咨询会，浙江大学光华法学院教授郑磊在参会时如此表示。参见赵孟：《立法法时隔 7 年再修改，有哪些两点？》，载百度网 2023 年 3 月 14 日，https://baijiahao.baidu.com/s? id=1753718500985332618&wfr=spider&for=pc。

〔2〕 参见乔晓阳主编：《中华人民共和国立法法讲话》，中国民主法制出版社 2007 年版，第 314 页。

问题。[1]二是“同宪法相抵触”以及“存在合宪性问题”是2023年《立法法》第一百一十条规定的有权机关提出合宪性审查要求的标准，二者皆属于不确定性法律概念，在纷繁复杂的合宪性审查实践中，合宪性审查要求权主体难以准确把握其立法原意。此外，由于合宪性审查工作尚处于起步阶段，全国人大宪法和法律委员会或者全国人大常委会法工委还没有形成具体化的合宪性审查启动标准，无法为有权机关提出合宪性审查要求提供明确指引。在此背景下，考虑到合宪性审查资源的有限性以及影响的广泛性，有权机关往往不敢轻易提起合宪性审查要求。

第二，有权机关提起合宪性审查要求的法律文化障碍。长期以来我国的制度设计侧重纵向权力监督，[2]这符合人民代表大会制度的理论逻辑，也便于实施。但在合宪性审查的制度架构中，既有纵向的权力监督，也有横向的权力监督。就合宪性审查权而言，体现了全国人大常委会对行政法规、监察法规、地方性法规、自治条例、单行条例等规范制定机关的纵向权力监督。但是，就合宪性审查提起主体而言，则包含了明显的横向权力监督色彩。比如最高人民法院认为国务院制定的某项行政法规存在合宪性问题，如果向全国人大常委会提出审查要求，则必然导致合宪性审查程序启动，这实质上就属于最高人民法院对国务院的监督，其性质是一种横向权力监督。在人

〔1〕 在论述统一法律适用功能时，我们已讨论过该问题。在实践中，“两高”往往通过向全国人大常委会提出作法律解释的请求而非提出合宪（法）性审查的请求解决它们之间关于司法解释的原则性分歧，这可能减少司法解释合法性审查制度的实践甚至造成制度之解构。

〔2〕 参见马岭：《我国的合宪性审查制度及其文化审视》，载《法学杂志》2021年第5期，第12页。

民代表大会制度架构下，国家机关分工合作，皆向人大负责，强调相互之间的协商与和谐。上述横向权力监督模式与国家机关之间协调一致的法律文化观念并非完全一致，再考虑到提起合宪性审查要求并非解决规范性文件合宪性问题的唯一制度手段，也就不难理解有权机关为何钟情于立法解释、法律询问答复等其他方式了。

（二）合宪性审查要求权主体与合宪性审查工作机构的先行协商机制

学界已经普遍认识到，在有权提出合宪性审查要求的国家机关中，“最有可能遇到法律文件是否符合宪法而又必须及时作出判断的是最高人民法院和最高人民检察院”〔1〕。所以，研究者普遍将合宪性审查要求权的实践突破口定位于“两高”，主张建立健全有权机关的提请审查权行使机制。〔2〕比如，最高人民法院在决定是否提出合宪性审查要求时，应当考虑被质疑的法规范与案件审判的相关性、与宪法抵触的程度以及是否存在以合宪性解释作规范保全的机会等因素。〔3〕完善审查要求权主体的提请工作机制是既有方案的

〔1〕 胡锦光：《健全我国合宪性审查机制的若干问题》，载《人民论坛》2019年第31期，第35页。

〔2〕 参见朱全景、赵丹：《合宪性审查提请机制的完善——兼论检察机关宪法定位的充分落实》，载《法学杂志》2019年第6期；谢宇：《最高人民法院在合宪性审查中的现状、困境与出路——兼对我国〈立法法〉第99条第1款解释》，载《政治与法律》2020年第5期；朱珊珊：《论法院合宪性预审机制的建构——激活〈立法法〉第99条第1款研究》，载《政治与法律》2022年第8期。

〔3〕 参见黄明涛：《最高人民法院与具体审查——合宪性审查要求权的制度建构》，载《中国法律评论》2020年第1期，第69页。

主要进路，能够解决有权机关提请工作无章可循的问题，但内部完善路径不能化解合宪性审查要求权实施中的法律文化障碍，也不能解决有权机关因把握不准合宪性审查标准而不敢提出审查要求的问题。

基于合宪性审查要求权的现实困境及其主要成因，有必要建构合宪性审查要求权主体与合宪性审查工作机构的先行协商机制。具体而言，合宪性审查要求权主体在提出合宪性审查要求之前，应与合宪性审查工作机构先行协商，以确定法规、司法解释是否存在与宪法相抵触或合宪性问题。若双方达成初步共识，有权机关则进一步提出合宪性审查要求，合宪性审查工作机构启动合宪性审查程序。第一，先行协商程序符合我国合宪性审查制度强调内部沟通的指导思想，不仅能够解决有权机关对于合宪性审查要求权消极法律后果的担忧，也能够排除横向权力监督实施中的法律文化障碍。第二，先行协商程序有助于各方主体对启动合宪性审查的必要性、可行性等前提性问题进行充分论证，能够避免程序空转和资源浪费。第三，先行协商机制能够维护审查要求权主体的积极性，并保障合宪性审查权力主体的自主性。在比较法意义上，西方国家违宪审查权力机关对于是否启动违宪审查程序往往具有较大自由裁量权，很少与其他主体分享违宪审查程序启动权。〔1〕我国设置合宪性审查要求权，可能与法国违宪审查制度中的总统、总理、国民议会议长、参

〔1〕 对于决定审理哪些案件，美国联邦最高法院拥有宽泛的自由裁量权，只要获得9位大法官中的4位同意，即可发布调卷令审理案件，此为“四人规则”。参见沈岿：《司法解释的“民主化”和最高法院的政治功能》，载《中国社会科学》2008年第1期，第113-114页。

议院议长和60名国民议员或参议员可向宪法委员会提出合法性审查要求有异曲同工之处，但是上述制度存在于事先审查中，是对尚未生效的法律草案的合宪性控制，是立法程序的组成部分。我国的合宪性审查要求制度存在于事后审查程序，与之存在本质区别。

鉴于主动审查、依申请审查、专项审查等合宪性审查方式十分活跃但应要求审查方式从未启动的事实，合宪性审查要求权的必要性是一个值得讨论的问题。〔1〕我国合宪性审查制度在逐步健全完善过程中，可将有关机关的合宪性审查要求权修改为审查建议权。当然合宪性审查工作机构在决定是否启动合宪性审查程序时，可以区别对待有关国家机关提出的审查建议和其他组织以及公民提出的审查意见，毕竟前者包含着更为审慎的合宪性审查建议及其理由论证。在合宪性审查要求权实施不畅且必要性不足的情况下，公民的审查建议将成为合宪性审查启动程序的主角之一，不能过度限制审查建议权资格。〔2〕“人们所担心的应该是合宪性审查门庭冷落的尴尬，而不是大量激增的不堪重负；不是怎么抑制公民提请合宪性审查的热情，而是如何避免出现公民对宪法的冷漠。”〔3〕

---

〔1〕 合宪性审查要求权的必要性问题已经引发了学界的关注，相关论述参见邢斌文：《论法院在合宪性审查工作中的角色定位》，载《人大制度研究》2021年第2期，第17-20页。

〔2〕 有研究者基于各国违宪审查通例体现出的宪法权利救济和宪法秩序保障两大理念，主张限制合宪性审查建议权主体资格，将其赋予人民法院和案件当事人。参见胡锦光：《论启动合宪性审查程序主体资格的理念》，载《国家行政学院学报》2017年第6期，第29-37页。

〔3〕 苗连营：《合宪性审查的制度雏形及其展开》，载《法学评论》2018年第6期，第10页。

二、合宪性审查与合法性审查的协同模式

为实现合宪性审查政治话语向合宪性审查规范表达的转变，2023年《立法法》第一百一十条明确提出了“合宪性”与“合法性”概念。但是，“全国人大常委会作为全国人大的常设机构依据宪法规定享有宪法解释权和法律解释权，这种制度设计直接导致了合宪性审查与合法性审查的法律依据和审查对象具有高度的重合性”〔1〕。对于可同时作合宪性审查与合法性审查的法规而言，〔2〕合宪性审查与合法性审查的适用逻辑至为关键，既不能否认合法性审查在适用上的普遍性，也不能以合法性审查替代合宪性审查。

（一）关于合宪性审查与合法性审查适用逻辑的理论反思

关于合宪性审查与合法性审查的适用逻辑，学界主要提出了合法性审查优先说与合宪性审查主导说两类学说。第一，合法性审查优先说。研究者普遍根据“穷尽法律救济”和“回避宪法判断”的理论预设，主张穷尽合法性审查再进入合宪性审查。至于如何从合

〔1〕 莫纪宏:《合宪性审查与合法性审查“制度分工”的几个尺度探寻》，载《备案审查研究》2021年第1期，第10页。

〔2〕 根据《监督法》第三十二条，全国人大常委会有权审查司法解释是否同法律规定相抵触，未明确提及是否可审查司法解释是否同宪法相抵触。但是，对于体现出立法属性的司法解释而言，有必要对其作合宪性审查。根据《全国人大常委会法工委关于2020年备案审查工作情况的报告》，全国人大常委会法工委对最高人民法院以户籍为标准差别计算残疾赔偿金和死亡赔偿金的人身损害赔偿司法解释开展了合宪性审查工作。因此，全国人大常委会法工委也认同对司法解释作合宪性审查的观点。

法性审查过渡至合宪性审查，则存在不同理解。有研究者认为受害人或者制定机关不服合法性审查结果时，可通过合宪性审查“救济”合法性审查；〔1〕有研究者提出将最高人民检察院作为合宪性与合法性问题的初筛机关；〔2〕有研究者主张如果全国人大常委会法工委认为被审查的法规、司法解释涉及合宪性争议，应当移送全国人大宪法和法律委员会进行合宪性审查。〔3〕第二，合宪性审查主导说。研究者基于社会主义法制统一原则，普遍强调合宪性审查相对于合法性审查的主导性地位，不仅为合宪性审查划定相当宽泛的适用范围，〔4〕甚至将针对规章以及其他规范性文件的合法性审查理解为广义的合宪性审查。〔5〕

整体而论，在当前法治实践背景下，尽管合宪性审查主导说也有缺陷，但比合法性审查优先说更具合理性。第一，穷尽合法性审查再作合宪性审查是合法性审查优先说的核心论点，从合法性审查到合宪性审查的衔接机制尤其关键，不管是全国人大常委会法工委还是最高人民检察院作为合宪性审查初步筛查机关，都可能导致

〔1〕 参见王锴：《合宪性、合法性、适当性审查的区别与联系》，载《中国法学》2019年第1期，第23页。

〔2〕 参见陆一爽：《健全备案审查中的合宪性审查机制》，载《中国社会科学报》2022年11月30日，第4版。

〔3〕 参见胡锦光：《论我国合宪性审查机制中不同主体的职能定位》，载《法学家》2020年第5期，第83页。

〔4〕 参见林来梵：《合宪性审查的宪法政策论思考》，载《法律科学》2018年第2期，第40页。

〔5〕 参见莫纪宏：《论加强合宪性审查工作的机制制度建设》，载《广东社会科学》2018年第2期，第222-223页。

合宪性审查工作机构身处“受制于人”的窘境，这无疑将增加合宪性审查的实践难度。第二，合法性审查优先说暗含了宪法是所有规范性文件的内容根据以及上位法是下位法的内容根据的理论预设。此时，下位法是对上位法内容的具体化，所有规范性文件是对宪法内容的具体化。就法规而言，应穷尽合法性审查再作合宪性审查；就法律而言，可直接作合宪性审查。但是上述观点陷入了法规范层级结构理论机械适用的逻辑误区，“将传统层级结构理论里上位法作为下位法的效力根据变成了效力与内容的双重根据”〔1〕。第三，合法性审查优先说穷尽法律救济再宪法救济的观点混淆了西方违宪审查制度中的具体审查模式和我国合宪性审查制度中的抽象审查模式。在西方违宪审查理论和实践中，穷尽法律救济再宪法救济原则是对案件当事人的要求，不是对审查机关的约束，不能作为厘定我国合宪性审查与合法性审查适用逻辑的关键标准。第四，合宪性审查主导说维护了宪法作为根本法的最高法律效力地位，符合党的十八大以来强调宪法权威、尊崇宪法地位的政治理念，原则上应予认可，但也不能忽视其掩盖甚至消解合法性审查的后果。此外，一般情况下，规章以及其他规范性文件没有直接的宪法规范依据，如果主要审查其合宪性而非合法性，可能产生宪法泛化的风险。

---

〔1〕 王旭：《合宪性审查中“相抵触”标准之建构》，载《中国法学》2021年第6期，第120页。

（二）合宪性审查与合法性审查的协同模式

对于可同时开展合宪性审查与合法性审查的法规而言，合法性审查优先说以及合宪性审查主导说皆不可取，应先作合宪性审查，再作合法性审查，二者协同构成法规的审查机制，此为合宪性审查与合法性审查的协同模式。

第一，合宪性审查与合法性审查是相互关联的两项制度，不能以合法性审查替代合宪性审查，也不能以合宪性审查吸纳合法性审查。虽然在权力主体、审查程序、审查对象、审查效力等方面存在高度一致性，但是自2018年修宪以来，二者在工作机构上形成了事实差别，2023年《立法法》第一百一十条也体现出合宪性审查和合法性审查工作机构差异化的立法意图。当审查要求权主体认为法规同宪法或者法律相抵触或者存在合宪性、合法性问题的，可向全国人大常委会提出书面审查要求，由全国人大有关的专门委员会和常务委员会工作机构进行审查、提出意见。根据文义解释规则，上述条文存在两种解释可能性，一是全国人大宪法和法律委员会以及全国人大常委会法工委共同作为合宪性审查和合法性审查的工作机构，二是全国人大宪法和法律委员会是合宪性审查工作机构，全国人大常委会法工委是合法性审查工作机构。考虑到《全国人民代表大会常务委员会关于全国人民代表大会宪法和法律委员会职责问题的决定》关于宪法和法律委员会承担推进合宪性审查工作的制度安排，第二种解释更加合理且符合体系解释的基本要求。总之，全国人大常委会是合宪性审查和合法性审查的权力机关，全国人大宪法和法律委员会是合宪性审查工作的“主要推动者和实际承担者”[1]，全国人大常委会法工委是合法性审查工作机构。

第二，虽然合宪性审查和合法性审查是两项制度，但二者的适用范围并非相互独立。对于可同时作合宪性审查与合法性审查的法规而言，应统一由全国人大宪法和法律委员会首先作合宪性审查，再由全国人大常委会法工委作合法性审查，二者协同形成审查报告。根据2023年《立法法》第五条，立法应当符合宪法的规定、原则和精神，但是宪法规定普遍比较抽象，更遑论宪法原则和精神。作为审查标准，“同宪法的规定、原则和精神相符合”较为宽松，[2]合法性审查标准则更为具体且严格。如果一项法规无法通过宽松的合宪性审查标准，那么其违法性则显而易见。未通过合宪性审查的法规是否还有必要进行合法性审查是一个值得考虑的问题。从判断违宪法规效力的角度，合法性审查并非必要；从维护法秩序内在统一的角度，合法性审查应当开展。一般而言，法规根据宪法和法律制定，对未通过合宪性审查的法规作合法性审查，有利于一并对其上位规范的合宪性、合法性作出判断。比如《卖淫嫖娼人员收容教育办法》（以下简称《办法》）（现已失效）是国务院根据《全国人民代表大会常务委员会关于严禁卖淫嫖娼的决定》（以下简称《决

---

〔1〕 于文豪：《宪法和法律委员会合宪性审查职责的展开》，载《中国法学》2018年第6期，第43页。

〔2〕 参见全国人大常委会法制工作委员会法规备案审查室：《规范性文件备案审查：理论与实务》，中国民主法制出版社2020年版，第107–124页。

定》)(2009 年有修改)制定的行政法规,其违宪性比较明显,[1]但若据此不再进行合法性审查,则《决定》的合宪性问题将被忽略。合宪性审查与合法性审查协同模式有利于强化合宪性审查并激活宪法解释制度,符合中国共产党关于宪法实施的顶层设计。习近平总书记纪念现行宪法公布施行 40 周年的署名文章明确区分了合宪性审查和备案审查并将合宪性审查置于备案审查之前,充分说明了中国共产党推进合宪性审查的坚定政治决心。[2]此外,一个值得注意的问题是,习近平总书记在党的十九届二中全会第二次全体会议上明确提出,"有关方面拟出台的法规规章、重要政策和重大举措,凡涉及宪法有关规定如何理解、如何适用的,都应当事先经过全国人大常委会合宪性审查,确保同宪法规定、宪法精神相符合。"[3]尽管这属于规范性文件的事先合宪性控制机制,但表明了合宪性审查对象的扩大化趋势,如果将来《立法法》扩大了合宪性审查的对象,那么合宪性审查与合法性审查协同模式的适用范围也可随之扩大。

---

〔1〕 参见全国人大常委会法制工作委员会法规备案审查室编著:《规范性文件备案审查:案例选编》,中国民主法制出版社 2020 年版,第 1-3 页。

〔2〕 习近平总书记指出,要提高合宪性审查、备案审查能力和质量,推进合宪性审查工作,落实宪法解释程序机制,积极回应社会各方对涉宪问题的关切。参见《谱写新时代中国宪法实践新篇章——纪念现行宪法公布施行 40 周年》,载《人民日报》2022 年 12 月 20 日,第 1 版。

〔3〕 习近平:《论坚持全面依法治国》,中央文献出版社 2020 年版,第 206 页。

主要参考文献*

一、中文文献

（一）中文著作

1. 陈金钊：《法律解释的哲理》，山东人民出版社 1999 年版。

2. 陈新民：《德国公法学基础理论》（上下册），山东人民出版社 2001 年版。

3. 蔡定剑：《中国人民代表大会制度》，法律出版社 2003 年版。

4. 蔡定剑：《宪法精解》，法律出版社 2006 年版。

5. 陈鹏：《立法机关的宪法解释机能——比较法视野中的体系性研究》，清华大学出版社 2021 年版。

6. 陈斯喜：《人民代表大会制度概论》，中国民主法制出版社 2023 年版。

7. 董皞：《司法解释论》，中国政法大学出版社 2007 年版。

---

* 关于主要参考文献的编写说明：按照中文文献和英文文献予以分类，并主要按作者姓氏的汉语拼音顺序或者姓名首词的英文字母顺序排列。按照上述规则处于同一顺序的文献以出版或者发表的时间为序排列。

8. 邓达奇:《香港基本法解释权研究》,三联书店(香港)有限公司2021年版。

9. 范进学:《法律原意主义解释方法论》,法律出版社2018年版。

10. 郭华成:《法律解释比较研究》,中国人民大学出版社1993年版。

11. 龚廷泰:《列宁法律思想研究》,南京师范大学出版社2000年版。

12. 胡康生主编:《中华人民共和国婚姻法释义》,法律出版社2001年版。

13. 黄江天:《香港基本法的法律解释研究》,三联书店(香港)有限公司2004年版。

14. 黄茂荣:《法学方法与现代民法》,法律出版社2007年版。

15. 韩大元编著:《1954年宪法与中国宪政》,武汉大学出版社2008年版。

16. 韩大元:《亚洲立宪主义研究》,中国人民公安大学出版社2008年版。

17. 韩大元主编:《共和国六十年法学论争实录(宪法卷)》,厦门大学出版社2009年版。

18. 黄奇中:《刑法解释的沟通之维》,中国人民公安大学出版社2011年版。

19. 韩大元主编:《中国宪法学说史研究》(上下),中国人民大学出版社2012年版。

20. 黄源盛:《中国法史导论》,广西师范大学出版社 2014 年版。

21. 洪浩:《法律解释的中国范式:造法性司法解释研究》,北京大学出版社 2017 年版。

22. 洪汉鼎:《诠释学:它的历史和当代发展》,中国人民大学出版社 2018 年版。

23. 黄薇主编:《中华人民共和国民法典释义》,法律出版社 2020 年版。

24. 韩大元:《1954 年宪法制定过程》,法律出版社 2022 年版。

25. 姜福东:《法律解释的范式批判》,山东人民出版社 2010 年版。

26. 姜涛:《刑法解释的基本原理》,法律出版社 2019 年版。

27. 梁慧星:《民法解释学》,中国政法大学出版社 1995 年版。

28. 梁治平主编:《法律解释问题》,法律出版社 1998 年版。

29. 刘兆兴:《德国联邦宪法法院总论》,法律出版社 1998 年版。

30. 李步云主编:《立法法研究》,湖南人民出版社 1998 年版。

31. 李道揆:《美国政府和美国政治》(上下),商务印书馆 1999 年版。

32. 李希慧、龙腾云、邱帅萍编著:《刑法解释专题整理》,中国人民公安大学出版社 2011 年版。

33. 李浩然主编:《香港基本法起草过程概览》,三联书店(香港)有限公司 2012 年版。

34. 劳东燕:《功能主义的刑法解释》,中国人民大学出版社2020年版。

35. 全国人大常委会法制工作委员会编:《法律询问答复汇编》(第1辑),中国民主法制出版社2001年版。

36. 全国人大常委会法制工作委员会编:《法律询问答复汇编》(第2辑),中国民主法制出版社2002年版。

37. 全国人大常委会法制工作委员会编:《法律询问答复汇编》(第3辑),中国民主法制出版社2003年版。

38. 全国人大常委会法制工作委员会主编:《法律询问答复(2000—2005)》,中国民主法制出版社2006年版。

39. 乔晓阳主编:《中华人民共和国立法法讲话》,中国民主法制出版社2007年版。

40. 全国人大常委会法制工作委员会刑法室编著:《〈中华人民共和国刑事诉讼法〉释义及实用指南》,中国民主法制出版社2012年版。

41. 全国人大常委会法制工作委员会国家法室编著:《〈中华人民共和国各级人民代表大会常务委员会监督法〉释义及实用指南》,中国民主法制出版社2013年版。

42. 全国人大常委会法制工作委员会国家法室编著:《中华人民共和国立法法释义》,法律出版社2015年版。

43. 全国人大常委会法制工作委员会刑法室编著:《〈中华人民共和国刑法〉释义及其实用指南》,中国民主法制出版社2016年版。

44. 全国人大常委会法制工作委员会法规备案审查室编著:《规范性文件备案审查案例选编》,中国民主法制出版社 2020 年版。

45. 乔晓阳:《乔晓阳论基本法》,中国民主法制出版社 2022 年版。

46. 全国人大常委会法工委法规备案审查室:《〈法规、司法解释备案审查工作办法〉导读》,中国民主法制出版社 2021 年版。

47. 苏永钦:《合宪性控制的理论与实际》,台北,月旦出版股份有限公司 1994 年版。

48.《世界各国宪法》编辑委员会编译:《世界各国宪法(全四册)》,中国检察出版社 2012 年版。

49. 苏力:《法治及其本土资源》,北京大学出版社 2015 年版。

50. 吴庚:《宪法的解释与适用》,三民书局 2004 年版。

51. 王伯琦:《近代法律思潮与中国固有文化》,清华大学出版社 2005 年版。

52. 王书成:《合宪性推定论:一种宪法方法》,清华大学出版社 2011 年版。

53. 王利明:《法学方法论》,中国人民大学出版社 2012 年版。

54. 魏胜强:《法律解释权的配置研究》,北京大学出版社 2013 年版。

55. 王希:《原则与妥协:美国宪法的精神与实践》,北京大学出版社 2014 年版。

56. 魏东主编:《中国当下刑法解释论问题研究:以论证刑法解释的保守性为中心》,法律出版社 2014 年版。

57. 魏治勋:《法律解释的原理与方法体系》,北京大学出版社2017年版。

58. 王帅:《刑法解释分歧的司法化解》,中国人民公安大学出版社2018年版。

59. 王洪亮等:《中德私法研究17:司法造法与法学方法》,北京大学出版社2019年版。

60. 王禹主编:《澳门基本法案例汇编:1999—2019》,三联出版(澳门)有限公司2020年版。

61. 许安标、刘松山:《中华人民共和国宪法通释》,中国法制出版社2004年版。

62. 许崇德:《中华人民共和国宪法史》,福建人民出版社2005年版。

63. 杨仁寿:《法学方法论》,中国政法大学出版社2013年版。

64. 张友渔:《宪政论丛》(上下册),群众出版社1986年版。

65. 张志铭:《法律解释操作分析》,中国政法大学出版社1998年版。

66. 张文显:《二十世纪西方法哲学思潮研究》,法律出版社2006年版。

67. 周伟:《宪法解释方法与案例研究——法律询问答复的视角》,法律出版社2007年版。

68. 郑贤君:《宪法方法论》,中国民主法制出版社2008年版。

69. 翟小波:《论我国宪法的实施制度》,中国法制出版社2009年版。

70. 张恒山主编:《共和国六十年法学论争实录:法理学卷》,厦门大学出版社 2009 年版。

71. 张希坡:《人民代表大会制度创建史》,中共党史出版社 2009 年版。

72. 邹平学:《香港基本法实践问题研究》,社会科学文献出版社 2014 年版。

73. 张文显主编:《法理学》,高等教育出版社 2018 年版。

74. 赵运锋:《刑法解释边界研究》,中国政法大学出版社 2019 年版。

75. 周育:《合宪性解释研究》,上海人民出版社 2021 年版。

(二)中文论文

1. 蔡定剑、刘星红:《论立法解释》,载《中国法学》1993 年第 6 期。

2. 陈兴良:《法律解释的基本理念》,载《法学》1995 年第 5 期。

3. 陈斯喜:《论立法解释制度的是与非及其他》,载《中国法学》1998 年第 3 期。

4. 陈春龙:《中国司法解释的地位与功能》,载《中国法学》2003 年第 1 期。

5. 陈林林、王云清:《法律解释的动态理论》,载《国外社会科学》2013 年第 6 期。

6. 褚宸舸:《论答复法律询问的效力——兼论全国人大常委会法工委的机构属性》,载《政治与法律》2014 年第 4 期。

7. 蔡小雪:《因公民起名引起立法解释之判案解析》,载《中国法律评论》2015 年第 4 期。

8. 陈鹏:《立法机关解释宪法的普遍性与中国语境》,载《交大法学》2017 年第 3 期。

9. 陈典圣:《姓名权之保障与姓名条例》,载《中国律师》2017 年第 7 期。

10. 巢永乐:《法律询问答复的类型与适用控制——对〈立法法〉第 69 条的解释》,载《财经法学》2023 年第 3 期。

11. 杜强强:《合宪性解释在我国法院的实践》,载《法学研究》2016 年第 6 期。

12. 范愉:《法律解释的理论与实践》,载《金陵法律评论》2003 年第 2 期。

13. 范进学:《"运用宪法"的逻辑及其方法论》,载《政法论丛》2019 年第 4 期。

14. 高铭暄:《关于 2002 年三个最新的刑事立法解释》,载《西安政治学院学报》2003 年第 1 期。

15. 郭春镇:《法律解释的公共性》,载《中国法学》2023 年第 1 期。

16. 黄茂荣:《法律解释学基本问题(I)》,载台北。《台大法学论丛》第 5 卷第 2 期(1976 年)。

17. 黄茂荣:《法律解释学基本问题(Ⅱ):法律补充》,载台北,《台大法学论丛》第 6 卷第 2 期(1977 年)。

18. 贺日开:《司法解释权能的复位与宪法的实施》,载《中国法学》2004 年第 3 期。

19. 黄明涛:《两种“宪法解释”的概念分野与合宪性解释的可能性》,载《中国法学》2014 年第 6 期。

20. 黄琳:《违背立法原意的行政解释之司法修正——以孙立兴案为分析对象》,载《政治与法律》2016 年第 2 期。

21. 季卫东:《法律解释的真谛(上)——探索实用法学的第三道路》,载《中外法学》1998 年第 6 期。

22. 季卫东:《法律解释的真谛(下)——探索实用法学的第三道路》,载《中外法学》1999 年第 1 期。

23. 季卫东:《合宪性审查与司法权的强化》,载《中国社会科学》2002 年第 2 期。

24. 马洪伦:《论美国联邦最高法院宪法解释的创造性》,载《现代法学》2011 年第 3 期。

25. 马洪伦:《论原旨主义内部的理论分支——以美国联邦最高法院 Heller 案为例》,载《当代法学》2011 年第 4 期。

26. 马洪伦、贺丽媛:《从习俗主导到法律干预——论自然人称姓规范体系的演进》,载谢晖、陈金钊主编:《民间法》第 31 卷,中国出版集团有限公司研究出版社 2023 年版。

27. 马洪伦:《我国合宪性审查衔接联动机制的构建》,载《当代法学》2023 年第 3 期。

28. 马洪伦:《立法解释制度功能的历史演进与新时代转型》,载《齐鲁学刊》2023 年第 3 期。

29. 马洪伦:《合宪性解释性质的理论批判与重构》,载陈金钊、谢晖主编:《法律方法》第 43 卷,中国出版集团研究出版社 2023 年版。

30. 李希慧:《论刑法的立法解释》,载《法学家》1993 年第 Z1 期。

31. 林维:《论刑法立法解释权与立法权和司法权的纠葛》,载《当代法学》2006 年第 5 期。

32. 刘艳红:《刑法立法解释若干问题新析》,载《华东政法学院学报》2007 年第 1 期。

33. 雷磊:《再论法律解释的目标——德国主 / 客观说之争的剖析与整合》,载《环球法律评论》2010 年第 6 期。

34. 柳建龙:《合宪性解释原则的本相与争论》,载《清华法学》2011 年第 1 期。

35. 李纬华:《关于香港特别行政区终审法院适用提请释法规则状况的检讨》,载《政治与法律》2014 年第 4 期。

36. 林彦:《法律询问答复制度的去留》,载《华东政法大学学报》2015 年第 1 期。

37. 林峰:《一次释法,两种反应——对全国人大常委会就〈香港基本法〉第五次释法的法理剖析》,载《"一国两制"研究》2017 年第 1 期。

38. 刘怡达:《隐性立法解释:"法律释义"的功能及其正当性难题》,载《政治与法律》2017 年第 8 期。

39. 李相森:《国民政府时期立法解释制度存废考议》,载《河南财经政法大学学报》2019 年第 2 期。

40. 刘作翔:《当代中国的规范体系:理论与制度结构》,载《中国社会科学》2019 年第 7 期。

41. 龙宗智:《立法原意何处寻:评 2021 年最高人民法院适用刑事诉讼法司法解释》,载《中国法学》2021 年第 4 期。

42. 娄胜华:《论〈澳门基本法〉的非正式解释:两个案例的启示》,载《行政》第 133 期(2021 年)。

43. 马凤春:《“法律询问答复”制度的改造与完善》,载《南京社会科学》2019 年第 6 期。

44. 聂友伦:《论司法解释的立法性质》,载《华东政法大学学报》2020 年第 3 期。

45. 欧阳涛、柯良栋:《论我国刑法立法解释》,载《法学研究》1989 年第 3 期。

46. 潘德荣:《诠释的创造性与“创造的诠释学”》,载《中国哲学史》2002 年第 3 期。

47. 潘德荣:《理解方法论视野中的读者与文本——加达默尔与方法论诠释学》,载《中国社会科学》2008 年第 2 期。

48. 强世功:《文本、结构与立法原意——“人大释法”的法律技艺》,载《中国社会科学》2007 年第 5 期。

49. 任江、张小余:《子女姓名决定、变更权的实证分析与启示——实证主义路径下的我国首部民法立法解释评析》,载《河北法学》2015 年第 11 期。

50. 苏力:《解释的难题:对几种法律文本解释方法的追问》,载《中国社会科学》1997 年第 4 期。

51. 桑本谦:《法律解释的困境》,载《法学研究》2004 年第 5 期。

52. 苏彩霞:《刑法解释方法的位阶与运用》,载《中国法学》2008 年第 5 期。

53. 申思琦:《"一国两制"下〈香港基本法〉解释冲突起因及其解决》,载《"一国两制"研究》2012 年第 1 期。

54. 唐稷尧:《事实、价值与选择:关于我国刑法立法解释的思考》,载《中外法学》2009 年第 6 期。

55. 吴家麟:《"议行"不宜"合一"》,载《中国法学》1992 年第 5 期。

56. 吴建播:《全国人大解释基本法依据在何处》,载《中国法律》1999 年第 3 期。

57. 王晨光:《全国人大常委会立法解释的程序思考》,载《法学》2000 年第 4 期。

58. 吴丙新:《司法的真相——在法律解释的合法性与妥当性之间》,载《法制与社会发展》2006 年第 2 期。

59. 王彬:《论法律解释的融贯性——评德沃金的法律真理观》,载《法制与社会发展》2007 年第 5 期。

60. 吴信华:《宪法审判机关与立法者》,载《东吴法律学报》2009 年第 4 期。

61. 王书成:《论合宪性解释方法》,载《法学研究》2012 年第 5 期。

62. 王锴:《合宪性解释之反思》,载《法学家》2015 年第 1 期。

63. 袁吉亮:《论立法解释制度之非》,载《中国法学》1994 年第 4 期。

64. 袁吉亮:《再论立法解释制度之非》,载《中国法学》1995 年第 3 期。

65. 袁明圣:《司法解释"立法化"现象探微》,载《法商研究》2003 年第 2 期。

66. 周振晓:《也论立法解释》,载《中国法学》1995 年第 1 期。

67. 张志铭:《关于中国法律解释体制的思考》,载《中国社会科学》1997 年第 2 期。

68. 张翔、韩大元:《试论宪法解释的界限》,载《法学评论》2001 年第 1 期。

69. 周旺生:《中国现行法律解释制度研究》,载《现代法学》2003 年第 2 期。

70. 张明楷:《立法解释的疑问——以刑法立法解释为中心》,载《清华法学》2007 年第 1 期。

71. 张翔:《两种宪法案件:从合宪性解释看宪法对司法的可能影响》,载《中国法学》2008 年第 3 期。

72. 邹平学:《香港基本法解释机制基本特征刍议》,载《法学》2009 年第 5 期。

73. 赵奕:《澳门法律解释的方法及其效力》,载《人民检察》2013 年第 12 期。

74. 朱明哲:《法国民法学说演进中对立法者认识的变迁——以惹尼、莱维、里佩尔为例》,载《苏州大学学报(法学版)》2014 年第

3 期。

75. 张翔:《我国国家权力配置原则的功能主义解释》,载《中外法学》2018 年第 2 期。

（三）中文译作

1.[美]E. 博登海默:《法理学——法律哲学与法律方法》,邓正来译,中国政法大学出版社 2004 年版。

2.[美]安德雷·马默:《法律与解释:法哲学论文集》,法律出版社 2006 年版。

3.[美]艾尔·巴比:《社会研究方法》,邱泽奇译,华夏出版社 2018 年版。

4.[美]布赖恩·Z. 塔玛纳哈:《一般法理学:以法律与社会的关系为视角》,郑海平译,中国政法大学出版社 2012 年版。

5.[德]伯恩·魏德士:《法理学》,丁晓春、吴越译,法律出版社 2013 年版。

6.[美]布鲁斯·阿克曼:《我们人民:奠基》,汪庆华译,中国政法大学出版社 2013 年版。

7.[英]戴雪:《英宪精义》,雷宾南译,中国法制出版社 2001 年版。

8.[英]蒂莫西·A.O. 恩迪科特:《法律中的模糊性》,程朝阳译,北京大学出版社 2010 年版。

9.[法]弗朗索瓦·惹尼等:《法律方法的科学》,雷磊等译,商务印书馆 2022 年版。

10.［英］G.A. 柯亨:《卡尔·马克思的历史理论:一个辩护》,岳长龄译,重庆出版社 1989 年版。

11.［德］汉斯－格奥尔格·加达默尔:《真理与方法——哲学诠释学的基本特征》,洪汉鼎译,上海译文出版社 1999 年版。

12.［英］H.L.A. 哈特:《法律的概念》,许家馨、李冠宜译,法律出版社 2006 年版。

13.［德］汉斯·海因里希·耶塞克、［德］托马斯·魏根特:《德国刑法教科书》,徐久生译,中国法制出版社 2017 年版。

14.［美］基思·E. 惠廷顿:《宪法解释:文本含义,原初意图与司法审查》,杜强强、刘国、柳建龙译,中国人民大学出版社 2006 年版。

15.［苏联］卡尔宾斯基:《苏联宪法通论》,沈颖、黄长霈、党凤德译,人民出版社 1951 年版。

16.［德］卡尔·拉伦茨:《法学方法论》,陈爱娥译,商务印书馆 2005 年版。

17.［德］康拉德·黑塞:《联邦德国宪法纲要》,李辉译,商务印书馆 2007 年版。

18.［德］克劳斯·施莱希、［德］斯特凡·科里奥特:《德国联邦宪法法院——地位、程序与裁判》,刘飞译,法律出版社 2007 年版。

19.［美］罗纳德·德沃金:《法律帝国》,李常青译,中国大百科全书出版社 1996 年版。

20.［美］理查德·A. 波斯纳:《法理学问题》,苏力译,中国政法大学出版社 2002 年版。

21. [日]芦部信喜:《宪法》,林来梵、凌维慈、龙绚丽译,北京大学出版社 2006 年版。

22. [美]罗伯特·K. 默顿:《社会理论和社会结构》,唐少杰、齐心等译,译林出版社 2015 年版。

23. [苏联]M.P. 加列瓦:《苏联宪法教程》,梁达、石光等译,五十年代出版社 1950 年版。

24. [美]莫顿·J. 霍维茨:《沃伦法院对正义的追求》,信春鹰、张志铭译,中国政法大学出版社 2003 年版。

25. [德]马蒂亚斯·赖曼、[德]莱因哈德·齐默尔曼编:《牛津比较法手册》,高鸿钧等译,北京大学出版社 2019 年版。

26. [法]皮埃尔·勒格朗、[英]罗德里克·芒迪主编:《比较法研究:传统与转型》,李晓辉译,齐海滨、吴静校,北京大学出版社 2011 年版。

27. [苏联]苏联科学院法权研究院编著:《马克思列宁主义关于国家与法权理论教程》,中国人民大学马列主义关于国家与法权理论教研室译,华东政法学院教务处 1953 年翻印。

28. [美]塔尔科特·帕森斯:《社会行动的结构》,张明德、夏遇南、彭刚译,译林出版社 2012 年版。

29. [美]约翰·哈特·伊利:《民主与不信任——关于司法审查的理论》,法律出版社 2003 年版。

30. [美]亚历山大·比克尔:《最小危险部门——政治法庭上的最高法院》,姚中秋译,北京大学出版社 2007 年版。

31.[美]詹姆斯·麦迪逊:《辩论:美国制宪会议记录》,尹宣译,译林出版社 2014 年版。

32.[德]Christian Starck:《宪法解释》,李建良译,载《台大法学论丛》第 26 卷第 4 期(1997 年)。

33.[日]关哲夫:《论禁止类推解释与刑法解释的界限》,王充译,载陈兴良主编:《刑事法评论》第 20 卷,北京大学出版社 2007 年版。

34.[德]汉斯·凯尔森:《立法的司法审查——奥地利和美国宪法的比较研究》,张千帆译,载《南京大学法律评论》2001 年第 1 期。

35.[德]霍格尔·弗莱舍:《成文法解释中立法史使用的对比研究》,穆冠群、夏登峻译,载《财经法学》2017 年第 4 期。

36.[美]约翰·威尔逊:《功能分析介绍》,罗述勇译,载《国外社会科学》1986 年第 10 期。

37.[德]斯特凡·科里奥特:《对法律的合宪性解释:正当的解释规则抑或对立法者的不当监护?》,田伟译,载《华东政法大学学报》2016 年第 3 期。

38.[加]沃尔顿、[葡]马卡诺、[意]沙托尔:《解释与制定法解释》,陈杰译,载陈金钊、谢晖主编:《法律方法》第 39 卷,中国出版集团研究出版社 2022 年版。

39.[英]约瑟夫·拉兹:《解释中的意图》,张琪译,载陈金钊、谢晖主编:《法律方法》第 39 卷,中国出版集团研究出版社 2022 年版。

（四）中文学位论文

1. 胡志民：《论苏联法学理论对新中国法学的影响》，上海师范大学 2017 年博士学位论文。

2. 林金吾：《合宪性之法律解释原则——以德国之发展为观察中心》，台湾政治大学 1993 年硕士学位论文。

3.［日］平田惠美：《试论日本夫妇姓氏制度——兼与中国夫妇姓氏制度比较》，北京邮电大学 2019 年硕士学位论文。

4. 张洁：《议会议事录在英国法律解释中的命运——对佩珀诉哈特案的历史分析》，华东政法大学 2008 年硕士学位论文。

二、英文文献

（一）英文著作

1.Antonin Scalia, *A Matter of Interpretation: Federal Courts and the Law*, Princeton University Press, 2018.

2.Christopher Wolfe, *The Rise of Modern Judicial Review, from Constitutional Interpretation to Judge-Made-Law*, Basic Books, Inc., Publishers, 1986.

3.D.Neil MacCormick&Robert S.Summers, *Interpreting Statutes: A Comparative Study*, Routledge, 2016.

4.G MacCallum, *Legislative Intent and Other Essays on Law, Politics, and Morality*, University of Wisconsin Press, 1993.

5.Jack N.Rakove, *Interpreting the Constitution: The Debate over Original Intent*, Northeastern University Press, 1990.

6.Kath Hall&Claire Macken, *Legislation and Statutory Interpretation*, LexisNexis, 2021.

7.Larry Alexander&Emily Sherwin, *Demystifying Legal Reasoning*, Cambridge University Press, 2008.

8.Lawrence B.Solum&Robert W.Bennett, *Constitutional Originalism: A Debate*, Cornell University Press, 2011.

9.Linda D.Jellum, *Mastering Statutory Interpretation*, Carolina Academic Press, 2013.

10.Raoul Berger, *Government by Judiciary: The Transformation of the Fourteenth Amendment*, Harvard University Press, 1977.

11.Richard Ekins, *The Nature of Legislative Intent*, Oxford University Press, 2012.

12.William D.Popkin, *Statutes in Court: The History and Theory of Statutory Interpretation*, Duke University Press, 1999.

(二)英文论文

1.Daniel A.Farber, *The Originalism Debate: A Guide for the Perplexed*, 49 Ohio State Law Journal 1089(1989).

2.Earl Maltz, *Foreword: The Appeal of Originalism*, 4 Utah Law Review 802(1987).

3.Felix Frankfurter, *Some Reflections on the Reading of Statutes*,

47 Columbia Law Review 527(1947).

4.Frank H.Easterbrook, *The Role of Original Intent in Statutory Construction*, 11 Harvard Journal of Law&Public Policy 59(1988).

5.Harry Willmer Jones, *Statutory Doubts and Legislative Intention*, 40 Columbia Law Review 957(1940).

6.James H.Hutson, *The Creation of the Constitution: The Integrity of the Documentary Record*, 65 Texas Law Review 31(1986).

7.Jun-ichi Satoh, *Judicial Review in Japan: An Overview of the Case Law and An Examination of Trends in the Japanese Supreme Court' s Constitutional Oversight*, 41 Loyola of Los Angeles Law Review 603(2008).

8.Max Radin, *Statutory Interpretation*, 43 Harvard Law Review 863(1930).

9.Michael R.Merz, *The Meaninglessness of the Plain Meaning Rule*, 4 University of Dayton Law Review 31(1979).

10.Paul Brest, *The Misconceived Quest for the Original Understanding*, 60 Boston University Law Review 212(1980).

11.Peter C.Schanck, *An Essay on the Role of Legislative Histories in Statutory Interpretation*, 80 Law Library Journal 391(1988).

12.Ronald Dworkin, *The Forum of Principle*, 56 New York University Law Review 469(1981).

13.Richard S.Kay, *Original Intention and Public Meaning in Constitutional Interpretation*, 103 Northwestern University Law

Review 707(2009).

14.Stephen R.Munzer&James W.Nickel, *Does the Constitution Mean What It Always Meant*, 77 Columbia Law Review 1032(1988).

15.Stephen Breyer, *On the Uses of Legislative History in Interpreting Statutes*, 65 Southern California Law Review 845(1992).

后　记

本书是我承担的2018年国家社科基金青年项目的结题材料，也是我的第一本学术著作。

我的国家社科基金申报之路并不平坦，时至6年，方才成功。2012年7月，从母校山东大学法学院毕业后，我来到曲阜师范大学法学院工作。最初的3年，我以博士论文(《论美国宪法原意主义方法论之争：20世纪70—80年代》)为基础申报国家社科基金项目，由于未能充分发掘美国宪法原意主义方法论的中国意义，导致该项目的中国问题意识欠缺而未能立项。察觉到上述问题后，我开始寻求与博士论文有关的中国问题。一方面是不想脱离既有学术积累，另一方面也确实有必要对原意主义方法论开展深入研究，于是我选择在中国法律解释领域内寻求比较研究的突破口。司法解释与行政解释的理论研究同实践应用保持着一致性，司法解释数量众多使其也是理论研究的重点，行政解释几乎没有实践也导致其学术关注度很低。与之不同，立法解释实践数量虽然渐增，但有关学术研究还大多停留在2000年之前的批判性立场。此外，“立法者最清楚立法原意”是立法解释制度的主要正当性理由，我的博士论文可作为立法解释制度研究的方法论基础。于是，我将研究兴趣转移到中国的立法解释制度，也即全国人大常委会法律解释制度。经过连续两年的申报，仍未成功，这不禁让我继续思考该如何为立法解释制度这个旧题寻求新的研究视角。相较于司法解释，立法解释的数量较少，如何充分发挥其制度功能有待继续研究，尤其是在合宪性审查时代。立法解释制度与西方法律解释原理存在差异，不是批判性甚至解构性研究的理由，而是中国学者理论创新的机会。在此背景下，"全国人大常委会法律解释制度的功能研究"得以立项。我是一个自律性不强的人，许多时间被用在与科研无所助益的事情上，国家社科基金立项后 5 年才得以结项就是一个例证。今日写下这段文字，算是自我批判与反思吧。

在本书的写作过程中，我深深体会到立法解释不仅是法律问题，还包含着深刻的政治哲学。但是，正如十多年前一样，这一次仍然留下了遗憾。在我博士毕业论文选题时，范进学老师曾帮我拟定了"宪法解释的政治哲学"方面的选题，但是开题报告并未达到老师的要求，最终更换了题目，这与我并未受过系统的政治学或哲学教育有关系。毕业以后，虽然我持续以法律解释为研究对象，但并未在政治哲学方面补课，每思及此，总觉羞愧难当。随着本课题的结项，我想就上述问题开展必要的研究，以消除遗憾。

我走上学术道路本是一种小概率事件，以宪法为业更是意外之得。在这个过程中，我的硕士生导师任喜荣教授发挥了关键性作用，她发掘了我的学术潜能，训练了我的学术能力，还为我铺垫了学术道路。我的博士生导师范进学教授指导我完成了博士论文，鼓励我坚定学术志向并持续努力，为本项目的成功申报与顺利结项奠定了坚实基础。借此机会，我要向两位恩师表达最深切的感激之情！在本项目的开题过程中，山东大学的肖金明教授、门中敬教授、郑智航教授等贡献了诸多智慧；在本项目的研究过程中，我的同事张益刚、王明文、管金平、李继刚、王林敏、刘涛、安然等提供了无私的帮助，在此一并表示感谢。

我的父母、岳父母为我的小家庭额外付出了诸多心血，为我争取了更多的科研时间，是本书顺利出版的重要原因。当然，我的妻子张寒雪的包容、理解与支持是关键所在。当我写作后记之时，第三个孩子已在孕育之中，一想到不久便能与她（他）见面，2011 年 10 月 24 日和 2016 年 8 月 8 日之时的激动之情就油然而生。希望她（他）像姐姐马德馨、哥哥马得民一样健康、快乐、成长！尽管还没有为她（他）取名，但为了贯彻《宪法》第四十八条（中华人民共和国妇女在政治的、经济的、文化的、社会的和家庭的生活等方面享有同男子平等的权利）和《民法典》第一千零一十五条（自然人应当随父姓或者母姓）的精神，我和妻子共同决定她（他）随母姓。希望我的家庭永远和睦，家人永远幸福！

马洪伦

2024 年 6 月 11 日于山东日照